토론의 전사 9 - 문학 고전, 논제와 쟁점으로 깊이 읽기

문학 고전의 논제와 쟁점 정리

문학 고전을 논쟁으로 읽는 법

토론의 전사

| 정한섭 지음 |

9

DEBATE

문학 고전, 논제와 쟁점으로 깊이 읽기

한결하늘

인생길을 가노라면 좋은 길동무(道伴)가 꼭 필요하다. 어쩌다 책 읽기를 권하는 자리에 들어섰다가 독서교육이라는 아름다운 이름의 길을 걸은 지 30년 가까이 되었다. 그동안 적잖은 길동무들을 만났고 또 그 분들이 계셔서 힘든 줄 모르고 재미있게 걸어왔다. 이 책의 저자도 그 중 한 사람이다.

유시민 작가는 자신을 '지식 소매상'이라고 소개했는데 매우 참신하면서도 적절한 자리매김이라 생각한다. 저자 정한섭 선생님도 요즘은 많이 없어졌지만 예전에는 흔했던 학교 앞 소매서점 같이, 문학 고전을 학생들이나 선생님들이 쉽게 다가갈 수 있도록 안내하는 지식 소매업에 힘을 쏟고 있는 중학교 국어선생님이다. 중고등학생 독서토론 동아리를 이끌고 있는 나 같은 사람에게는 늘 풍성한 보양식을 제공해주는 분이니 참 고마운 도반이다.

그는 이 책의 말미에서 독자에게 '서사적 상상력'을 길러주기 위해 이 책을 쓴다고 집필 목적을 밝혔다. 서사적 상상력이 타자의 고통을 이해하고 공감할 수 있는 능력이 되어서, 마침내 이것을 갖춘 사람은 세계 시민의 반열에 이르게 된다고 주장한다. 내가 고요독서회라는 청소년 독서동아리를 26년 동안 계속하고 있는 이유와 다르지 않다. 책 읽기야말로 세계 시민이 되는 가장 근원적인 활동인데 혼자 쉽게 이룰 수 없는 일이기에 토론이라는 방법으로 깊게 읽히고, 동아리라는 조직을 통해 주저앉지 않도록 서로를 격려하며 나아가는 것이다. 그 힘든 길을 가는 독서순례자들에게 이런 책은 고맙고 또 필요하다.

토론은 정확한 사람을 만든다고 한다. 우리 교육에서도 지난 교육과정부터 토론이 강조되고 있고 이 책의 저자는 그 방면에 권위자다. 텔레비전에서 하는 토론을 보면서 느끼는 것이지만, 그 토론이라는 것이 말하는 기술이나 논증능력이 뛰어나다고 잘 하는 것이 아니라 우선 그 문제에 대해 두루 많이 알아야 한다. 그리고 논점과 쟁점을 정확하게 파악해야 주장과 방어가 정확해지면서 좋은 토론이 된다. 그런 방면에 능력이 길러지도록 하기 위해 쓴 책이다. 덤으로 이 책을 꼼꼼히 읽다 보면 글을 쓰는데도 자신감을 가지게 될 것이다.

필자께서 앞으로도 청소년들뿐만 아니라 성인 독자들도 어렵게 느끼는 세계문학고전들을 학위 논문과 비평서들을 두루 공부하여 독자들이 더 쉽게 다가갈 수 있도록 안내하는 이런 책을 계속 펴내주시길 당부 드린다.

황주호(서상중·고 교장, (사)독서새물결 경남 회장)

　문학이 내어주는 '독자'의 자리는 그 어떤 영역보다 독자를 존중한
다. 작가는 독자에게 감동과 이해를 구하기보다는 삶을 이야기한다.
독자는 이야기를 들으며 작품 속 인물들과 소통하고 감동하고 자신의
삶을 들여다본다.

　그런데 시간과 공간을 달리하는 문학 고전 작품 읽기가 언제나 우리
를 소통과 감동으로 이끌지는 않는다. 특히 다른 나라 작가 작품인 경
우 더욱 그렇다. 작가가 서 있는 토양도 모르고, 주인공들이 서 있는
시공간에 대한 이해 없이, 다만 '읽어야 하는 책'이라는 의무감 속에서
만난 책들은 특히 그러하다. 표지를 열고 목차를 살펴보고 천천히 호
흡을 조절하고 작품 속으로 들어가 주인공의 세계를 만나, 고개를 끄
덕이기도 갸웃거리기도 하면서 마지막 페이지에 도달했을 때 남는 것
은 모호함과 안도감인 경우가 많다.

　문학 고전으로 제시되는 작품은 하나의 세계다. 그 세계에도 삶의
일상이 있고, 고통이 있고 갈등이 있다. 그래서 그냥 읽으면 그 삶을
알 듯도 한데 사실 그렇지 않다. 그 세계를 명쾌하게 바라보려면 역사
와 문화, 언어와 같은 지식이 있어야 하는데 이미 배워 익힌 경우가
아니라면 많은 경우- '고전'이라 부르는 이유가 되는 - 작가가 숨겨둔

보석을 만나기 쉽지 않다. 자칫 사건만 따라가며 읽다 보면 결국은 자기방식의 이해만 남거나, 엷게 낀 안개 속에서 만난 풍경처럼 작품은 모호함만 남기고 우리 곁에서 사라진다. 그 책에 대해 누구나 말하는 통념을 확인했다는 안도감 속에서 '아, 이제 고전이라 부르는 이 책을 읽었구나.'라고 목록을 작성할 때, 그 작품은 우리 내면에 어떤 생채기도 남기지 못한다.

　이 책은 자신과 학생들의 읽기에서 이러한 문제점을 고민하는 선생님들에게 도움이 된다. 스스로의 문학적 역량이 부족하다고, 자칫 아이들의 문학적 토양을 사막화하지는 않을까 두려워하는 선생님들께 손길을 내민다. 한 작품을 제대로 감상하기 위해서 수십 편의 논문을 읽고, 작품을 끊임없이 들여다보는 치열한 연구와 고민은 독자인 우리로 하여금 작품을 만나는 자세를 새롭게 한다. 특히 저자인 그가 교사이고, 고단한 교사의 일상 가운데서 내놓은 책이라 우리를 반성하게 하면서도 고맙다.

　이 책은, 아이들의 다양한 궁금증과 작품 사이에 놓아줄 징검다리, 교사인 우리가 유용하게 참고할 좋은 노둣돌이 될 것이다. 아이들 스스로 온전히 책에 다가가야 하므로 이러한 안내서가 오히려 부정적일 수 있다고 생각한 적이 있다. 그러나 어려운 책의 해설판이 갖는 가치를 잘 설명하고 있는 강창래의 《책의 정신》을 읽으며 그 생각은 변화했다. 제 나라 사람들도 이해하기 힘들었던 뉴튼의 책을 프랑스 과학자가 해설을 붙여 번역했고, 그 결과 프랑스의 과학이 영국보다 더 빠르게 발전할 수 있었다고 한다. 해설자의 의지와 안내자의 태도가 문제가 될 뿐이다.

이 책을 참고할 때, 마치 정 선생님과 토론하는 것처럼 도전적으로 읽기를 권한다. 이 책은 결코 경전처럼 받들어야 할 대상이 아니라, '하나의 생각', 혹은 연구, 의견이라고 생각하며 시비를 걸며 읽는다면 이 책이 더욱 빛을 발할 것이다.

정한섭 선생님의 글을 읽으며 일 년 전 아이들이 쓴 글을 묶기 위해 해 둔 메모를 다시 읽는다. '평범한 독자'는 내가 학교에서 만나는 아이들에게 쓰는 표현이다.

〈평범한 독자들을 위하여〉
평범한 독자들이 서툴게 생각을 열 수 있는 기회를 주어야 한다.
평범한 독자들이 서로 손을 내밀 수 있는 시간을 주어야 한다.
평범한 독자들이 생각을 잇도록 해주어야 한다.

평범한 독자들을 이끄는 것이 힘에 부대낄 때, 이 책은 복잡하게 얽혀있는 실타래와 같은 어려움을 풀어줄 수 있을 것이다. 또한 그 평범한 아이들이 제 목소리에 담긴 함의를 스스로 분명하게 표현하지 못하거나, 함께 하는 교사도 돕기 어려울 때 이 책은 기꺼이 도움의 손을 내밀 것이다.

이 책으로 하여 문학 고전 작품 속 인물들이 독자들에게 성찰과 의문이라는 생채기를 남기는 사건이 일어나기를 기대한다.

이효재(창원중앙여자고등학교 교사)

두 아들에게

독서를 한 마디로 정의한다면 소통이라 말하고 싶다. 소통은 나 자신과 소통, 타인과 소통 나아가 사회와 소통을 의미한다. 우리가 소통하려는 이유는 소통의 대상을 이해하기 위해서다. 타자에 대한 이해는 우리가 더불어 살기 위해서 필수적이다.

우리는 우선 독서를 통해서 작품 속의 인물들과 소통한다. 이 소통은 내적 소통이다. 책을 매개로 자기 자신과 소통한다. 이를 위해서는 작품을 꼼꼼하게 반복적으로 읽어야 하며, 무엇보다 자신의 경험을 적극적으로 활용해야 한다. 우리는 이를 보통 능동적 독서라고 부른다.

능동적 독서를 위해서 우선 책 속의 활자와 경쟁하듯 쫓기는 독서를 멈춰야 한다. 자주 멈추고 돌아보고 다시 보면서 천천히 음미해야 한다. 유설화의 그림책인 『슈퍼 거북』은 경쟁과 속도를 추구하는 삶의 피곤을 설득력 있게 보여준다. 결국, 슈퍼 거북은 이런 삶이 행복하지 않음을 깨닫고 느린 삶으로 돌아간다. 주변 사람들의 시선에 자신을 가두지 말자. 중요한 것은 타인의 평가가 아니라 자신의 행복이다. 독서의 행복은 읽은 권수로는 절대 충만해지지 않는다. 한 권이라도 제대로 깊이 읽을 때 가능하다.

다음으로 우리는 다른 사람들과 소통할 필요가 있다. 함께 책을 읽은 다른 사람들과 소통할 때 독서는 폭과 깊이를 획득한다. 작품을 보는 다른 시각과 다른 논리야말로 소통을 강화한다. 소통은 동일성의 강화가 아니다. 소통은 차이와 다름을 이해하고 조정하고 조화시키려는 과정 그 자체이다. 소통에서 다름에 대한 이해는 기본이면서도 필수적이다. 소통 없는 독서는 자칫 자신을 내부에 가둔다. 읽을수록 자기 사고의 늪에 빠져 허우적거릴 수도 있다. 우리는 가끔 책 좀 읽었다고 말하는 사람들의 독단과 독선을 보곤한다.

다른 사람들과 소통할 때 생각이 완연하게 다르면 소통은 어려움에 부딪힌다. 극단적으로 다른 두 생각이 충돌할 때 소통은 쉽지 않다. 서로 다른 생각들이 수용되지 않고 서로가 자신들의 자리로 다시 튕겨져 나가기 쉽다. 잘못하면 다름을 이해하지 못하고 다름에 더욱 배타적이게 된다. 이 책은 이런 극단적인 상황 속의 소통을 가정하고 썼다. 문학 작품에 대한 극단적인 해석 사이에서 나름의 조화와 균형있는 자신만의 해석을 찾아가기를 바라면서 썼다.

이 책은 뛰어난 문학 작품들 속 인물들의 행동에 대한 정반대의 평가를 담고 있다. 인물에 대한 양극단의 평가를 충돌시켜 인물에 대한 이해, 나아가서 작품 전반에 대한 이해를 심화할 수 있도록 해설하고 있다. 고전 문학 작품에 대한 일종의 해설이지만 기존의 해설과 다른 점이 이것이다. 인물에 대한 양극단의 평가를 보면서 문학 감상의 다양성을 이해하고 자신만의 변증법적 종합을 이룰 수 있기를 기대하면서 썼다.

이 책은 우선 작품 감상에서 다룰 논제를 설정하고 논제에 대한 찬반 쟁점들을 꼼꼼하게 살펴보는 방식으로 썼다. 쟁점들의 충돌을 통해서 서로 다른 관점들을 이해하고, 작품의 인물에 대한 서로 다른 평가를 통해서 삶이 단순하지 않음을 이해했으면 하는 바람으로 썼다. 현실의 삶은 선과 악이 분명하지 않으며, 선이 항상 악을 이기는 것도 아니다. 현실에서 우리가 항상 올바른 선택을 하는 것도 아니고, 때론 바른 선택이라고 생각했던 것이 나쁜 결말로 나아가기도 한다. 우리가 할 수 있는 일은 자신을 성찰하고 자신이 할 수 있는 최선의 선택을 하며 그것을 살아내는 일이다. 이 책은 소설 속 인물들을 통해서 좀 더 윤리적인 선택을 고민하고 삶의 현실 속에서 그런 선택을 하는 데 도움이 되기를 기대하면서 썼다.

물론 이 책이 그런 역할을 얼마나 할 수 있을지 알 수 없다. 나름 열심히 썼지만 부족함이 많으리라 생각된다. 필자의 부족함을 현명한 독자의 능동적인 독서와 타인과의 토론으로 보충할 수 있기를 바랄 뿐이다.

이 책은 8편의 뛰어난 문학 작품을 다루고 있다. 과거로부터 혹은 당대의 고전으로 꼽히는 작품이다. 7편은 장편 소설이고 1편은 희곡이다. 윌리엄 골딩의 『파리대왕』, 프랜시스 스콧 피츠제럴드의 『위대한 개츠비』, 너대니얼 호손의 『주홍글자』, 요한 볼프강 폰 괴테의 『젊은 베르터의 고뇌』, 가즈오 이시구로의 『파묻힌 거인』, 이언 매큐언의 『속죄』, 엔도 슈사쿠의 『침묵』, 윌리엄 셰익스피어의 『리어왕』이다. 『리어왕』만이 희곡이다. 언뜻 보아도 고전 중의 고전으로 꼽히는 작품들임을 알 수 있다.

이 중에서 『파묻힌 거인』, 『속죄』, 『침묵』은 다소 낯설다는 느낌을 가질 수 있겠다 싶어 이 작품들에 대해 조금 설명을 하고자 한다.

『파묻힌 거인』은 가즈오 이시구로의 작품이다. 가즈오 이시구로는 2017년 노벨문학상을 수상했다. 대표작으로 부커상 수상작인 『남아 있는 나날』, 유전자 복제인간의 장기 이식 문제를 다룬 『나를 떠나지 마』 등이 있다. 두 작품은 모두 영화로 만들어졌다. 이 작품은 이시구로가 10년 만에 출간한 일곱 번째 장편소설이다. 이 작품은 발표되자마자 뜨거운 주목을 받았고, 2015년 올해의 문학적 사건이라는 말로 격찬 받았다. 이시구로는 특히 인간의 기억의 문제에 관심이 많은 작가이다. 이시구로의 작품은 거의 모두 한국어로 번역되었는데, 『파묻힌 거인』은 그의 가장 최근 작품으로 기억의 문제를 매우 심도 있게 다루고 있다. 이 작품은 개인적으로 근래 읽는 소설들 중에서 가장 좋아하는 작품이다.

『속죄』는 이언 매큐언의 작품이다. 그는 현대 영문학을 대표하는 작가이다. 그의 작품에는 부커상을 수상한 『암스테르담』과 자궁 속 태아를 화자로 『햄릿』을 재해석한 『넛셸』 등이 있다. 『속죄』는 LA 타임스 도서상, 전미비평가협회상 등을 수상한 세계적인 베스트셀러 작품이다. 조 라이트 감독에 의해 '어톤먼트'라는 이름으로 영화로 만들어졌다. 매큐언은 윤리적 매체로서 문학이 담당해야 할 기능에 관심이 많은 작가이다. 이런 그의 관심이 가장 잘 드러난 작품이 『속죄』이다. 이 작품은 대부분의 비평가들이 걸작으로, 또 그의 최고 작품으로 꼽고 있다.

『침묵』을 쓴 엔도 슈사쿠는 종교적인 주제의 작품을 통하여 형이상학적 세계를 끊임없이 모색한 대표적인 가톨릭 작가이다. 그는 서구의 종교인 그리스도교를 범신론적 정신 풍토를 지닌 일본에 알맞게 수용하는 문제에 관심이 많았다. 이런 그의 관심이 잘 표현된 작품이 『침묵』이다. 『침묵』은 가톨릭 문학 작품의 고전으로 잘 알려져 있다. 『침묵』은 마틴 스코세이지 감독에 의해 '사일런스'라는 이름의 영화로 만들어져 2016년에 개봉되었다.

이 여덟 작품은 현재 『파묻힌 거인』을 제외하고는 모두 영화로 만들어졌고, 어떤 작품들은 서로 다른 감독에 의해서 여러 번 영화로 만들어졌다. 『파묻힌 거인』도 영화로 만들어지리라 예상된다. 작품이 영화로 만들어졌다는 것은 이들 작품이 문학성뿐만 아니라 대중성도 있음을 증명한다.

이 작품들은 모두 비극적 성격을 지닌 작품이라는 또 다른 공통점을 지닌다. 『리어왕』은 잘 알다시피 셰익스피어의 4대 비극 작품 중 하나이다. 작품 속 선과 진실함의 상징인 코델리아의 죽음과 자식으로부터 버림받은 리어의 죽음은 이 작품의 비극적 성격을 잘 보여준다. 이런 비극적 성격은 다른 작품에서도 잘 드러난다.

『파리대왕』은 악의 상징인 잭과 그의 친구들에 의해 피기와 사이먼 같은 선한 아이들이 죽임을 당하고, 랠프는 살아남지만 더 이상 아이의 순수함을 갖고 살 수 없는 슬픈 소설이다. 『위대한 개츠비』에서는 개츠비와 데이지의 사랑이 이루어지지 않고, 데이지는 개츠비를 배신하고 개츠비는 죽임을 당한다. 『주홍글자』에서는 헤스터 프린과 딤즈데일 목사와의 사랑이 이루어지지 않고, 딤즈데일은 저 세상으로 떠나고 헤스터만 남는다. 『젊은 베르터의 고뇌』에서는 베르터와 로테의 사랑이 이루어지지 않고, 결국 베르터는 자살로 생을 마감한다.

또, 『파묻힌 거인』에서는 과거의 진실한 사랑의 기억을 찾아 이상한 섬으로 가서 미래를 영원히 함께하려 했던 액슬과 비어트리스는 함께 섬에 가지 못한다. 그들은 기억을 되찾았지만 그 기억은 너무나 가슴 아픈 기억, 서로에게 상처를 준 기억이었다. 그것은 그들의 진실한 사랑을 말해주는 기억이 아니었다. 『속죄』에서는 로비와 세실리아 둘 다 전쟁 중에 죽음으로써 그들의 사랑은 영원히 이루어지지 않고, 브리오니는 진실한 속죄의 기회를 잃어버린다. 『침묵』에서는 로드리고 신부가 결국 후미에 앞에서 배교하게 된다.

위 작품들이 비극적인 이유는 갈등들이 해소되지 않은 채로 주요인물들이 죽음을 맞기 때문이다. 이 작품들은 인물들의 죽음 이후에도 여전히 우리들을 열린 결말 앞에 세워두고 고민하게 한다. 우리들은 작품들에서 인물들의 행위나 생각의 대립만이 아니라, 그것들을 바라보는 우리 내면의 대립을 경험하지만 그 대립도 쉽게 해소되지 않는다. 아니 어쩌면 영원히 해소할 수 없을지도 모른다.

결론 없는 이런 대립만을 보여주는 작품들이 우리 삶에 무슨 의미가 있는지 묻는 사람도 있을 것이다. 이에 대해서는 『그리스 비극에 대한 편지』에서 김상봉이 대립과 갈등이 화해를 지양하긴 하지만 결코 화해에는 이르지 않는 그리스 비극의 가치를 평가하는 다음 글이 대답이 될 수 있다.

아마도 사람들은 우리에게 이렇게 물을지도 모르겠습니다―그처럼 삶의 대립을 드러내기만 할 뿐 해소하지 못하는 예술이 우리에게 무슨 소용이 있단 말인가? 아름다운 영혼은 대립이 해소된 낙원을 꿈꿉니다.

그 몽상의 날개를 타고 아름다운 영혼은 삶이 뿌리내린 대지를 벗어나 버립니다. 그러나 비극이 우리에게 주려 하는 것은 하늘나라의 영원한 삶에 대한 가르침이 아니라 대지의 진실입니다. "투쟁은 모든 것의 아버지이다." 이것은 고대 그리스의 철학자였던 헤라클레이토스의 말입니다. 이 말 속에 그리스인들이 깨달은 삶의 진실이 요약되어 있습니다. 비극은 삶을 규정하는 피할 수 없는 대립과 갈등을 드러내고 그런 삶의 비극적 진실 앞에 우리를 마주서게 합니다.[1)

대지의 진실은 대립과 갈등으로 점철된 실제 우리의 삶 그 자체이다. 문학이 삶의 진실로부터 우리를 도피하게 한다면, 그것은 단순한 오락물에 불과하다. 불편한 삶의 진실에 마주하게 하는 문학 그것이 예술로서의 문학이다. 비록 그것이 불편하고 고통스러운 것일지라도 그것을 회피하는 것은 문학이 아니다. 이 작품들은 이런 역할을 충분히 해내고 있는 문학예술의 걸작이다.

요즘 아이들은 장편 고전소설을 잘 읽지 않는다. 그럼에도 불구하고 고전에 속하는 장편을 선택한 이유에 대해서도 간단한 설명이 필요해 보인다. 고전에 속하는 작품들은 이해하기 쉽지 않다. 인간 삶의 복잡한 양상이 작품 속에 그대로 녹아 있기 때문에 명료한 해석을 허락하지 않는다. 그럼에도 고전 작품에는 우리가 미처 생각해 보지 못한 문제들을 놀라운 방식으로 다루고 있는 어떤 웅장함이 있다. 작품을

---

1) 김상봉, 『그리스 비극에 대한 편지』, 한길사, 2003. 257쪽.

이해하지 못해도 이런 웅장함은 느낄 수 있고 청소년들이 이를 느껴보면 좋겠다.

여기서 개인적인 이야기를 하나 하려 한다. 책을 좀 읽는다는 소문이 나서 어떻게 책에 관심을 가지게 되었고 어떤 책을 읽었는지 간혹 지인들이 물어본다.

나는 지극히 평범한 어린 시절을 보냈다. 유명한 작가들처럼 외톨이로서 다락방에서 고독을 달래기 위해서 책을 읽지도 않았고, 『말』이란 작품 속의 사르트르처럼 외할아버지의 서재에서 책을 읽으면서 언어를 깨치지도 않았다. 이탈로 칼비노의 『나무 위의 남작』에 나오는 유명한 산적, 잔 데이 브루기처럼 사형 직전까지 소설의 결말을 궁금해하지도 않았고, 돈키호테처럼 소설과 현실을 혼동하지도 않았다. 특별한 이유 없이, 괴도 루팡이나 셜록 홈즈와 같은 문고본 추리소설들, 전래동화들을 재미있게 읽었다. 중학교 때까지는 만화방에서 살다시피 했다.

이런 나의 독서 이력에서 가장 중요한(?) 사건이 있다. 중학교 때 세로줄 쓰기로 된 톨스토이의 『부활』을 새마을문고에서 빌려 읽은 것이다. 굉장히 두꺼운 책이었는데 도전정신이 있었나 보다. 책의 내용을 이해한 것 같지도 않다. 하지만 신(神)과 종교와 인간을 이야기하는 그 세계는 그 자체로 놀라웠다. 그 때의 놀람(느낌)이 지금까지 책을 읽게 한 원동력이 아니었나 생각해 본다. 그 이후로 나는 『부활』을 읽지 않았다. 그때의 느낌을 계속 간직하고 싶어서다. 작품에 대한 이해보다도 그 때 받은 새로운 세계가 열리는 듯한 느낌이 나에게는 훨씬 중요하기 때문이다. 나는 아이들이 청소년 시절에 이런 느낌을 가져봤으면 좋겠다. 이를 경험한 아이들은 결코 책을 멀리 하지 않을 것이다.

마지막으로 하고 싶은 말은 자신과 소통하고 타인과 소통하고서만 멈춘다면 독서는 무의미할지 모른다. 독서가 사회와 소통할 수 없다면 자기만족 이외의 무슨 의미가 있겠는가. 자기만족을 위한 읽기도 의미가 있겠지만 읽고 느끼고 배운 것을 사회 속에서 실천에 옮길 때 독서는 진정 가치 있는 행위가 된다는 당연한 말을 기억하면 좋겠다. 부끄럽게도 나 자신도 이런 삶을 살고 있지 못하지만 그래야 함을 잊지 않으려고 노력한다.

사실 이 책은 작품을 읽고 독서토론(디베이트)을 하는 데 도움을 주려는 목적으로 작품에 대한 논제와 쟁점을 개발하기 위해 썼다. 하지만 장편소설은 사건이나 인물 관계가 중단편보다 복잡하고, 인물의 성격이 변화·발전하기 때문에 찬반 대립 토론을 위한 논제와 쟁점을 만들기가 어려웠다. 여기서 다룬 작품들보다 포기한 작품들이 훨씬 많다. 대표적으로 허먼 맬빌의 『모비딕』과 도스토예프스키의 『죄와 벌』 같은 작품은 굉장히 오랜 시간을 공들여 읽고 연구했지만 논제와 쟁점을 설정할 수 없었다. 두 작품의 심오한 세계를 요약한다는 것 자체가 어쩌면 불가능한 일인지도 모른다.

독서토론을 위해서 작품의 논제와 쟁점을 만들려고 시작했던 작업이 작품에 대한 나름의 긴 해설을 겸하게 된 이유는 장편 소설이 갖고 있는 복잡한 사건과 인물들의 관계 때문이다. 문학 작품을 읽고 디베이트를 하기 위해서는 해석이 지엽적인 부분까지 다양하게 확장되면 곤란해진다. 토론의 충돌지점을 잡기가 어렵기 때문이다. 그러면 생산적인 토론이 되지 못하고 중요하지 않은 부분에서 불필요한 소모적 토론이 이루어지기 때문이다 -물론 우리가 작품을 감상할 때는 세세하게 지엽적인 부분까지 충분히 신경써야 한다-. 쟁점에 대한 폭넓은 해석을 곁들인 것은 작품의 이해를 돕기 위함이기도 하지만 찬반의 대립지점을 분명하게 짚어주고 싶었기 때문이다.

다소 어설픈 점도 많겠지만 이 책에서 작품들을 다룰 때 디베이트 논제를 만든다는 생각을 일관되게 갖고 작품에 대한 이해를 도우려고 노력했다. 물론 곁들인 해설들이 생각을 복잡하게 하여 오히려 디베이트를 더 어렵게 할 수도 있겠다는 생각이 들기도 하지만 작품을 읽고 디베이트를 충분히 할 수 있을 것으로 생각한다. 실제 중학생들과 『위대한 개츠비』와 『침묵』은 토론해 보았다. 다른 작품들은 중학생 수준에서는 쉽지 않을 것이다. 적어도 고등학생 이상은 되어야 가능할 것 같다. 그리고 마지막 작품인 『리어왕』으로는 디베이트가 불가능할 것 같은 생각도 든다. 『리어왕』의 세계는 우리가 사는 세상 그 자체라고 할 만큼 복잡하기 때문이다. 이 작품들로 독서디베이트를 해보고 싶은 사람은 졸저 『토론의 전사8: 독서디베이트의 정석』이 방법면에서 구체적인 도움을 줄 것이다.

이 책은 독서토론을 떠나서 글 자체로도 충분히 작품 이해에 많은 도움이 될 것임을 확신한다.

2018년은 개인적으로 무척 힘든 한 해였다. 건강이 좋지 않았고 불안한 생각의 늪에 스스로를 가두고 빠져나오지 못했다. 많이 허우적거렸는데 그럴수록 더 깊이 빠지는 듯했다. 힘들수록 구해줄 나뭇가지라도 되는 양 책을 붙들고 놓지 않았다. 이 힘든 시간에 가장 든든한 버팀목이 되어준 아내 서영욱에게 감사한다. 그리고 착한 두 아들 재익과 재찬에게 고마움을 전한다.

가족 외에도 감사드릴 분들이 많다. 우선, 황주호 교장선생님과 이효재 선생님께 감사드린다. 두 분은 누구보다도 열성적으로 독서교육을 해 오신 분인데, 바쁘신 중에도 보잘것없는 책을 위해서 수고스럽게 추천의 글을 써주셨다. 특히, 황주호 교장선생님께서는 모든 글들을 꼼꼼하게 읽고 교정을 봐주셨고 여러 곳의 문맥도 바로 잡아주셨다. 교장선생님 덕분에 글들이 조금 더 읽을만하게 되었다.

이 책의 글들은 2017학년도 마산동중학교에서 근무할 당시 주로 썼다. 학교가 만기가 되어서 2018학년도에 학교를 잠깐 옮겼다가 올해 다시 마산동중학교에서 근무하게 되었다. 글들을 마산동중학교에서 시작하여 마산동중학교에서 마무리하게 되었다. 마산동중학교 교장, 교감 선생님과 동료 선생님들께 감사드린다. 그리고 함께 공부하고 있는 마산동중학교 학생들에게 고마움을 전한다.

이 책을 쓰는 데 많은 논문들이 도움이 되었다. 이 책은 독창적인 작품 분석을 싣고 있지 않다. 논문들을 읽으면서 공부한 내용들을 정리한 수준의 글들이다. 논문과 참고도서의 저자들에게 감사드린다.

마지막으로 한결하늘 출판사에 감사드린다. 이미 두 권의 책을 내주었는데 세 번째 책까지 내게 되어 기쁘면서 혹시 손해를 입힐까 미안하기도 하다.

새벽에 페이지의 포도밭을 거치는 그의 순례는 낙원으로 향하는데,
그는 이 낙원을 하나의 동산으로 생각한다.
그가 줄줄이 늘어선 포도 시렁에서 딴 말은
다가올 달콤함의 맛보기이자 약속이다.

—이반 일리치(정영목 옮김), 『텍스트의 포도밭』에서

제1장

프랜시스 스콧 피츠제럴드

『위대한 개츠비』

개츠비의 사랑은 위대하다.

| 미국의 꿈(American Dream)

『위대한 개츠비』는 표면적으로 개츠비와 데이지의 이루지 못한 사랑의 비극성을 다루고 있다. 이를 통해 피츠제럴드는 상업주의와 물질주의가 팽배한 1920년대 미국사회의 도덕적 부패를 비판한다.

미국사회의 도덕적 부패는 곧 미국의 꿈(American Dream)의 변질과 왜곡을 의미한다. 미국의 꿈은 희망의 땅인 신대륙에 대한 꿈인 동시에 인간의 이상과 물질적인 욕구를 동시에 충족하려는 미국인의 이상을 총체적으로 일컫는 개념이다. 미국의 꿈은 각자에게 주어지는 기회를 통해서 누구나 자신의 능력과 성취에 따라 미국에서 행복하게 살 수 있다는 낙관적 전망을 담고 있다. 『위대한 개츠비』가 미국인들에게 애독되는 이유는 미국인들의 의식 깊은 곳에 자리 잡고 있는 미국의 꿈을 예술적으로 잘 표현했기 때문이다.

미국의 꿈에 대한 이해는 이 작품의 이해에 필수적이다. 이에 대해 구체적으로 살펴보자.

미국의 꿈은 1492년 컬럼버스가 신대륙을 발견하고 난 후, 17세기에 들어오면서부터 시작된다. 이 시기에 유럽인들은 종교적 자유와 물질적 풍요를 찾아 뉴잉글랜드로 이동을 시작한다.

영국을 비롯한 유럽 대륙에서 종교적·경제적 이유로 힘들게 살던 사람들이 신대륙에 이주한다. 당시 영국과 유럽에서는 성공회나 가톨릭을 거부하면 더 이상 고국에서 살 수 없었다. 때문에 초기 이주민들은 주로 종교적 탄압을 피해 신대륙으로 이주했다. 그들은 신앙의 자유를 누리며 살고 싶어서 이주를 결심하게 된다. 그 당시 신대륙은 비록 황무지이긴 했지만 기회와 가능성이 무궁무진한 땅이었다. 가난한 이들에겐 새로운 일자리와 신흥 상류사회를 향한 신분상승의 꿈을 꾸게 하였고, 종교적 박해를 받는 이들에게는 종교의 자유를 보장해주는 곳으로 비춰졌다. 미국 역사의 첫 장을 연 이들의 생활방식이나 이념은 자연스럽게 미국 사회의 기본 토대로 자리 잡게 되었고 이들에 의해 미국의 꿈은 시작되었다.

초기 이주민들의 종교적 꿈과 경제적 꿈은 각각 청교도주의와 자본주의라는 이념으로 구축된다. 이는 미국의 꿈의 두 가지 핵심적인 이념이다. 유럽의 청교도들은 종교적 자유를 위해 본고장을 떠나 미국의 뉴잉글랜드 지방에 정착하면서 그들만의 독특한 종교적 규범을 지닌 사회를 만들었다. 그래서 대서양의 횡단은 홍해를 건너는 기적과 같은 것이었고 신대륙은 약속받은 땅에 대한 꿈의 실현으로 나타난다.

또, 청교도들은 직업을 중요하게 생각했다. 그들은 기독교인으로서 직업을 갖고 일을 하는 것이 신에게 봉사하는 일이자 자신들의 의무라고 생각했다. 청교도들은 세속적인 성공을 자신이 하나님에게 선택된 증거로 여겼다. 하지만 그들은 직업을 통해서 부를 가지면 가질수록 쾌락의 유혹에 빠지는 죄를 짓게 된다고 생각했다. 그들은 죄를 짓지 않기 위해서는 부를 얻기 위해 부를 사용하는 것이 가장 바람직하다고 생각했다. 청교도들의 이런 생각은 자연스럽게 자본주의 이념과 결합된다. 청교도주의와 자본주의는 초기 정착민들의 신념이자 미국을 탄생시키고 발전시켜온 정신적 근간이 된다.

초기 이주민들은 직업을 통해 세속적 삶에서 근면과 성실을 추구했고, 신앙을 통해서는 정신적인 힘을 키워나갔다. 그들은 새로운 약속 받은 땅, 기회와 가능성의 땅에서 근면, 성실, 정직, 검소, 신앙 등에 의하여 신분의 귀천이나 빈부에 관계없이 누구나 사회적 성공을 이룰 수 있다고 여겼다. 이런 생각이 미국의 꿈의 내용을 이룬다.

청교도주의와 자본주의는 이상주의와 실용주의(물질주의)로 볼 수 있다. 미국에서 문명사회를 건설한 인간의 욕구는 물질적인 것과 정신적인 것이 결합된 형태로 나타난다. 정신적 욕구는 신성성을 반영하는 새로운 질서를 만들어내려는 이상주의로, 육체적 욕구는 자원을 통해 정신적 욕구 충족의 기반이 되는 경제적 부를 추구하는 물질주의로 나타난다. 미국의 역사에서 이상주의와 물질주의는 서로 배타적이지 않고 상호보완적 관계이다. 이상주의 속에 물질주의적인 요소가 들어 있으며, 물질주의에도 역시 이상주의의 개념이 녹아 있다.

물질주의의 대표적인 인물은 프랭클린이며 이상주의의 대표적 인물은 제퍼슨이다. 벤자민 프랭클린(Benjamin Franklin)은 돈독한 신앙심과 근면, 성실로 자수성가하여 미국의 꿈의 표본이 된 사람이다. 그는 청교도 사회인 보스턴 출신이다. 그는 열일곱의 어린 나이부터 돈 한 푼 없이 오로지 자신의 성실을 재산 삼아 피나는 노력 끝에 명성과 부를 얻었다. 그는 미국적 성공의 모습을 몸소 실천해 보인 미국인이다. 그는 청교도의 가르침인 근면, 성실, 절약 등 13개의 덕목을 내세워 미국의 꿈을 이루기 위해 실천할 것을 강조했다.

벤자민 프랭클린이 도시인의 미덕을 주장했다면 토마스 제퍼슨(Thomas Jefferson)은 농촌인의 미덕을 주장했다. 그는 미국의 꿈이 도시보다는 농촌사회에서 실현되는 것이 더 바람직하다고 보았다. 그는 농경생활을 위대한 국가의 이상으로 보았고 농부를 가장 이상적인 인간상으로 여겼다. 그는 물질의 지배를 받는 도시를 동경하고 농경사회에 대한 이상을 포기하는 것은 인간성의 타락을 초래한다고 말했다. 이런 제퍼슨의 신념은 프랭클린의 실용주의 정신과 대비하여 이상주의의 시조라고 볼 수 있다. 이 둘은 미국 역사의 양대 이념이라고 할 수 있다. 자본주의와 청교도주의, 실용주의와 이상주의는 모두 미국의 탄생 시기부터 두 축을 이루어온 물질주의와 이상주의의 범주에 속한다.

이런 미국적 전통과 결합하는 또 하나의 중요한 정신이 있다. 더 이상 개척이 필요 없게 된 동부사회에서 새로운 꿈을 펼칠 수 있는 서부로의 이동을 이끌었던 프론티어 정신(frontier spirit)이다. 프론티어는 본래 개척지와 미개척지 사이의 경계선을 의미하는 말이다. 뉴잉글랜드 지방에 정착한 이주민들은 그들의 꿈을 하나하나 실천해 가면서 더 큰 가능성을 가진 기회의 땅으로 진출하기 위해 서부를 개척하기 시작한다. 동부에서 서부로 영토가 확장되면서 프론티어도 점점 서쪽으로 이동해 갔다. 서부는 미국인들에게 그들의 능력과 용기를 통해 새로운 삶을 개척하도록 유혹했고 그들은 부를 얻고자 점점 더 서부로 진출했다. 서부개척의 시대를 통해서 미국의 꿈은 더욱 신장된다.

유럽 이주민들의 눈에 무한한 자유의 땅으로 비춰졌던 신대륙은 서부 개척으로 더 강한 희망적 이미지를 심어주게 된다. 동부는 엄격한 청교도 정신과 선조 유럽인들의 생활방식으로 인하여 보수적이고 귀족적인 반면, 서부는 유럽 이민자들의 순수한 이상과 신념으로 평등하고 낙관적인 특성을 띠게 된다. 서부개척 시대의 삶의 전형적인 특징은 낙관주의이다.

미국의 꿈은 청교도주의와 자본주의의 결합에서 시작하여 서부 개척이라는 프런티어 정신과 결합하여 발전해 왔다. 그러나 이상주의와 물질주의의 조화는 쉽지 않은 문제였다. 시간이 갈수록 이상주의와 물질주의 간의 균형이 흔들리기 시작한다. 깊은 신앙심을 바탕으로 성실하게 일함으로써 신에게 영광을 돌릴 수 있다고 믿었던 청교도 사회는 점차 물질적인 것에 집착하기 시작한다.

18세기에 접어들면서 신의 왕국을 건설하겠다던 초기의 열정은 줄어든다. 뉴잉글랜드에서 청교도는 점차 쇠퇴의 길을 걷게 된다. 미국인들은 종교적 이상보다 부의 추구라는 현실의 목표를 더 중요하게 생각한다. 부에 대한 과욕은 이상과 현실 사이의 괴리를 야기한다. 부의 실현을 위해 이상을 배반함으로써 미국의 꿈에 어두운 그림자가 드리워진다. 미국의 건국이념으로 함께 출발한 이상주의와 물질주의는 결국 물질적인 기회주의로 기울기 시작한다.

서쪽으로 세력을 확대시켜 나가는 과정에서 19세기 후반에 프론티어

선이 거의 태평양 연안까지 당도하게 된다. 이와 함께 불어온 산업화의 물결과 남북전쟁으로 인해 서부개척 시대는 종말을 맞는다. 프론티어 정신이 소멸함에 따라 건국 초기의 부푼 꿈은 사라지고 미국의 물질주의는 점차 정신적인 면이 부재한 물질주의가 된다. 신대륙이 제공해주는 무한한 자원과 기회가 펼쳐질 때에는 미국의 꿈의 순수한 이상과 신념이 가능했다. 하지만 프론티어 선이 이미 태평양 연안까지 당도한 상황에서 더 이상 개척할 땅이 없었고, 산업화로 삶의 목표가 물질과 부의 추구로 귀결됨에 따라 미국의 꿈은 변질되고 타락할 수밖에 없었다.

서부 개척시대의 종말과 미국의 남북전쟁의 발발은 남부의 농업 중심 사회에 대한 북부의 근대 상공업 중심사회의 승리를 의미했다. 북부의 승리는 국가적 통일과 급격한 산업의 발전을 가져와 19세기 후반 산업주의의 물결이 미대륙을 지배하기 시작했다. 미국인들은 그들이 믿었던 미국적 평등, 미국적 기회, 미국적 순수의 가치와 그 바탕 위에 세워진 사회(국가)에 대해 의심하기 시작했다. 이후 미국은 이상이 없는 부의 추구와 사회 이면에 만연한 도덕적인 부패를 경험하게 된다.

제1차 세계대전 이후 이러한 현상은 한층 더 심각해진다. 전쟁을 승리로 이끄는 데 한몫한 미국은 세계 강국으로 부상하였고 전례 없는 물질적 풍요를 누리게 된다. 풍요로운 삶을 맛본 사람들은 부를 소유하고자 하는 이기적 욕망이 한층 강해진다. 부는 이제 고귀한 이상을 지탱하기 위한 수단이 아니라 그 자체가 목적이 된다.

1918년 제1차 세계대전 이후 사회 기반이 무너진 미국은 전쟁의 비극과 참혹함이 사회 곳곳에 만연해 있었다. 이 시기의 미국은 역사상 그 어느 시기보다도 경제적, 사회적, 정신적인 면에서 급격한 변화를 겪는다. 젊은 층들은 황폐해진 사회 분위기에 정신적 불안과 극심한 환멸에 시달리게 된다. 삶의 목적을 상실한 채 자아를 잃고 정체성 혼란의 위기에 직면하게 되는데, 이러한 젊은 지식인들과 예술가들을 일컬어 피츠제럴드는 '잃어버린 세대(Lost Generation)'라고 지칭하였다.

그러나 이들이 잃어버린 세대라고 해서 물질적으로 가난하고 불행하게 살지는 않았다. 미국은 전쟁으로 막대한 경제적 성과를 얻었고, 그 결과 세계 강대국으로 부상하였으며 전례 없는 물질적 풍요를 누렸다. 젊은이들은 이런 생활을 충분히 만끽하며 유복하게 사는 특권을 누렸다. 그들은 전통적인 가치에서 뿌리 뽑힌 채 피상적인 편안함과 안락함을 추구하기 시작하였다.

1920년대는 급진적인 산업의 발달로 물질문명의 발전과 부의 축적을 이루었지만 경제적인 번영이 미국인의 생활과 정신에 바람직한 결과만을 가져 온 것은 아니었다. 경제적 번영에서 나온 부의 배분은 공정하게 이루어지지 않았다. 그것은 오히려 빈부의 격차를 심화시켜 부에 의한 사회계급의 차이를 부각시켰다. 이에 저속한 물질주의와 배금주의의 풍조가 도처에 만연하게 되었고, 무절제한 생활태도와 상대적인 박탈감으로 인한 정신적인 빈곤이 초래되었다. 사람들은 영원한 가치보다 순간적인 향락을 추구하게 되었다.

이 시기의 특징을 대변하는 것은 무엇보다도 돈과 쾌락이다. 청교도적 가치관과 윤리의식을 상실한 사람들은 진정한 의미의 이상을 잃게 되었고 순간적인 삶과 쾌락만을 추구하였다. 그들의 사치스러운 생활은 정신적인 빈곤과 도덕적인 타락으로 미국 사회를 과잉 환락의 세계로 변모시킨다.

이 시대에 생산되기 시작한 자동차는 돈의 상징이었고, 이 시대를 풍미한 재즈 음악은 감각적 쾌락의 상징이었다. 피츠제럴드는 재즈음악과 함께 술을 마시고 춤추며 육체적인 쾌락과 환락을 즐기는 이 시기를 '재즈 시대(Jazz Age)'라고 칭했다. 많은 사람들이 잔인한 전쟁의 후유증으로 허무감, 무력감, 상실감에 시달렸다. 이를 벗어나고자 미국인들은 술과 성, 재즈음악에 빠져 들었고, 방향감각을 상실한 채 돈과 쾌락만을 추구하였다. 흥겨운 파티나 상점 등 언제 어느 곳에서나 재즈 음악이 흘러나왔고 사람들은 그 음악에 맞춰서 몸을 흔들었다. 이 시기의 흑인들은 재즈를 향유하는 백인들을 위해 음악 산업에 뛰어들기 시작했으며, 아이러니하게도 최하계층인 흑인들의 시름을 달래주던 재즈는 최상계층의 향락을 위한 음악으로 변모하게 된다.

자동차는 이 시기를 대표하는 상징적 물건이다. 제1차 세계 대전 이전에 자동차는 중·상류 계급의 여가를 위한 사치품이었으나 이후에 자동차 소유가 빠른 속도로 확산된다. 자동차 소유는 사회적 지위를 측정하는 중요한 기준이 된다. 신형차의 소유는 성공과 번영을 상징하고, 더 크고 비싼 차는 그 만큼 높은 신분임을 입증해 주었다.

이 시기를 이해하는 데 빠트릴 수 없는 중요한 사건은 1920년 1월에 발표된 주류 판매와 제조 금지 조치이다. 이 법의 발효 이후의 상황은 미국의 꿈의 변질 과정을 잘 보여준다. 이 법이 발표되자 중간계급과 혁신주의자로 자칭했던 사람들은 대부분 이 조치를 지지하였다. 그러나 이 법은 얼마 지나지 않아서 불만과 논쟁의 근원이 되었고, 결국 위법 사태가 속출하게 된다. 즉, 미국의 많은 곳에서 불법 주류를 쉽게 구할 수 있게 된다.

거대한 이윤을 창출하는 이 산업이 금지되었음에도 술을 요구하는 사람들은 많았다. 그들의 요구에 술을 거래하는 비밀 조직들이 나타나게 된다. 이런 사태가 벌어지자 금주를 지지했던 많은 중간계급의 혁신주의자들은 금주의 목소리를 점점 잃고 만다. 술의 제조와 유통을 금지하는 금주파의 이상은 술을 요구하는 사람들의 현실적 목소리에 묻혀 점점 설 자리를 잃어갔다.

금주파와 음주파의 대치 상황에서 금주 반대자들이 점차 영향력을 키워갔지만 음주파는 1929년 대공황이 도래하기 전까지는 금주주의자들을 효과적으로 공격할 수 없었다. 이 때문에 금주법은 밀조, 밀수, 밀매를 성행시켰고 밀주를 마시는 일은 공공연한 비밀이었다. 이렇게 금주법 이후의 음주파·금주파의 대립은 당시 미국의 상황을 극명하게 보여준다. 금주법 이후의 상황은 금주법을 위반하는 자들이 결국 승리하는 상황으로 변해 간다. 이는 곧 법의 지배에 정당성을 부여하는 민주주의 정신에 전적으로 위배되는 것이며 물질이 정신을 억누르고 지배하는 상황을 보여준다. 결국 이런 미국인의 향락적이고 안이한 생활 방식이 초기 미국의 꿈을 왜곡하고 변질시킨 원인 중 하나로 볼 수 있다.

피츠제럴드의 『위대한 개츠비』는 이와 같은 시대적 상황을 배경으로 한다. 『위대한 개츠비』는 이 시대의 정신적 황폐화 그리고 사치와 향락 등 물질만능주의, 무책임한 사회상을 적나라하게 보여준다. 뉴욕은 황폐한 불모의 지역으로 믿음과 사랑의 상실을 상징하고 있다. 뉴욕을 중심으로 살아가는 동부의 사람들은 상업주의와 물질주의가 새로운 신으로 부상한 세계에서 살고 있다. 머틀과 윌슨, 톰과 데이지, 닉과 조던, 개츠비와 데이지조차도 닉을 제외하고는 아무도 선과 악을 구별할 수 없다. 그들은 잿빛 도시 이미지가 함축하는 것처럼 그들의 시간을 어떻게 보내야 할지도 모른다. 개츠비의 저택에서 매일 밤 벌어지는 호화로운 칵테일 파티는 재즈 시대의 무질서, 혼돈, 그리고 사치를 반영한다. 개츠비가 여는 파티에 모여들어 낯선 얼굴들과 뒤섞이는 나방 같은 사람들은 꿈, 이상, 희망이 없는 사람들이다.

물질주의가 지배했던 1920년대 미국인의 생활방식에 대해 피츠제럴드는 상류층은 돈과 쾌락만을 바쁘게 좇는 나방으로, 하류층은 그 상류층을 모방하려고 애쓰는 나방으로 그리며 비판하고 있다. 특히, 물질적 부의 특권에 빠져 목적도 꿈도 없이 표류하는 미국인의 자화상이 바로 톰과 데이지이다. 머틀은 폐허의 상징인 재의 계곡에 살며 자신의 계급적 한계를 뛰어넘기 위해 애쓰는 하류층을 대표한다.

『위대한 개츠비』는 미국인의 꿈의 쇠퇴에 관한 이야기이다. 미국의 꿈의 실패를 총체적으로 보여주는 이야기이다. 초기 개척민들이 추구한 신대륙에서 이상 실현의 꿈은 개츠비가 제이 개츠비로 다시 태어나 데이지를 자신의 이상(꿈)의 대상으로 삼은 것과 유사하다. 초기 개척민들의 눈에 신대륙이 무한한 꿈과 가능성의 땅으로 보인 것처럼 개츠비의 눈에 데이지는 그의 이상으로 보인다. 데이지를 향한 개츠비의 꿈은 미국의 역사가 간직한 이상주의의 꿈을 의미한다. 데이지가 물질주의에 경도되어 개츠비를 버렸듯 미국의 순수한 이상주의의 꿈은 물질주의의 꿈으로 변질된다. 데이지도 톰도 개츠비도 모두 그 변질된 물질주의의 산물들이다.

개츠비가 데이지에게 톰을 사랑하지 않았다고 말하기를 집요하게 요구하듯, 작가인 피츠제럴드는 닉을 통해 대부분의 미국인들이 믿고 있는 변질된 미국인의 꿈, 즉 물질주의를 버리고 이상주의로 되돌아가길 강하게 촉구한다. 소설의 마지막 구절, 1인칭 화자인 나가 우리로 바뀌어 "우리는 계속 앞으로 나아가는 것이다. 흐름을 거슬러 가는 조각배처럼, 끊임없이 과거로 떠밀려가면서도"라는 구절은 바로 작가가 전하고자 하는 궁극적인 메시지를 함축하고 있다.

| 논제에 따른 쟁점

쟁점 ❶ 목적: 순수한 사랑과 신분 상승의 욕망

우리가 첫 번째로 살펴 볼 쟁점은 데이지에 대한 개츠비의 사랑의 목적이다. 개츠비는 데이지 자체를 사랑한 것일까, 아니면 데이지가 지닌 신분과 부(富)라는 환경을 사랑한 것일까. 그의 사랑은 순수할까, 신분 상승의 욕망을 이루기 위한 수단일까. 우리는 개츠비가 창조한 데이지라는 '환상'을 어떻게 평가할까. 그 환상은 순수한 사랑의 환상인가, 아니면 성공을 위한 욕망의 환상인가.

(1) 순수한 사랑의 대상으로서의 데이지

개츠비는 찬란한 물질적 성공을 꿈꾼다. 이 꿈은 데이지를 만나기 훨씬 전부터 개츠비의 삶을 끌어가는 동력이었다. 물질적 성공을 꿈꾸던 개츠비에게 데이지는 순수한 사랑의 대상 그 이상이었을지도 모른다. 데이지와의 첫 만남과 사랑을 서술하는 부분을 보면, 데이지의 집에 대한 생생한 묘사가 상당 부분 이어진다. 이는 개츠비에게 데이지가 한 명의 여자로서보다는 웅장한 저택과 당당한 가문, 귀족적 전통이 어우러진 하나의 상징으로서 다가왔음을 암시한다. 데이지는 개츠비가 만나 본 여자 중에 처음 본 근사한 여자였다.

그렇다고 해서 데이지에 대한 개츠비의 사랑이 데이지의 부나 신분과 관계된 물질적인 욕망이나 신분상승의 수단을 의미하는 것은 아니다. 개츠비는 데이지를 다른 여자들과 달리 하늘에서 떨어진 천사인 듯이 바라본다. 사실 개츠비는 데이지와 사랑에 빠지면서 여태껏 자신의 삶을 지탱해 왔던 성공에 대한 야망이 점점 줄어드는 것을 느낀다. 그는 갑자기 매 순간 사랑에 더 깊이 빠져들면서 자신의 야심(야망) 따위 상관치 않게 된다.

개츠비는 순수하고 낭만적인 사랑에 빠진다. 데이지 또한 개츠비를 사랑한다. 그러나 결국 개츠비의 입대와 집안의 집요한 반대를 이기지 못한 데이지는 톰과 결혼하게 된다. 이로써 물질적 성공보다는 사랑이 더 강력한 힘일 수 있다는 개츠비의 믿음은 한순간에 산산조각이 된다.

이후, 개츠비는 어느 때보다 더 물질적 성공을 위해 수단과 방법을 가리지 않고 일을 한다. 결국 원하던 성공을 이룬 개츠비는 이를 바탕으로 과거를 돌이켜서 자신의 사랑을 쟁취하려 한다. 과거를 회복하려는 그의 노력은 데이지와의 순수한 사랑의 시절을 회복하고자 하는 욕망의 표현이다. 개츠비에게 데이지의 사랑을 되찾는 일은 그녀를 사랑하던 당시 자신의 순수한 모습을 되찾는 일이기도 하다. 그러니까 데이지를 향한 개츠비의 꿈은 데이지에 대한 순수한 사랑의 회복이면서 자신의 최상의 모습, 즉 자신의 순수했던 과거의 모습을 회복하는 것이다. 개츠비는 현재의 혼돈(혹은 타락)을 넘어 기억을 더듬어 시간을 거슬러 올라가면 거기 어느 지점에서 찬란했던 자신의 모습과 재회할 수 있다고 믿는다. 그는 그 순간의 회복을 위해 일생을 바친다.

개츠비는 시계 바늘을 거꾸로 돌리듯이 5년 전으로 돌아가 거기에 영원히 그들의 사랑을 고정시키려는 환상을 갖고 있다. 개츠비가 환상 속에서 애정을 실현하는 모습은 오래 전에 톰과 데이지가 신혼여행을 다녀간 지방을 찾아 가는 데서도 볼 수 있다. 그는 데이지의 발길이 닿았다고 생각하는 시골 마을과 눈에 보이지 않는 그 곳의 공기 속에서 그녀의 입김과 체온을 느끼려 한다. 그의 사랑은 지나칠 정도로 과거를 지향하는 순수함으로 이상화되어 있다.

개츠비의 현재에 현실성을 부여하는 것은 오직 데이지를 향한 꿈이다. 그 꿈은 믿을 수 없을 정도로 천진난만해서 환상처럼 느껴진다. 그러나 개츠비에게 이 꿈은 실재하는 현실이다. 그의 환상이 그의 순수함과 결합될 때 그것은 아름답다. 그 꿈의 실현가능성을 떠나 그것이 개츠비의 순수함에 의해서 지탱되고 있기 때문이다. 그는 그의 꿈을 믿으며 부를 통해 꿈을 실현할 수 있다고 확신한다.

개츠비의 순수함은 데이지와 재회 장면에서 잘 드러난다. 닉이 주선한 데이지와 만남의 시간이 가까워지자 개츠비는 하얀 플란넬 정장에 은색 셔츠 그리고 금색 넥타이를 매고 나타난다. 그는 잠을 못 잔 탓인지 창백한 모습을 하고 닉의 집을 찾아온다. 닉의 집에서 그는 멍한 눈으로 클레이의 경제학을 쳐다보다가 부엌을 오가는 핀란드 여성의 발자국 소리에 움찔하기도 한다. 마치 보이지는 않지만 일련의 놀랄만한 일들이 밖에서 일어나고 있는 양 흐릿한 창문을 통해 밖을 바라본다. 그러다 그는 아무도 오지 않을 거라고 말하며 집으로 돌아가려 한다. 그 때 데이지의 대형 오픈카가 길을 따라 올라온다. 5년 만에 자신의 꿈이었던 데이지를 만난다는 사실에 개츠비는 우연을 가장하기 위해 닉의 집을 빠져나온다. 그는 시체처럼 창백한 얼굴로 닉의 문 앞에 다시 나타난다. 개츠비의 이런 모습들은 톰이나 데이지에게서 찾아 볼 수 없는 우스꽝스러울 정도로 순수하고 진솔한 모습이다.

하지만 개츠비의 순수한 모습과 데이지의 모습은 차이가 많다. 개츠비가 데이지를 만나 겪게 되는 감정과 데이지가 개츠비의 성공을 상징하는 물건을 보면서 느끼는 감정은 매우 대조적이다. 개츠비는 5년 전자신이 사랑했던 여인을 만난다는 사실에 기쁨과 황홀함을 느끼지만 데이지는 과거의 개츠비를 본 것이 아니다. 데이지는 그가 소유한 거대한 저택과 소유물들이 주는 외형적인 모습에 감동을 받는다. 이는 5년이라는 공백기 동안 개츠비와 데이지가 서로 다른 방향의 길을 걸어왔다는 것을 의미하는 동시에 불행한 결말을 예고하는 전조라고 할수 있다. 두 사람이 만나는 장면에서 개츠비의 순수함과 데이지의 속물성이 대조를 이룬다.

개츠비는 순수한 사랑의 눈으로만 데이지를 보기 때문에 그녀의 실체를 제대로 보지 못한다. 개츠비는 과거의 순수함과 아름다움 그 자체 즉, 자신의 어떤 관념(이상, 상상)으로 데이지를 보고 있다. 개츠비는 그녀가 톰과의 사랑만 부인해 준다면 루이빌로 돌아가서 데이지를 아내로 맞아 그곳에서 행복을 되돌릴 수 있다고 믿는다. 개츠비는 데이지를 5년 전의 모습으로 이해하고 있다. 현재의 데이지를 이해할 수 없는 개츠비는 데이지가 자신의 뜻을 이해하지 못한다며 애를 태운다. 그의 사랑은 불가능한 순수에 대한 열망이다. 그 자신의 모든 것을 희생해도 아깝지 않는 열망이다.

개츠비의 순수한 사랑은 데이지에게 실연의 상처를 받고도 그녀가 낸 교통사고를 책임지려고 하는 모습에서도 찾을 수 있다. 이런 그의 의식은 대단히 순수하고 자발적이다.

(2) 신분상승의 욕망으로서의 데이지

『위대한 개츠비』는 계급적 사다리를 타고 오르려는 개츠비의 열망과 좌절을 그린 소설이다. 개츠비는 늘 무엇인가를 꿈꾸는 인물이다. 개츠비의 아버지가 보여주는 개츠비의 생활계획표에는 비교적 소박한 성공에 대한 꿈이 담겨 있다. 가난한 농부의 아들로 태어난 개츠비는 물질적 성취를 위해 각고의 노력을 기울인 인물이다.

닉에 따르면 개츠비는 농사를 짓던 가난한 부모를 진정한 부모로 여긴 적이 없다. 그는 자기도취 속에서 자신을 신의 아들로 생각했다. 그러던 그가 운명처럼 댄 코디라는 인물을 만나게 된다. 개츠비는 그의 요트를 타고 여행하며 몇 년을 보낸다. 댄 코디가 광산업을 통해 일확

천금을 이루었던 인물임을 고려하면, 이 시절 개츠비의 꿈은 부를 통한 신분 상승이라는 막연한 기대였을 것이다. 그런데 운명적으로 데이지를 만남으로써 개츠비의 꿈은 명확한 형상을 갖게 된다. 데이지는 개츠비가 그때까지 살아오면서 처음 알게 된 멋진 여자였다. 데이지는 개츠비에게 자신이 꿈꾸었던 모든 것을 한 몸에 구현하고 있는 존재로 보였다.

개츠비에게 데이지는 황금 소녀의 상징이 된다. 그녀는 난생 처음 개츠비에게 관심을 보인 최상류층의 여자였다. 개츠비에게 데이지는 특정 계층의 성향, 말투, 몸짓 등으로 신분 상승의 상징적 존재를 의미한다. 개츠비에게 그녀의 모습은 실제로 존재하는 실체가 아니다. 이는 그녀의 특성에 대한 개츠비의 묘사에서 잘 드러난다. 개츠비는 그가 루이빌에서 그녀와 함께 춤을 출 때, 사람들의 금빛과 은빛의 화려한 구두 수백 켤레가 반짝이는 먼지를 일으켰다고 묘사한다. 또한 데이지 저택의 방들은 나지막하고 달콤한 열기로 끊임없이 고동치는 것 같았고 숨 막힐 듯한 격한 기분을 느꼈다고 고백한다. 그가 데이지에게 느끼는 것은 이런 환상적인 이미지 속에 숨어 있는 부(富)가 가두어 보호하는 젊음과 신비이다. 개츠비에게 데이지는 힘겹게 살아가는 가난한 사람들과 동떨어진 곳에서 은(銀)처럼 안전하고 자랑스럽게 빛을 발하는 존재로 인식된다.

이런 그의 생각은 개츠비가 자신의 꿈의 대상인 데이지를 "돈을 잔뜩 머금은 목소리"라고 표현한 대목에서 잘 드러난다. 개츠비는 데이지를 목소리에 돈을 잔뜩 머금고 있는 하얀 궁전에 사는 황금의 소녀라고 표현한다. 이러한 표현은 개츠비가 데이지가 보여주는 부가 가져

다주는 안락함과 풍요에 더욱 매료되었음을 알 수 있게 한다. 그는 데이지의 목소리를 언제나 원하는 것을 얻을 수 있는 부가 주는 희망으로 인식한다. 실제로 그녀의 매력은 아름다움이 아닌 성(性)과 부(富)의 미묘한 결합에서 오는 매혹적인 모습에 있다. 그녀의 얼굴은 슬픔에 가득 찬 아름다움을 지니고 있고 목소리는 유혹하는 듯한 분위기를 자아낸다. 여기에 상류계층 특유의 위선적이며 무관심한 듯한 태도가 곁들여져 있다. 개츠비는 이런 데이지의 모습에 매혹 당한 것이다.

큰 야망을 가진 가난한 청년 개츠비는 데이지를 만나 그녀를 사랑하게 되지만, 처음에 그녀에게 관심이 있었던 이유는 그녀의 부와 그 주위의 배경들이 그녀를 더욱 값지고 아름답게 보이게 했기 때문이다. 처음 개츠비가 다른 장교들과 함께 데이지의 집을 방문했을 때 그는 이제껏 그처럼 멋있는 집을 본적이 없었다. 또한 수많은 장교들이 데이지를 한 시간만이라도 독차지하고 싶어하는 경쟁이 개츠비가 데이지를 더욱 열망하게 부추겼다. 그는 데이지가 가진 부와 그것으로부터 풍겨져 나오는 매력과 함께 상류계층에 대한 동경을 갖게 되고, 거기에 편입되고 싶은 욕망이 그의 물질적인 성공을 가속화시킨 것이다.

그의 물질적 성공을 위한 부단한 노력의 과정에서 데이지는 이상화된 목표로 존재할 뿐이다. 실제로 개츠비는 진짜 데이지의 모습을 이해하지 못했고 진실로 그녀를 사랑하지 않았다고도 볼 수 있다. 그녀는 일종의 부에 대한 환상으로 개츠비에게 기억된다. 데이지는 개츠비가 끊임없이 그 꿈을 실현하기 위해 노력하게 만든다. 개츠비는 자신의 인생을 데이지에 대한 환상을 추구하는 데 바친다. 이 환상은 데이지 자체가 아닌 그녀가 지닌 부와 신분을 지향한다.

개츠비의 열망은 데이지가 요구하거나 원한 것은 아니다. 개츠비 자신이 받아들이고 인식한 것이다. 그는 데이지라는 실재하지만 실재하지 않는 비현실(환상) 속에 살고 있다. 그 근거는 그가 데이지와의 관계를 5년 전으로 되돌려 반복할 수 있다고 믿는 것과 매주 파티를 열면서 초대받지 않은 사람들까지 와서 술을 마시고 춤을 추며 잡담을 즐기게 하지만 자신은 한 번도 그 열기에 휩싸이지 않는 모습에서 찾을 수 있다. 개츠비는 철저하게 고립된 모습을 보인다. 또한 그가 모든 여성들에게 혐오감을 가지고 있었다는 닉의 진술은 그의 사랑이 환상이며 데이지 자체를 향해 있는 것이 아님을 추측하게 한다. 여자를 혐오하는 그에게 데이지는 여자로서 존재하지 않는다. 부와 성공에 대한 열망으로서 존재한다.

개츠비는 젊은 여성들이 아는 것이 없으며 그 외의 여성들은 신경질만 부린다는 편견을 갖고 있다. 개츠비가 인식하는 데이지는 현실 속에 존재하는 인물이 아니다. 그래서 그녀를 제외한 모든 여성들에게 혐오감을 느끼는 것이다. 데이지만이 예외라는 것은 그가 한 인간으로서의 데이지를 거의 인식하지 못한다는 증거라고 볼 수 있다.

개츠비의 사랑은 본질적으로 환상에 기반하고 있으므로 이루어질 수 없다. 그 둘의 사랑에서 그들을 가로막고 있는 신분과 부의 장벽도 문제지만 그 사랑이 애초에 개츠비의 기만에 의해 시작되었다는 것도 순수한 사랑과는 거리가 멀어 보인다. 물론 개츠비가 노골적으로 데이지를 속인 것은 아니다. 하지만 데이지가 개츠비의 실체가 아닌 허상을 보도록 그가 방치했던 것도 사실이다. 결국 개츠비는 데이지라는 환상을 기만적인 방법으로 추구했다. 그의 사랑은 결코 순수한 사랑이 될 수 없다.

심리학적으로 보아도 개츠비의 사랑은 진실한 사랑이 될 수는 없다. 그는 상대방과 대등한 위치(부만이 아닌 심리적 자존감의 측면에서도)에서 사랑하지 못하기 때문이다. 자신은 낮은 위치에 있기 때문에 남을 높이고, 남과 자신을 동일시하는 방법으로 자신을 높이는 나르시시스트가 있다. 개츠비가 이에 해당한다. 이런 나르시시스트는 타자가 자신에게 어떤 반응을 보이는지 끊임없이 살피면서 자존감의 확보와 유지를 위해서 자신보다 높은 위치에 있는 사람이 자신을 긍정해 줄 것을 요구한다. 타자의 긍정적 평가로 자존감을 회복하고, 부정적 평가에 대한 염려와 두려움으로 자신을 혹사하며 기대에 부응하려고 노력한다. 타자에게 자신을 전적으로 맞춤으로써 관심과 인정을 받아 자존감을 회복하려고 하지만 근원적으로 열등감에서 벗어나지 못한다. 자신의 부족한 부분을 다른 사람의 인정과 지지로 채우려고 하지만 상대도 인간이기에 그러한 욕구가 늘 충족될 수는 있는 것은 아니다. 그래서 언제나 자신을 패배자로 여기고 자존감은 계속해서 더 불안정해진다. 자신을 낮은 위치로 판단한 사람은 낮은 자존감으로 열등감을 느끼고, 상대가 나의 부족한 점을 알게 될까봐 두려워한다. 개츠비는 데이지라는 이상적인 타인을 소유함으로써 자신도 타인과 동일한 사회적 지위와 권력을 얻기 위해 그녀와 관계를 맺으려 한다. 그러므로 개츠비는 열등한 나르시시스트이다.

쟁점 ❷ 방법 : 목적을 위한 수단으로서의 부와 목적으로 정당화 될 수 없는 부정한 부

우리가 두 번째 살펴 볼 쟁점은 개츠비가 축적한 부의 문제이다. 그는 부정한 방법으로 재산을 모았다. 이는 부정하기 어렵다. 데이지를 찾기 위해서 그가 부정한 방법으로 재산을 모은 것이라면 그의 사랑의 위대성은 어디에 있을까. 아니면, 우리는 그의 재산 축적 과정을 좋은 의도로 해석하거나 적어도 어쩔 수 없었던 것으로 이해할 수 있을까. 이 문제는 개츠비가 재산(부, 성공) 그 자체를 추구한 것인지, 아니면 데이지를 되찾기 위해 어쩔 수 없이 부를 필요로 했는지를 살펴보는 것이다. 현실적으로 개츠비가 데이지를 되찾을 수 있는 유일한 방법이 부의 축적 외에 없었음을 인정한다면 우리는 그의 부를 긍정적으로 볼 수 있을까.

(1) 사랑을 이루기 위한 수단으로서의 부

개츠비는 금주법을 어기고 주류 밀매를 하거나 훔친 증권을 이용하여 부자가 된다. 이를 바탕으로 개츠비는 데이지가 사는 이스트 에그 (East Egg) 맞은 편 웨스트 에그(West Egg)에 호화 주택을 구입한다. 그 곳에서 자신의 꿈을 실현하고자 뷰캐넌 부부 같은 최상위 계층의 생활양식을 모방한다. 개츠비는 데이지를 되찾기 위해 파티를 열고 값비싼 차와 수입한 옷을 사들인다. 호화로운 대저택과 많은 화려한 셔츠들로 데이지의 사랑을 사고자 한다.

개츠비는 밤이면 건너편에 살고 있는 데이지를 만날 수 있으리라는 희망을 품고 화려하고 거창한 파티를 연다. 개츠비는 파티에 참여한 사람들에게 환상과 같은 존재이다. 개츠비에 대한 무성한 소문들은 그를 스타와 같이 신비롭게 만들어주고 있다. 자신의 파티에서 개츠비는 대리석 층계에 홀로 서서 만족스러운 눈빛으로 여기저기 모여 있는 사람들을 바라본다. 닉에게 개츠비의 이런 모습은 마치 모든 사람들을 수용하는 신과 같아 보였다. 개츠비는 타락하고 혼란스런 파티에서 자신을 제어함으로써 데이지를 만나려는 자신의 목적을 성스럽고 순수하게 지키고자 한다. 개츠비가 무의미한 쾌락을 쫓고 다니는 시대에 유일하게 흔들리지 않고 삶의 목적을 가지고 살아가고 있다는 사실은 닉으로 하여금 개츠비를 위대하게 보도록 한다.

개츠비의 부는 오로지 5년 전에 헤어졌던 데이지를 다시 만나서 톰으로부터 그녀를 되찾기 위한 것이다. 개츠비는 데이지가 톰과 결혼한 이유가 톰이 부자이기 때문이라고 굳게 믿고 있다. 이런 믿음은 그가 톰과 대적할 수 있을 만큼의 부를 축적하도록 이끈다. 하지만 물질에 대한 톰과 개츠비의 태도는 다르다. 톰은 물질의 지배를 받고 물질을 쾌락의 방편으로 삼는 물질적 삶 그 자체를 추구한 반면, 개츠비는 물질의 지배를 받지 않고 물질을 수단으로 자신의 이상을 성취하려는 정신적 삶을 추구한다. 톰은 물질적 삶 그 자체가 목적이어서 물질을 포기하지 못하지만 개츠비는 다르다. 만약 청춘의 사랑을 되찾는 물질 (재산) 이외의 방법이 있었다면 그는 과감히 물질을 버렸을 것이다. 그의 영혼을 지배하는 것은 물질이 아니라 이상이다.

주인공 개츠비가 추구하는 이상은 데이지라는 젊고 아름다운 여인이다. 그는 그녀와 함께 누렸다가 잃어버린 아름다운 순간과 사랑을 되찾기 위해 노력한다. 상류 사회에 속해 있는 데이지에게 이르기 위해 그는 부를 손에 넣어야만 했다. 개츠비는 주류밀매라는 부정한 방법을 써서 전설적인 부를 갖게 된다. 하지만 부는 어디까지나 그 꿈을 실현하기 위한 수단에 불과하다.

닉은 개츠비를 처음 만났을 때 지나치게 형식을 갖춘 말투와 어딘지 모르게 거짓이 섞여 있는 이야기에 그를 겉만 번지르르한 잘 꾸며놓은 사기꾼이라고 생각한다. 하지만 개츠비와 만날수록 닉은 그의 모든 것이 데이지라는 이상을 위한 것임을 알게 된다. 닉은 개츠비의 순수한 모습에 점차 동화되어 간다. 개츠비는 데이지라는 목표를 향한 노력으로 부유한 성공을 이룬다. 비록 개츠비의 이상이 실현되지 않았지만 개츠비는 마지막까지 데이지에 대한 믿음을 간직한다. 그는 어떤 경우에도 데이지를 포기하지 않는다.

개츠비가 축적한 부는 데이지에 대한 사랑을 회복하기 위한 수단일 뿐이다. 개츠비가 벼락부자 댄 코디나 탐욕적인 협잡배 마이어 울프심과 같은 수법을 쓰고 있음에도 그의 목적은 그들과 다르다. 개츠비의 부는 개츠비의 꿈(데이지)을 이루기 위한 현실적인 도구일 뿐이다. 개츠비의 부정한 사업이나 그의 야단스러운 파티는 순수한 꿈을 이룩하기 위한 투쟁의 과정이지 결코 그 자체가 목적은 아니다.

데이지를 찾고자 하는 개츠비의 꿈이 작품에선 "녹색 불빛"(green light)으로 나타나 있다. 개츠비는 데이지가 살고 있는 부두의 끝에서 조그맣게 타오르는 녹색 불빛을 향하여 두 팔을 뻗치고 몸을 떤다. 녹색 불빛은 개츠비의 영원한 이상의 상징이다. 녹색 불빛은 언젠가는 데이지와의 사랑을 회복할 수 있다는 그의 순진한 희망을 표현하는 동시에 희망의 실현을 약속해 주는 암시이다. 녹색 불빛의 주인공인 데이지는 개츠비의 꿈에 대한 성취의 약속인 것이다. 녹색 불빛은 개츠비에게 데이지와 행복했던 과거에 대한 이상화된 상으로 지금도 찬탄의 대상으로 남아있다.

외적으로 볼 때 사랑에 눈이 멀어 현실감각이 결여된 개츠비는 불법적으로 모은 재산을 사치스런 낭비성 파티에 소모했으며, 데이지의 실체를 간파하지 못하고 그들 부부에게 이용당해 윌슨의 총탄에 살해당한다. 그럼에도 불구하고 물질 중심의 도덕적 불감증이 만연한 사람들 속에서 순수한 이상(데이지를 향한 사랑)을 추구하는 개츠비의 낭만적 꿈에는 경이감을 불러일으키는 위대성이 내재해 있다.

(2) 사랑으로 정당화될 수 없는 부패한 부

개츠비는 어린 시절 물질적 성공에 대한 미국인의 표본인 벤자민 프랭클린을 자신 인생의 모범으로 삼는다. 그는 벤자민의 일과표를 따라 근면, 절제, 성실을 추구하며 성공의 야망을 키운다. 그러나 데이지를 자신의 영원한 꿈으로 숭배하기로 결심한 순간 유년기의 순수성은 사라지고 현실의 타락과 부정이라는 급물살에 몸을 맡기게 된다.

개츠비의 꿈은 물질이 가득해야만 이룰 수 있는 꿈이다. 개츠비의 꿈은 맹목적으로 부를 축적해서 꿈을 이루려는 무책임과 도덕성의 결핍, 위선과 거짓의 행동에 바탕을 두고 있다. 개츠비는 웨스트 에그에 저택을 구입하여 온갖 저속한 인물들을 파티에 끌어들이지만 그는 언제나 정장 차림과 격식 있는 행동으로 명문대학 출신의 전통적인 부유층 행세를 한다. 장교시절 가난한 자신을 버리고 부유한 톰에게로 가버린 데이지를, 물질적인 부에 의해서만 차지할 수 있다고 믿었던 개츠비는 5년 만에 만난 데이지에게 자신의 부의 상징인 화려한 셔츠들을 보여준다. 개츠비는 데이지를 돈으로만 차지할 수 있다고 믿기 때문이다. 개츠비는 데이지가 새하얀 궁전의 공주이자 황금의 여인임을 안다. 그는 닉의 주선으로 재회할 때 하얀 플란넬 양복에 은색 와이셔츠와 황금빛 넥타이 차림으로 데이지를 만난다. 그는 데이지에게 봉건시대 풍의 웅장한 대저택을 구경시켜주고 옷장 안에 산더미처럼 쌓여 있는 오색찬란한 와이셔츠들을 보여준다. 돈으로 이룬 물질의 상징인 셔츠를 보자 데이지는 그 속에 얼굴을 파묻고 울기 시작한다. 이처럼 데이지의 마음을 매료시키는 물질주의와 관계 맺음으로써 개츠비는 황금만능주의적 속물근성을 보여준다.

개츠비는 불법적으로 재물을 취득했을 뿐만 아니라 그의 행동도 매우 위선적이다. 개츠비의 파티에 참석했던 사람들은 개츠비의 재력과 직업, 그의 출신 신분에 대해서 궁금해 한다. 정확한 근거가 없는 상태에서 사람들은 온갖 소문을 만들어내며 개츠비에 대한 추문을 확대한다. 그렇다고 개츠비가 도덕적으로 정당한 입장에서 사람들이 만든 추문의 희생자가 되었던 것은 아니다. 그는 위선적인 인물이고 그의 존재는 가짜였으며 심지어 가장 가까운 이웃이자 친구인 닉에게조차도 자신의 과거를 속이며 거짓말을 한다.

개츠비의 물질적 성공이 잃어버린 사랑을 되찾기 위한 수단이라 해도 그것은 그를 현재와 과거, 사랑과 부를 혼동하는 왜곡된 환상에 빠뜨린다. 또한, 물질적 성취는 정신적 타락과 도덕적 부패를 가져 온다. 이 소설에서 물질적 성취를 이룬 인물들 모두가 정신적·도덕적으로 부패해 있다는 점이 이를 잘 보여준다. 톰과 데이지는 물론 개츠비가 부를 축적하는 데 조력자 역할을 한 댄 코디와 울프심 그리고 개츠비 자신이 모두 도덕적으로 비난받아 마땅한 측면을 지닌다. 우선 해설자인 닉이 자신이 드러내놓고 경멸해 마지않는 모든 것을 대변하는 개츠비라고 말할 정도로 개츠비는 부를 축적하는 과정에서 수단과 방법을 가리지 않았다. 금주법이 시행되던 당시에 그는 불법으로 밀주를 만들어 판매했다. 뿐만 아니라 증권을 훔쳐 팔거나 불법 도박을 하여 막대한 부를 축적했다.

개츠비가 단기간에 엄청난 부를 축적하게 된 배경에는 울프심이 있다. 울프심은 주류 밀수 등을 포함한 여러 가지 불법적인 사업을 하는 인물인데, 군복무를 마치고 무일푼이었던 개츠비는 그로부터 적극적인 후원을 받을 뿐만 아니라 그의 사업에 동참하였음을 알 수 있다. 울프심은 도덕적으로 부패한 조직폭력배의 거물이다. 개츠비와의 특별한 관계에도 불구하고 울프심은 개츠비의 장례식에 참석해달라는 닉의 간청을 냉혹하게 거절할 만큼 비인간적이고 부도덕한 인물이다.

물질적 성취를 이룬 사람들의 부도덕과 정신적 부패는 댄 코디의 경우에도 예외가 아니다. 코디는 개츠비가 자기 집에 그의 사진을 걸어 두고 인생의 모델로 삼을 만큼 물질적 성취를 대표하는 상징적 인물이다. 그러나 미국 역사의 한 시기에 개척지의 창녀촌과 술집의 무자비한 폭력을 동부 해안에 이끌고 온 난봉꾼 개척자로 일컬어질 정도로 그의 삶은 술과 여자와 폭력으로 얼룩져 있다. 개츠비가 술을 멀리하고 여자를 경계하는 습관은 바로 코디의 삶을 지켜보며 타산지석으로 체득한 것이다. 이처럼 물질과 정신은 병존하기 어렵다. 개츠비가 데이지를 되찾기 위해 부정한 방법으로 재산을 축적할 때 이미 그는 정신적으로 부패한 것이다. 부도덕한 방법으로 정당한 목적을 이룰 수는 없다.

데이지를 향한 개츠비의 헌신과 희생이라는 피상적인 위대성의 이면에는 그의 왜곡된 꿈이 숨겨져 있다. 개츠비가 추구하는 성공에 대한 꿈은 그가 데이지를 만나면서 왜곡되기 시작했고, 급기야는 현실에 존재하지 않는 이상 속의 데이지를 얻기 위해 부정한 방법을 통해 부를 축적한다. 그는 어린 시절 벤자민 프랭클린을 모델로 삼고 그의 덕목의 실천을 통해 자수성가의 꿈을 이루고자 했다. 하지만 개츠비는 사랑했던 데이지를 톰에게 빼앗기고 그녀를 되찾으려는 잘못된 이상을 설정함으로써 파국을 맞게 된다. 개츠비가 톰의 아내가 된 여인을 되찾겠다고 생각한 순간부터 그의 꿈은 변질되기 시작했다. 개츠비가 잘못된 이상을 세우고 이의 실현을 위해 밀주 밀매를 통해 검은 돈을 축적했다는 사실은 데이지를 향한 사랑의 정당성을 훼손한다.

개츠비의 꿈의 변질과 허상의 추구라는 문제점 이외에도 개츠비가 타자들의 희생을 통해 부를 축적했다는 사실 또한 반드시 지적되어야 한다. 이는 그 목적이 무엇이든 결코 정당화될 수 없다. 결국, 개츠비는 무엇을 간절히 원한다면 그것을 얻기 위해 어떤 일도 마다하지 않을 인간이라고 볼 수 있다. 수단과 방법을 가리지 않고 목적을 추구하는 사람이 행할 수 있는 선(꿈, 사랑)은 위선일 뿐이다. 그의 선이 부정한 수단으로 이루어졌을 때 그것은 자신과 타인에 대한 기만 이상도 이하도 아니다. 결국 기만과 위선은 비극적 파멸에 이를 수밖에 없다.

쟁점 ❸ 결과(평가) : 진실하고 위대한 사랑과 거짓되고 퇴폐적인 사랑

우리가 마지막으로 살펴 볼 쟁점은 개츠비의 사랑에 대한 평가이다. 그의 사랑은 진실하고 헌신적인 사랑인가, 아니면 자신의 욕망(부, 성공)을 충족시키기 위한 부도덕하고 위선적인 사랑인가. 이 쟁점은 앞의 두 쟁점을 어떻게 평가하느냐에 따라 달라질 것이다.

(1) 개츠비의 진실하고 위대한 사랑

개츠비는 자신의 소망을 이루기 위해 자신의 전부를 바친다. 그의 소망은 루이빌에서 데이지와 사랑에 빠졌던 5년 전의 과거를 회복하는 것이다. 과거를 회복하려는 개츠비에게 닉은 그의 꿈은 실현될 수 없다고 말한다. 그러나 개츠비는 그렇지 않다고 말한다. 그는 모든 것을 예전 그대로 돌려놓으려 한다. 그는 데이지가 이런 자신의 노력을 알게 될 것이라고 믿는다.

하지만 개츠비의 꿈은 불가능한 사랑의 꿈이다. 개츠비가 점점 자신의 꿈에 다가갈수록 그의 의도와는 달리 꿈은 점점 현실에서 멀어져 간다. 그는 현재에서 미래로 나아가지 않고 과거로 되돌아가고자 하기 때문이다. 개츠비는 과거의 사랑을 현재에 영원히 붙잡아 두려한다. 하지만 현재의 시간은 미래로 흘러간다. 흘러가는 강물을 붙잡아 두는 것도 불가능할 뿐만 아니라 그것을 되돌리는 일은 더욱 불가능하다. 강물을 현재에 붙잡아 두면 썩을 뿐이다. 그러므로 개츠비의 꿈은 누가 보아도 불가능한 꿈이다. 과거를 현재의 순간에 그대로 재현하여 붙들어 두려는 욕망은 무모하다. 하지만 개츠비는 그 실현 가능성을 낙관한다.

개츠비의 위대성은 이 불가능함을 가능함으로 바꿀 수 있다는 낙관적인 믿음에 있다. 그는 꿈의 실현에 대한 확고한 믿음과 그것을 포기하지 않고 추구하는 열정을 갖고 있다. 개츠비만의 자질은 자신과 자신의 환상을 믿는 강렬함이다. 개츠비의 믿음은 의지력, 자존심, 그리고 인내력의 형태로 나타난다. 그는 꿈의 실현에 반하는 어떤 어려움에도 굴하지 않고 꿈의 실현을 위해 혼신의 노력을 다한다. 그가 지난 5년 동안 데이지를 되찾기 위해서 그의 모든 것을 바칠 수 있었던 것도 이 때문이다. 이 믿음으로 그는 자신의 일생 동안 꿈의 순수성을 지켜왔다.

닉은 누구보다도 개츠비의 이런 삶의 태도를 잘 이해하고 있다. 닉은 개츠비를 괴롭히고 희생시킨 것은 톰과 데이지와 같은 세속적인 '더러운 먼지'라고 생각한다. 닉은 개츠비의 꿈을 따라다닌 '더러운 먼지'에도 불구하고 개츠비가 옳았다고 생각한다. 비록 개츠비의 노력이 실패했을지라도 그것이 순수한 꿈과 관련된 것이기에 의미가 크다고 생각한다. 개츠비는 자신의 꿈을 실현하지 못하고 죽지만 끝까지 꿈을 포기하지 않았던 그의 순수한 열정은 닉의 생각을 변화시킨다. 닉은 톰이나 데이지 같은 부패한 인물들에게는 없는 능력을 개츠비가 지녔음을 깨닫는다. 그 능력은 꿈을 향한 낭만적 동경과 의지이다.

개츠비는 무책임한 사람들이 살고 있는 동부로 그의 푸른 꿈을 좇아 왔다. 개츠비의 꿈은 이런 사회에 동화되거나 부패하지 않고 끝까지 순수하게 남는다. 데이지에 대한 개츠비의 사랑과 헌신과 신뢰는 배신의 순간에도, 또한 자기의 마지막 순간에도 조금도 변하지 않는다. 절대적으로 순수한 그의 사랑은 데이지가 일으킨 사고를 수습하는 과정에서 잘 드러난다. 개츠비와 데이지를 태운 차는 뉴욕에서 이스트 에그로 돌아오던 중 재의 계곡에서 사고를 낸다. 데이지는 윌슨의 차고 앞에서 그의 부인인 머틀을 치고 그대로 달아난다. 개츠비는 그날 저녁에 데이지의 집 앞에서 만난 닉을 통하여 비로소 차에 치인 여인이 현장에서 즉사했음을 알게 된다. 이때 그가 보이는 반응에서 데이지에 대한 한결같은 애정과 그녀가 그에게서 차지하고 있는 위상을 재확인할 수 있다.

　개츠비는 머틀의 생사보다 그 사고로 데이지가 받게 될 정신적 충격에 더 큰 관심을 보인다. 데이지는 개츠비가 어떠한 비난, 고통, 심지어 죽음까지도 감수할 만한 존재이다. 우리는 여기서 머틀의 죽음에 무관심한 개츠비의 냉혹한 모습을 보는 한편, 재산 축적을 위해 온갖 불법을 마다하지 않던 그이지만 데이지에 대해서는 언제나 변함없는 애정을 쏟아왔던 개츠비의 일관된 신념과 자세를 다시 한 번 확인할 수 있다. 뿐만 아니라 데이지가 일으킨 교통사고에 대한 모든 책임을 자신이 지려고 하는 그의 모습에서 꿈의 제단 위에 자신을 속죄양으로 바치려는 숭고한 희생정신을 엿볼 수 있다. 하지만 자기 희생을 통해 사랑하는 여인을 지키려는 개츠비의 희망과 열정은 자신의 안위만을 생각하는 이기적이고 몰인정한 데이지라는 차가운 현실에 의해 물거품이 된다. 그럼에도 불구하고 개츠비는 자신의 꿈과 희망의 대상인 초록 불빛에 대한 헌신과 희생의 정신을 유지했으며 데이지에 대한 이상을 끝까지 추구했다.

개츠비는 낭만적 이상주의자로서 일생을 데이지라는 '성배'를 찾아다녔다. 하지만 그의 꿈과 환상은 이기적인 물질주의자들(톰, 데이지)에 의해 허망하게 꺾여버린다. 그러나 그는 삶이 끝나는 순간까지 계속 꿈을 꾼다. 개츠비의 꿈은 현실적 기반을 갖지 못한 허황된 것이라고도 생각할 수 있다. 하지만 그에게 중요한 것은 꿈을 추구하는 과정 그 자체에 있는지도 모른다. 그를 에워싼 인물들이 비양심적이고 무책임한 파괴자들이었기 때문에 결국 개츠비는 비극적인 파멸을 맞는다. 그러나 그는 최후의 순간까지 여전히 자신의 꿈을 이루기 위한 맹목적인 헌신을 그치지 않는다. 부패한 사회에서 무책임하고 무정한 사람들에 의해 그의 꿈은 좌절되었지만 그의 푸른 꿈은 부패되지 않은 채로 영원히 남는다.

『위대한 개츠비』란 제목에서 말하는 개츠비의 위대함은 무엇일까. 그건 개츠비 자신이 아니라 그가 지닌 아름다운 이상이다. 비록 부정한 방법으로 부를 축적해서 저속하고 타락한 아름다움의 상징인 데이지를 되찾으려는 꿈을 가졌지만 그는 끝까지 그 꿈을 위해 모든 것을 바친다. 그리고 그 목적에 충실한 그의 의지력, 순수함이 바로 그를 위대하게 만들었다. 타락하고 황폐한 사회에서 그의 꿈은 비록 좌절되었지만 결코 부패되지 않는다. 여기에 개츠비의 위대성이 있다.

그의 이상은 현실과 너무 달랐기 때문에 이루어질 수 없었다. 개츠비가 데이지란 꿈을 추구하다가 죽음을 당한 것을 목격하면서 닉은 개츠비의 꿈이 현실에서는 이룰 수 없는 비현실적인 것임을 깨닫는다. 그러나 마지막에 닉은 개츠비의 정당성을 인정하고 그의 부패하지 않는 꿈에 찬사를 보낸다. 많은 사람들이 처음에는 큰 이상을 품지만 결국 현실에 맞추어 자신의 이상을 적당히 줄여간다. 하지만 개츠비의 꿈은 줄어들지 않았고 그는 자신의 이상을 무한한 열망으로 확장시킨다. 닉이 결국 개츠비가 옳았다고 말할 때, 그것은 데이지를 끝까지 사랑하고 감싸주었다는 점보다는 그 사랑을 통해 드러난 개츠비의 삶의 방식, 즉 꿈(데이지에 대한 사랑, 이상)을 향한 끝없는 헌신을 의미한다.

개츠비의 위대성은 그가 지닌 꿈의 본질 속에 잘 드러난다. 그것은 '인생의 약속에 대한 높은 감수성', '희망을 품는 탁월한 재능', '이루 말할 수 없는 환상' 그리고 "물살을 거슬러 노를 젓는다"라는 표현 속에 내포되어 있다. 여기에 근거하여 그 본질을 다음과 같이 요약할 수 있다. 개츠비의 꿈의 본질은 순수한 열망을 가슴에 품고 미래의 무한한 가능성을 신뢰하며 현실의 온갖 어려움을 극복하면서 앞으로 나아가는 정신이다. 이렇게 자신의 온 힘을 다하여 무엇을 추구하는 정신은 그 자체로 위대하다. 닉은 개츠비가 지닌 이 점을 보고 그에게는 남다른 어떤 찬란한 것이 있다고 느꼈던 것이다. 개츠비의 일생은 바로 이 정신으로 일관되었다.

이러한 정신은 멀리서 빛나는 녹색 불빛을 향하여 전율하며 두 팔을 펼치고 있는 모습에서 잘 드러난다. 그의 꿈은 매우 이상적인 것이다. 그것은 반드시 이루어진다는 신념으로 인해 실제 생명력을 부여받는다. 그 꿈이 너무 이상적이어서 실현되지 못할 환상으로 남게 되었지만 그의 꿈이 지닌 이상은 위대하다고 볼 수 있다. 개츠비의 꿈은 물질주의적인 세상에서 이룰 수 없는 이상을 실현하고자 하는 욕망이라고 할 수 있다. 개츠비의 삶은 이 숭고한 욕망으로 영위되었다. 그것은 너무도 강해서 개츠비로 하여금 그것을 추구하는 데 방해가 되는 어떤 현실의 장애물도 극복하게 하였다. 개츠비를 알아가면서 닉은 이 사실을 깨닫는다. 그러나 톰은 물론, 데이지마저도 결코 이 사실을 깨닫지 못한다.

개츠비는 환상을 품을 수 있는 인물일 뿐만 아니라 그 환상이 실제로 이루어질 수 있다고 믿는 신념의 인물이다. 그의 꿈은 그 자신에게 환상이라기보다 성취에 대한 확고한 신념이 담긴 꿈이다. 아무리 높은 인생의 가능성에 대한 꿈을 품는다 해도 그것의 실현을 믿지 못한다면 한낱 꿈으로 남을 뿐이다. 그러나 개츠비의 꿈에는 바로 이 신념이 담겨 있고, 이 신념은 그의 삶을 이끌어주는 동력이 되었다. 개츠비가 많은 결점을 지니고 있음에도 위대한 이유는 그의 순수함과 인생에 대한 신념 때문이다. 개츠비가 데이지에게 끝까지 성실한 태도를 유지하는 것도 바로 그의 꿈에 대한 믿음의 결과라고 할 수 있다.

삶의 의미는 결과만이 아니라 목표를 향한 투쟁의 과정 그 자체, 꿈을 실현하기 위한 투쟁의 과정 그 자체에도 존재한다. 자기의 이상을 실현하지 못한다 해도 그 과정에서 삶의 가치는 고양되기 때문이다.[2] 개츠비는 결과에 관계없이 목표를 향한 투쟁에서 진정한 자기 삶의 의미를 획득하였다는 점에서 꿈의 성실한 구현자이다. 그가 현실적 실패

---

2) 헤밍웨이가 쓴 『노인과 바다』에서 청새치를 잡기 위한 노인의 투쟁과 그것이 상어와의 싸움으로 물거품이 되지만, 그렇다고 해서 노인의 투쟁이 무의미한 것은 아니다.

에도 불구하고 삶과 죽음을 뛰어넘어 일관되게 자기의 꿈을 실현하기 위해 그 자신을 바쳤기 때문이다. 그러므로 그의 꿈은 위대하다. 개츠비가 지닌 꿈의 위대성은 세 가지 특징으로 정리할 수 있다. 그것은 현실에 안주하지 않는 이상성, 성취에 대한 확고한 신념, 타락할 수 없는 순수성이다. 이 세 가지 특징은 데이지에 대해 변함없이 진실하고 헌신적인 위대한 사랑을 가능하게 했다. 우리는 개츠비가 그의 따뜻한 세계를 잃어버린 것 같은 느낌을 받으면서도 데이지에게 끝까지 충실한 그의 순수한 마음에 감동을 받게 된다.

(2) 개츠비의 거짓되고 퇴폐적인 사랑

개츠비는 순수한 사랑을 추구한 인물처럼 보이지만 그 이면에 부정적 특징을 많이 갖고 있는 인물이다. 그는 순수한 사랑을 위해 목숨을 바친 낭만적인 남자처럼 보인다. 또 사업에 수단과 능력이 뛰어난 재력가이고 남을 배려할 줄도 아는 품격 있는 신사로 생각되기도 한다. 하지만 그는 위선적이고 자신의 꿈에 대해 편집증적인 집착을 보이는 정신적으로 불안정한 인물이기도 하다. 진취적이고 진보적인 남자처럼 보이기도 하지만 한때 사랑했던 여인을 잊지 못해 과거 속에서만 살고 있는 현실부적응자로 보이기도 한다. 그는 낭만적이고 이상적인 환상을 가지고 있으면서 동시에 물질주의적인 속성도 가지고 있는 이중적인 인물이다. 그의 이러한 이중성은 데이지에 대한 그의 사랑도 이중적인 성격을 지녔음을 짐작하게 한다.

개츠비는 자신의 환상 속에 존재하는 여인을 얻고자 노력했다는 점에서도 문제적 인물이다. 데이지가 톰을 만나 결혼하기 전에 그녀는 개츠비의 순수하고 진실한 사랑을 이해했던 여인이었다. 하지만 물질욕과 육체적인 욕망으로 다져진 톰을 만나면서 데이지 또한 그를 닮아갔다. 데이지는 5년이라는 세월이 흐른 후, 톰의 또 다른 분신이 돼 있었다. 하지만 개츠비는 이런 데이지의 실상을 깨닫지 못하고 허상을 추구한다. 개츠비는 세월의 흐름 속에 변화된 데이지의 속성을 제대로 간파하지 못한다. 그의 융통성 없고 편협한 이상주의로 인해 개츠비는 데이지로부터 배신을 당하고 톰의 간계에 의해 죽음을 맞게 된다.

개츠비는 왜 데이지의 허상(속물성)을 파악하지 못한 것일까. 왜 그는 데이지를 지나치게 이상화했을까. 사람이 무엇을 이상화하느냐는 그 사람이 자존감을 유지하고 지지하는 방식과 밀접한 관련이 있다. 개츠비는 물질적인 풍요와 사회적 지위를 이상화하여 자존감을 높이고 유지하고자 했다. 그는 신의 아들로서 과거의 가난한 삶을 버리고 세속적이며 겉만 번지르르한 아름다움을 추구했다. 개츠비는 자신의 낮은 자존감과 무기력을 방어하기 위해 부정직한 방법으로 경제적 성공을 이루었다.

하지만 이와는 별개로 개츠비는 심리적으로 아직 상하관계에서 낮은 순위에 머물러 있다. 그렇기에 개츠비는 자신보다 나은 타인을 소유함으로써 자신의 위대성과 전능함을 유지하고자 한다. 개츠비는 부정적인 나르시시스트이다. 그는 자신의 가치에 대한 고유한 내적 척도가 결여되어 있다. 그는 자신이 누구와 관계 맺는지에 따라 상하관계가 결정된다고 믿고 있기 때문이다. 개츠비는 데이지를 소유함으로써 신분 상승과 심리적 충족감을 얻으려 한다. 개츠비가 데이지에게 키스

했을 때 그의 이상과 환상은 데이지라는 뚜렷한 형체를 갖게 된다. 그에게 데이지는 결코 놓칠 수 없는 꿈이 된다. 데이지는 개츠비가 추구하는 의미 그 자체가 된다.

　부정적 나르시시스트는 자신의 연약한 자아를 부풀리기 위해 타인을 소유하고자 할 때 누구보다 헌신적인 연인이나 친구가 된다. 그들은 타인으로부터 인정을 받아 자신의 우월감을 확인하려 한다. 개츠비는 자신의 위치나 부의 정도에 따라서 데이지에게 거절당할지도 모른다는 불안을 갖고 있다. 이 불안은 개츠비가 데이지와 같은 계층에 속하는 인물인 것처럼 행동하게 해서 데이지에게 안도감을 불어넣는다. 개츠비는 닉의 집에서 데이지와 5년 만에 재회한다. 뉴욕에서 점심을 같이 하자는 제안을 거절하고 굳이 닉의 집에서 만난 이유는 데이지에게 바로 옆에 있는 자신의 집을 보여주고 싶었기 때문이다. 개츠비는 데이지와 재회를 위해 삼 년 동안 자신의 집을 가꾸었다. 데이지를 만나기 전날 밤에는 자신의 집 꼭대기에서 지하실까지 환하게 불을 밝혀 놓고 방을 돌아보기도 했다. 비가 퍼붓는 날씨에도 사람을 시켜 잔디를 깎게 했다. 데이지가 개츠비의 집을 둘러보는 순간에 개츠비는 한 번도 데이지에게서 눈을 떼지 않았다. 개츠비는 데이지가 보이는 반응에 따라 자기 집의 모든 것을 재평가하고 있었던 것이다. 데이지를 소유하기 위해서 개츠비는 온통 데이지의 눈에 자신이 어떻게 보일지만 생각한다. 그는 데이지로부터 긍정적인 반응을 얻기 위해 자신의 욕구와 감정보다 데이지의 기분을 더 중시한다. 개츠비는 데이지에게 자신의 모든 것을 맞추려고 애쓴다.

데이지를 향한 개츠비의 이런 사랑은 현실성 없는 환상에 불과하며 진실한 사랑이 아니다. 데이지의 현재를 인정할 수 없는 그의 사랑은 거짓이다. 시간을 과거로 되돌려 고착시키려는 것은 심리적 퇴행이고 데이지에게 고통을 줄 뿐이다. 이는 개츠비가 5년 만에 재회한 데이지에게 요구하는 비현실적인 조건에서 잘 나타난다. 개츠비는 단순히 데이지를 되찾는 게 목적이 아니다. 그의 목적은 톰과 데이지가 함께 한 지난 5년의 세월을 지워버리는 데 있다. 그 방법은 데이지가 톰에게 "나는 당신을 사랑하지 않았다"고 말하는 것이다. 그 말 한마디로 톰과 데이지의 과거를 다 지워버리고 그는 5년 전의 순간으로 되돌아가 데이지와 새 출발을 하려 한다. 하지만 이 요구는 환상에 불과하다. 이를 잘 아는 닉은 자신 같으면 데이지에게 너무 많은 것을 요구하지 않을 것이며 과거를 되돌릴 수는 없다고 말한다. 개츠비의 집요한 요구에 데이지는 개츠비가 너무 많은 것을 요구한다고 말하면서 내가 지금 당신을 사랑하는 것으로 충분하지 않냐고 반문한다. 그녀는 지나간 것은 어쩔 수 없다면서 절망적으로 흐느낀다. 나아가 그녀는 당신과 단 둘이라도 내가 톰을 사랑하지 않았다고 말할 수는 없으며, 설령 그렇게 말하더라도 그건 사실이 아니라고 말한다. 그녀는 개츠비의 환상적인 요구를 수용하지 않는다. 그럼에도 불구하고 개츠비는 이 환상을 집요하게 추구한다.

결국 개츠비의 정체가 폭로되자 자신의 기득권을 포기할 수 없는 데이지는 개츠비에 대한 미련을 버린다. 개츠비는 절망한다. 개츠비는 데이지를 되찾아 그녀와 같은 사회적 지위를 얻고자 했다. 개츠비는 데이지의 기대를 충족시키기 위해 최선을 다했다. 그러면서 데이지의 기대는 곧 자신의 기대가 되고 데이지와 동일해지는 자신을 기뻐했다. 하지만 결국 그는 데이지에게 배반당한다. 개츠비가 자존감을 추구하는 방식은 자기패배적(퇴행, 퇴폐)인 것이다. 그럼에도 불구하고 개츠비는 다른 방식은 상상조차 하지 못한다. 개츠비의 죽음은 데이지를 향한 개츠비의 헌신을 대변하는 것이 아니다. 그것은 그 자신을 위한 이상과 환상을 놓지 않고 공허하게 죽음에까지 이른 나르시시스트들의 전형적이며 거짓된 친밀함이다. 그러므로 그의 사랑은 결코 위대하지 않다.

또, 가장 중요한 데이지와의 사랑과 관련해서도 그 사랑을 위대한 사랑이라고 부를 수는 없다. 어떤 상황에도 굴복하지 않고 끝까지 데이지를 감싸고 사랑한 점에서 개츠비의 낭만적 숭고함을 생각할 수는 있다. 하지만 이는 사랑의 위대성을 말하기에는 부족하다. 무엇보다 데이지가 위대한 사랑의 상대가 되기에는 턱없이 세속적이고 타산적인 인물이기 때문이다. 개츠비의 비타협적인 꿈은 그의 욕망이 철저하게 부도덕한 데이지를 향한 맹목이었다는 점에서 그의 환상에 불과하다. 부를 축적하기 위한 개츠비의 불법 행위들과 그 부를 바탕으로 한 허구적 자기창조, 무가치한 대상을 이상화하여 절대적으로 추종한 개츠비의 맹목적 욕망과 희생은 그의 '위대함'이 매우 아이러니한 의미를 지닌다고 생각할 수밖에 없게 한다.

개츠비의 사랑이 갖는 또 다른 문제는 그것이 상대방에 대한 이해나 배려가 아니라 자기 성취에 토대를 두고 있다는 점이다. 개츠비의 사랑은 데이지를 포함한 어떤 여성도 받아들이고 인정하기 힘든 성질의 사랑이다. 그것은 데이지를 넘어섰고 모든 것을 넘어선 환상이며, 과거를 되돌리려는 일처럼 이룰 수 없는 꿈을 끝없이 추구하는 의지의 결정이다. 이룰 수 없는 것에 대한 과도한 미련과 추구는 편집증적인 집착일 뿐이다.

물질적인 성공이 개츠비의 꿈이다. 음악과 웃음으로 가득 찬 빛나고 화려한 파티는 그의 일생의 환상이다. 현재를 파괴하고 과거를 고정시키려는 개츠비의 사고는 시간의 흐름 등 객관적인 영역을 허용하지 않는다. 그는 데이지를 한 남자의 아내로, 한 아이의 엄마로 인정하지 않는다. 그에게 데이지는 돈 때문에 놓친 과거이며, 그는 그 과거를 돈으로 되돌리려는 생각뿐이다. 그는 과거에 갇힌 인물로서 과거의 환상속에 안주할 때에만 즐거움에 빠진다. 자기 집에 처음 데이지를 초대하여 그 화려한 사치품들에 그녀가 황홀해 하자 그는 즐거워서 웃는다. 그러나 현재 그녀는 그가 상상하는 대로 존재하지 않으며 과거를 현재화하는 일은 불가능하다.

개츠비는 누구나 공감할 수 있는 위대한 일을 위해 자신을 바쳤던 것도 아니고, 감탄과 공감을 일으키는 위대한 사랑을 했던 인물도 아니다. 부패한 사회 속에서 소유할 수 없는 지나간 시간을 붙잡으려는 개츠비의 무모한 시도는 그의 꿈이 부질없는 것이었음을 의미할 뿐이다. 개츠비의 결점은 그가 치유될 수 없는 미숙한 낭만주의자라는 것이다. 그는 사회적 인격이 결여되어 있고 비판적 지성이 부족하다. 그는 목적달성을 위해 수단과 방법을 가리지 않는 사람이다. 이런 그가 어떻게 진실한 사랑을 할 수 있겠는가.

데이지가 원하는 것은 개츠비라는 인물이 아니다. 톰이나 개츠비가 가지고 있는 물질이다. 데이지는 자신을 빛나게 할 물질과 사랑에 빠지고 개츠비는 자신이 만들어 놓은 사랑이라는 환상(허상) 그 자체에 빠진다. 그러므로 둘은 타자를 사랑한 것이 아니다. 그들의 사랑은 자기 사랑이다. 그들의 사랑은 자기 자신을 위한 일방적이며 이기적인 사랑이다. 그러므로 그들의 사랑은 거짓이다.

┃찬성과 반대의 논리적 흐름

찬성	(1) 데이지에 대한 개츠비의 사랑은 순수한 것이며, (2) 그는 데이지에게 다가가기 위해 어쩔 수 없이 부정한 방법으로 부를 축적할 수밖에 없었다. 하지만 개츠비는 부 자체를 목적으로 하거나 쾌락을 즐기지 않았고, (3) 데이지를 위해 자신이 살인죄를 뒤집어 쓸 만큼 순수한 사랑을 하였다. 그가 과거에 집착하는 것은 과거의 가장 순수한 사랑의 순간을 회복하고 싶기 때문이다.
반대	(1) 개츠비는 데이지를 사랑한 것이 아니라 데이지가 지닌 부와 신분을 사랑한 것이다. (2) 개츠비는 데이지에게 접근하기 위해 부정한 방법으로 재산을 축적하였고, (3) 그의 사랑은 퇴행적인 자기사랑(편집증적 집착)이며 비현실적인 환상에 불과하다.

문학작품 및 참고문헌

- F. 스콧 피츠제럴드(김석희 옮김), 『위대한 개츠비』, 열림원, 2013.
- F. 스콧 피츠제럴드(김욱동 옮김), 『위대한 개츠비』, 민음사, 2013.
- 프랜시스 스콧 피츠제럴드(한애경 옮김), 『위대한 개츠비』, 열린책들, 2013.
- F. 스콧 피츠제럴드(김보영 옮김), 『위대한 개츠비』, 펭귄클래식코리아(웅진), 2013.

- 김욱동, 『위대한 개츠비를 다시 읽다』, 이숲에올빼미, 2013.
- 서숙, 『서숙 교수의 영미소설 특강2, 위대한 개츠비』, 이화여자대학교출판부, 2008.
- 로이스 타이슨(윤동구 옮김), 『비평이론의 모든 것』, 앨피, 2013.
- 모린 코리건(진영인 옮김), 『그래서 우리는 계속 읽는다:
      F. 스콧 피츠제럴드와 〈위대한 개츠비〉, 그리고 고전을 읽는 새로운 방법』, 책세상, 2016.
- 홍기영, 『스토리텔링으로 본 문학과 인생』, 동인, 2015.
- 조규형, 『영미문학, 어떻게 읽는가: 감성과 실천』, 세창출판사, 2019.

- 탁병기, 「왜곡된 '미국의 꿈':
      『위대한 개츠비』에 나타난 등장인물들의 성격 연구, 서울시립대학교 석사논문, 2010.
- 채문희, 「『위대한 개츠비』에 나타난 "미국의 꿈"에 대한 비판적 고찰:
      개츠비와 닉을 중심으로」, 서울시립대학교 석사논문, 2013.
- 임경희, 「『위대한 개츠비』에서 개츠비의 파멸을 통해서 본 미국의 꿈」, 목포대학교 석사논문, 2001.
- 김민주, 「피츠제럴드의 『위대한 개츠비』에 나타난 '미국인의 꿈'」, 동국대학교 석사논문, 2015.
- 김나윤, 「F. Scott. Fitzgerald의 『위대한 개츠비』에 나타난 '미국인의 꿈'」, 동국대학교 석사논문, 2009.
- 최창숙, 「『위대한 개츠비』에 나타난 이상주의와 물질주의」, 계명대학교 석사논문, 2002.
- 최선옥, 「『위대한 개츠비』에 나타난 이중성」, 목포대학교 석사논문, 2015.
- 김유한, 「『위대한 개츠비』에서 제이 개츠비(Jay Gatsby)의 꿈 연구」, 목포대학교 석사논문, 2005.
- 함선화, 「매개된 욕망과 희생양 개츠비: 피츠제럴드의 『위대한 개츠비』를 중심으로」,
      경희대학교 석사논문, 1995.
- 차보경, 「스콧 피츠제럴드의 『위대한 개츠비』에 나타난 차등구조와 타자의 문제 연구」,
      한국교원대학교 석사논문, 2007.
- 최도현, 「『위대한 개츠비』에 나타난 유한계급 문제: 톰 뷰캐넌과 제이 개츠비의 인물 분석을 중심으로」,
      성신여자대학교 석사논문, 2007.
- 정경조, 「『위대한 개츠비』의 해체되지 않은 "미국의 꿈"」, 연세대학교 석사논문, 2002.
- 정서연, 「소설의 기법적 측면에서 본 The Great Gatsby에서의 Nick Carraway의 의식변화 연구」,
      한국교원대학교 석사논문, 2010.
- 장영란, 「『위대한 개츠비』에 나타난 미국의 꿈의 허구성과 회복가능성」, 목포대학교 석사논문, 2013.
- 강정애, 「『위대한 개츠비』에 나타난, 대립 양상에 대한 연구」, 한남대학교 석사논문, 2005.
- 강경희, 「『위대한 개츠비』의 등장인물의 가치관 연구」, 단국대학교 석사논문, 2008.
- 안세정, 「The Great Gatsby에 나타난 American Dream 연구」, 건국대학교 석사논문, 1996.
- 김소영, 「정신분석비평으로 바라본 『위대한 개츠비』」, 순천대학교 석사논문, 2011.
- 김현미, 「『위대한 개츠비』에 나타난 타자의 재현」, 숙명여자대학교 석사논문, 2015.

- 변종민, 「『위대한 개츠비』를 위한 변론」, 『영어영문학, 19(4)』, 미래영어영문학회, 2014.
- 김태우, 「피츠제럴드의 『위대한 개츠비』:
    개츠비는 위대한가?」, 『어문학논총 제31집』, 국민대학교 어문학연구소, 2012.
- 박병주, 「역설의 서사: 개츠비와 센티아고의 비극적 긍정성(주인공의 위대성을 중심으로)」,
    『영어영문학 연구 제55권 3호』, 2013.
- 사공철, 「『위대한 개츠비』에 나타난 꿈의 실현과 사랑의 대속」, 『영어영문학 연구 제55권 3호』, 2013.
- 이두경, 「『위대한 개츠비』 다시 읽기: 닉 캐러웨이의 의식의 전환을 중심으로」, 『인문과학연구 41』,
    강원대학교 인문과학연구소, 2014.
- 엄광웅, 「『위대한 개츠비』에 나타난 미국의 꿈과 상징성 연구」, 『영미어문학 제37집』,
    새한영어영문학회, 1997.
- 신영헌, 「『위대한 개츠비』의 미국성:
    예술가 닉의 영웅 만들기」, 『현대영미어문학 23』, 현대영미어문학회, 2003.
- 변종민, 「신역사주의 관점에서 『위대한 개츠비』 다시 읽기」, 『영어영문학 20』, 미래영어영문학회, 2015.
- 김상률, 「"잃어버린 세대"와 그 불만: 『위대한 개츠비』에 나타난 재현의 폭력」, 『외국문학연구 19』,
    한국외국어대학교 외국문학연구소, 2005.
- 김형옥, 「미국문화 속의 아메리칸드림과 자본주의: 〈파 앤 어웨이〉, 『위대한 개츠비』,
    그리고 〈월스트리트〉」, 『문학과영상 14』, 문학과영상학회, 2013.
- 이경화, 「『위대한 개츠비』에 나타난 황무지로서의 현대사회에 대한 인식 연구」,
    『미국소설 23권 1호』, 2016.
- 손병용, 「로망스의 맥락으로 『위대한 개츠비』 읽기」, 『영어권문화연구 5권 1호』,
    동국대학교 영어권문화연구소, 2012.
- 백석현, 「아이러닉 코미디로서 『위대한 개츠비』」, 『영어영문학연구 제30권 제2호』,
    대한영어영문학회, 2004.
- 강규한, 「『위대한 개츠비』 다시 읽기: 타자의 문제와 생태학적 접근 가능성을 중심으로」,
    『현대영미소설 (제11권 1호)』, 2004.
- 김용성, 「『위대한 개츠비』에 나타난 "미국인의 꿈"의 원형으로서의 기독교 윤리」,
    『미국소설 18권 2호』, 2011.
- 박용준, 「『위대한 개츠비』와 『호밀밭의 파수꾼』에 드러난 아메리칸 드림의 좌절과 방황」,
    『영어영문학연구 제41권 제1호』, 2015.
- 전봉철, 「미국 문명과 『위대한 개츠비』」, 『인문논총 제49집』, 부산대학교 인문학연구소, 1996.
- 배기순, 「피츠제럴드의 사회담론: 『위대한 개츠비』」, 『신영어영문학 51집』, 신영어영문학회, 2012.
- 남승숙, 「웃음 코드로 조망한 『위대한 개츠비』」, 『현대영어영문학 제58권 2호』,

제2장

너대니얼 호손

『주홍글자』

헤스터는 청교도 사회의
가부장적 권위(교회 권력)에 맞서
승리했다.

I 논제에 따른 쟁점

쟁점 ❶ 사랑과 간음(奸淫)

헤스터 프린과 딤즈데일(혹은 딤스테일) 목사의 관계를 통해서 헤스터를 바라보는 두 가지 시각이 존재한다. 하나는 헤스터를 억압적 사회질서에 맞서 순수한 사랑을 끝까지 지킨 강인한 여성으로 보는 것이고, 다른 하나는 헤스터를 사회의 규범을 깨뜨리고도 회개할 줄 모르는 뻔뻔한 간음녀로 보는 것이다.

(1) 사랑의 화신으로서의 헤스터

헤스터와 딤즈데일의 사랑을 범죄라고 보는 데는 무리가 있다. 사실 청교도 사회와 헤스터의 갈등은 원치 않은 결혼에 원인이 있다. 가부장제 사회에서 여성들은 사회적, 경제적 이익 때문에 결혼할 것을 요구받았다. 헤스터 역시 그런 이유로 결혼을 요구받아 자신을 희생하게 된 것이다.

늙은 칠링워스가 자신의 본성을 충분히 깨우칠 만큼 성숙하지 않은 헤스터와 결혼한 것은 잘못이다. 결혼 후, 그녀를 신대륙에 먼저 보내 그녀를 홀로 기다리게 한 것도 잘못이다. 칠링워스도 솔직하게 헤스터에게 자신의 잘못을 고백한다. 자신의 학구열과 연구에 수반된 외로움을 달랠 집안의 '화롯불'이 절박하게 필요해서 늙고 기형이며 성적 매력이 없는 그가 젊고 아름다운 헤스터를 결혼으로 끌어들여 가정의 온기를 얻으려 했던 것은 욕심이었다고 말이다. 그는 자신의 욕심 때문에 불륜이라는 파국이 일어나게 된 거라며 자신의 과욕을 인정한다. 즉, 이 노학자는 학문적 야심 때문에 외로워진 자신의 마음을 달래기 위한 이기적인 동기로 결혼했을 뿐이다. 그는 이 결합이 두 독립된 인격체 간의 상호 이해와 사랑에 기반한 혼인이 아니었음을 고백한다. 헤스터도 칠링워스에게 사랑을 주지 않았고 그런 그녀의 마음조차 숨기려 하지 않았다. 그들의 결혼에 사랑은 없었다. 헤스터는 엄청난 나이 차이에도 불구하고 사랑하지 않는 결혼을 강요받았기 때문에 자신이 저지른 죄에 대해 큰 죄의식을 갖지 않는다.

헤스터와 딤즈데일의 관계를 간음죄로 보기 어려운 또 다른 이유는 헤스터는 그 당시 남편이 없는 처지였다고 보는 것이 타당하기 때문이다. 헤스터는 2년 동안이나 소식도 없이 나타나지 않는 남편이 이미 죽었다고 믿었고, 보스톤의 다른 지역민들도 그렇게 믿었으며 딤즈데일 역시 그러했을 것이다. 소설 속 어디에도 딤즈데일이 헤스터의 남편이 나타날 것을 예상하거나 두려워한 흔적은 없다. 사랑에 기초한 결혼도 아니었는데 헤스터가 수절을 해야 할 이유가 없다.

우리가 가장 중요하게 받아들여야 할 사실은 헤스터와 딤즈데일의 관계는 칠링워스와의 결혼과 달리 분명히 사랑에 기초하고 있다는 사실이다. 헤스터가 딤즈데일과의 관계를 보는 시각은 그녀가 몸담고 있는 청교도 사회의 그것과는 다르다. 청교도들에게 그것은 사형에 처해져야 할 극악한 범죄이지만 헤스터는 그것을 딤즈데일과의 고결하고 순수한 사랑으로 신성하게 여기고 있다. 헤스터는 지속적으로 자신의 사랑의 신성함에 대해 확신하고 있다. 헤스터가 진심으로 딤즈데일과의 관계에 죄의식을 갖고 있지 않음은 숲 속 장면에서 명백해진다. 헤스터는 딤즈데일에게 그들의 사랑의 행위가 사회의 규칙을 넘어선 신성한 것임을 일깨워주려고 한다. "우리가 한 일은 나름대로 성스러운 것이었어요. 우리는 그렇게 느꼈었어요. 우리는 서로에게 그렇게 말했었어요. 그걸 잊으셨나요?" 이 분명한 사랑의 서약은 헤스터에게 사회 규칙과 율법을 넘어서는 더 강력한 법이다. 이 두 연인 사이에 있었던 사랑의 서약은 혼인 의식이라고 볼 수도 있다. 적어도 헤스터는 그렇게 믿고 있다.

헤스터는 자신을 딤즈데일의 아내로 여긴다. 자신의 행위에 신의 축복과 신성이 있다는 믿음은 어떤 이유에서건 간음이 신을 저버리는 것이라고 여기던 청교도적 시각과는 반대되는 것이다. 헤스터의 이런 반율법적인 태도는 소설의 첫장에 등장했던 앤 허친슨[3]을 다시금 떠올리게 한다. 헤스터의 사랑에 대한 믿음은 개인적 신앙이 되어 숱한 고

---

3) 앤 허친슨은 로저 윌리암스(Roger Williams)와 함께 1630년대 청교도 사회에 정면으로 도전을 했던 인물이다.

통들을 이겨 나가게 하는 원동력이 된다. 우리는 헤스터와 딤즈데일의 행동이 사랑 때문이었다는 것을 충분히 알 수 있다. 따라서 헤스터에게 딤즈데일과의 관계는 구약에 율법으로 금지된 죄악이기보다는 자연스러운 인간본성의 발로로 여겨진다. 그녀는 자신의 감정에 솔직했으며 딤즈데일과의 사랑에 신성성을 부여한다. 그녀는 결혼보다 사랑을 본질로 생각하는 신여성의 경향을 띄고 있다. 간음죄를 범한 그녀가 그토록 당당할 수 있었던 것은 남편과의 애정 없는 결혼은 무의미하고 사랑하는 사람과의 결합이 더 중요하다는 확신 때문이다. 그녀는 딤즈데일과의 사랑을 불륜이 아닌 사랑 그 자체의 신성함으로 보기 때문이다.

헤스터는 그녀가 속한 공동체가 가하는 치욕의 고통을 묵묵히 견디는 굳센 여인이며, 딤즈데일이 받는 고통을 가능하면 얼마든지 대신 수용할 여인이다. 고통에 대응하는 이런 그녀의 태도는 정신적이거나 육체적인 어떤 강제에 의하여 이루어지는 것이 아니다. 그것은 그녀의 자유로운 정신에서 저절로 우러나오는 사랑의 표시이다. 헤스터는 사랑했던 남자의 목숨과 명예를 지켜주기 위해서 최선을 다한다. 정을 통한 남자의 이름을 말하지 않았으며, 딤즈데일을 보호하기 위해 칠링워스에게 그의 정체를 밝히지 않겠다고 약속한다.[4]

평생 치욕스런 고통을 감내하더라도 사랑하는 남자가 살고 있는 고장에 머물려고 하는 모습에서 그녀의 일편단심과 강인한 면모는 다시

---

4) 결과적으로 그가 딤즈데일에게 칠링워스의 정체를 밝히지 않은 것이 딤즈데일을 더욱 고통받게 하지만, 그녀의 이 어리석게 보이는 행동도 사랑 때문이다. 딤즈데일에 대한 헤스터의 사랑은 순수하였으며 헤스터의 과오는 그 사랑에서 비롯된 것으로 생각할 수 있다. 헤스터는 그를 구하기 위해 침묵으로 남편의 존재에 대한 짐을 지고 있고, 그를 불행으로부터 구출해 내기 위해 기꺼이 다른 곳으로 그와 함께 도피하려 한다.

강조된다. 형기를 마친 헤스터는 자신을 치욕의 전형으로 여기는 고장을 떠나지 않는다. 그곳에서 거주해야만 한다는 판결을 받은 것이 아니기 때문에 어디든 다른 곳으로 가서 자유분방하게 살아갈 수도 있었다. 헤스터가 그 고장에 머문 이유는 죄 지은 곳에서 벌을 받아야 한다는 생각보다는 숙명적인 인연으로 맺어진 딤즈데일이 그곳에 있기 때문이다.

헤스터가 주홍글자를 달고 치욕을 당하는 것은 간음을 저지른 부정한 여자이기 때문이다. 그러나 그녀의 모습은 사악하고 음란한 죄인이기보다 운명적인 사랑에 고통 받는 지순한 여인으로 느껴진다. 그녀는 사랑한 두 사람의 진실한 감정을 인정하지 않는 사회의 규범에 의하여 처벌받고 고통당하는 희생자처럼 느껴진다. 우리는 음행(淫行)한 여인과는 전혀 다른 식민지 개척시대의 용감하고 끈질긴 아름다운 영혼과 마주하게 된다. 젊은 날의 그녀의 사랑은 실로 숭고하고 위대한 것이었다. 그 사랑은 온갖 시련을 이겨내게 했고 어떤 어려움 속에서도 딤즈데일에 대한 사랑이 변질되거나 오염되지 않았다. 헤스터와 딤즈데일의 관계는 결코 죄가 아니다. 진실한 열정은 비록 그것이 간음일지라도 후회할만한 죄가 될 수 없다. 헤스터는 오히려 사랑 없는 결혼이 더욱 큰 죄라고 생각하고 있는 것이다.

(2) 뻔뻔한 간음녀로서의 헤스터

1631년 3월 식민지법은 간통을 포함한 몇 개의 죄에 대해 사형 선고를 결정한다. 당시의 성직자들은 간통죄에 사형을 언도하는 것을 반대하기도 했다. 하지만 매사추세츠에서 간통죄가 1692년까지 법률상 사형 집행이 가능한 중죄로 남아있었다는 사실은 간통죄에 대한 사회 전반의 부정적 인식을 보여준다. 간통에 대한 사회의 부정적 인식은 결혼과 가족이 청교도 사회[5]에서 가지는 중요한 의미와 관계있다.

청교도들은 결혼을 인류에게 주신 하나님의 선물이라고 생각했다. 청교도들은 이혼을 인정하기는 하였으나 부정적으로 보았다. 이 때문에 사랑하지 않는 사람과의 결혼도 마음대로 파기할 수 없었다. 결혼은 가정을 이루는 기본적인 제도이며, 가정은 공동체를 이루는 기본적인 단위이기 때문이다. 청교도에게 가정은 이처럼 특별한 의미를 지닌다.

간음은 일차적으로는 종교적 계율을 위반한 것이지만 청교도 사회에서는 더 특별한 의미를 갖는 죄이다. 초기 미국 청교도 사회에서 가정은 사회의 소우주이며 사회질서 유지의 버팀목으로 간주되었다. 따라서 간음은 가족제도의 위계를 흔들 뿐만 아니라 국가의 법률과 질서를 위반하는 죄이다. 간음이란 당시로선 치명적이고 치욕적인 죄로 간주되었다. 이는 처형대 위에 올라선 헤스터를 바라보는 대중의 시선이 사회 지도층의 그것보다 훨씬 싸늘한 것을 통해 알 수 있다. 대중의 이런 시선은 간음을 단순히 개인사로 보지 않고 청교도 사회 구성의 근

---

5) 청교주의(淸敎主義, Puritanism)란 청교도(淸敎徒, Puritan)가 믿고 따르는 신념 및 사상을 말한다. 일반적으로 금욕주의(禁慾主義), 도덕규범에 대한 맹목적인 엄격함, 순결함, 가정과 결혼문제에 대한 가부장주의(家父長主義)를 신봉하는 사람들의 행동과 생활방식을 가리킨다. / 가부장주의(가부장제): 영어 Patriarchy에서 라틴어 어원 Patri는 '아버지의'란 뜻이며, archy는 '지배'란 뜻으로, 풀이하면 '아버지의 지배'를 의미한다. 따라서 가부장제란 '가족의 대표인 아버지가 가족 성원에 대해 행사하는 일방적인 권위 혹은 지배'를 의미한다. 그런데 자본주의의 발달과 더불어 '아버지의 지배'를 의미하였던 가부장제는 가족 단위에서 확대되어 전체 사회 구조적 수준에서 '여성에 대한 남성의 지배'를 의미하게 되었다. 현대사회에서 가부장제란 '남성 우선' 또는 '남성 중심'에 입각해 있는 구조와 원리를 포괄적으로 의미한다.

간인 가족제도 자체를 위협하는 사건으로 보았기 때문에 가능했을 것이다. 헤스터의 간음은 개인적 실수가 아니라 청교도 사회의 규율을 파괴하는 행위이며 지배 체제에 대한 심각한 도전으로 받아들여졌다. 그러므로 권력층은 가정의 규범을 위반하는 죄목들, 특히 성적인 죄를 공개적으로 처벌함으로써 가족제도를 강화하고자 하였다.

헤스터의 간음죄는 이 엄격한 사회의 법을 공정하게 적용하면 사형에 처해져야 마땅하다. 그 이유는 헤스터가 간음을 했을 뿐만 아니라 사생아 펄을 낳았기 때문이다. 이는 공동체의 근간인 가정을 뿌리 채 흔드는 행위이다. 더욱 문제가 되는 것은 그녀가 간음의 상대를 밝히지 않은 것이다. 아버지가 불분명한 펄은 엄격한 가부장 사회였던 청교도 공동체의 연속성과 안정성을 해친다.

하지만 교회권력은 간통한 죄인 헤스터를 사형시키지 않는다. 그녀는 분명 과거에는 유부녀였지만 현재는 과부일 가능성이 있기 때문이다. 남편이 사망했을 수 있다는 가능성은 헤스터를 간통죄로 처벌하는 것을 애매하게 만든다. 또, 젊고 예쁜 여자가 남편의 생사도 모른 채 외롭게 지내다가 큰 유혹을 받았을 것이라는 정황이 참작된다. 하지만 헤스터는 비록 남편과 나이 차이가 많고 2년 동안 떨어져 있었지만 엄연한 유부녀이다. 이런 신분의 그녀가 아버지의 이름을 밝힐 수 없는 아이를 가졌다는 사실만으로도 그녀는 음란하고 사악한 여인으로서 엄격한 처벌을 받기에 충분하다.

헤스터는 간통죄로 주홍글자를 가슴에 달고 처형대 위에서 세 시간 동안 서 있으면서 치욕을 겪고, 평생 그 치욕의 증표를 달고 다니라는 판결을 받는다. 이 판결은 소설 속 아낙들 말대로 어쩌면 총독과 목사,

관료들의 대단한 자비와 약한 마음 때문인지도 모른다. 그녀는 사형을 받지 않았을 뿐더러 채찍질도 받지 않았기 때문이다. 그러나 교회권력이 헤스터에게 사형을 집행하지 않은 것은 당시의 사회 분위기나 그녀가 과부일 가능성 때문만은 아니다. 교회권력에게 중요한 것은 합리적 법 적용 그 자체가 아니고 낙인의 전시를 통한 자기 지배력의 과시이다. 교회권력은 주홍글자의 낙인이라는 처벌로 공동체의 시민들에게 규범을 준수토록 하는 교육적 전시 효과를 노린 것이다. 낙인을 이용한 교회권력의 처벌은 죄인을 공동체로부터 고립시키면서 공동체 사람들에게 두려움을 주어 범죄를 예방하는 효과가 있다. 어쩌면 교회권력은 처벌을 통하여 헤스터를 사회에서 요구하는 정숙한 여인으로 감화시키고자 하였는지도 모른다.

미혼모라는 것은 그 여자가 신과 지역 사회의 규칙을 무시했다는 명백한 표시이다. 하지만 헤스터는 율법과 청교도 사회법 모두를 위반했음에도 진심으로 반성하지 않고 마음 속에 분노를 담고 오만하고 당당하게 처벌을 받는다. 그녀의 오만함은 감옥 문을 나서면서 형리의 손을 뿌리치고 떳떳하게 스스로 걸어서 밖으로 나오는 행위, 처형대 위에서 오만한 미소를 띤 채 부끄러워하는 기색도 없이 군중을 둘러보는 행위, 무엇보다 죄의 표식인 주홍글자 'A'를 붉은 천 위에 금실로 화려하게 수를 놓은 행위에서 잘 드러난다. 이것은 청교도의 법과 질서를 비웃고 그것에 순응하지 않으며 오히려 강하게 반발하는 태도이다.

물론 우리는 헤스터를 사랑하고 그녀에게 연민을 가질 수는 있다. 그러나 그녀의 잘못을 너그럽게 봐주거나 그것을 덕목으로 해석해서는 안 된다. 계획적이고 고의적인 범죄자라기보다는 환경의 희생자로 생각할 수도 있지만 그럼에도 불구하고 헤스터는 도덕적 책임이 분명히 있다. 그녀가 비록 딤즈데일을 사랑했다하더라도 간음으로 공동체의 질서를 흔드는 죄를 지은 것은 분명한데 그녀의 행동은 너무 뻔뻔스러우며 죄의식이 없다. 개인의 욕망도 중요하지만 공동체의 질서를 유지하기 위한 사회의 규범은 더욱 중요하다. 17세기 청교도 사회에서는 종교상의 율법이 곧 법률로 통했다. 그런 역사적 사실에 비추어 볼 때 헤스터는 죄인임이 분명하다. 간음녀인 헤스터의 오만한 행동은 엄격한 청교도 사회의 율법을 벗어나는 것으로써 그녀에게서 반성과 참회를 기대했던 청교도인들을 배신하는 행위이다.

쟁점 ❷ 저항(抵抗)과 순종(順從)

헤스터가 청교도 사회로부터 받은 벌을 어떻게 받아들였는지를 보는 두 시각이 있다. 주홍글자 'A'를 달고 나서 그녀가 인내와 헌신의 삶을 보이는 것은 청교도 사회의 처벌 때문이 아니라 그녀의 자유의지에 의한 것이며 이를 바탕으로 그녀는 청교도 공동체와 소통하면서 구성원들의 인식을 변화시켜나갔다는 저항에 중점을 두는 시각과 이와는 달리 헤스터가 청교도 사회에 지은 죄를 진심으로 속죄하기 위해서 인내와 헌신의 순종적인 자세를 보였고 이를 통해서 그녀가 공동체로부터 구원받을 가능성이 열린다고 보는 시각이 있다.

또, 딤즈데일에 대한 헤스터의 사랑에 대해서도 헤스터의 변함없는 사랑을 강조하면서 그녀가 자신의 사랑을 지키기 위해서 마지막까지 청교도 사회에 저항했다고 보는 시각과 딤즈데일의 죽음으로 헤스터는 사랑의 대상을 상실하였고 더 이상 청교도 사회에 저항해야 할 이유가 없어졌다고 보는 시각이 있다.

앞의 것은 논제에 대한 찬성 측의 시간이고 뒤의 것은 반대 측의 시각이다.

먼저, 논제에 대한 찬성 측의 시각을 살펴보자.

(1) 자유의지에 따른 인내와 헌신, 공동체와 소통을 통한 공동체 구성원
　　들의 인식 변화

청교도 사회가 헤스터에게 부과한 주홍글자 'A'와 처형대에서의 공개 굴욕은 그녀가 환상적으로 수를 놓아 빛나는 'A'자의 광채와 그녀의 강인하고도 아름다운 자태를 둘러싼 후광으로 인해 그 징벌적 의미를 이미 상실한 것처럼 느껴진다.

주홍글자를 달게 한 주된 목적의 하나는 청교도 가부장제 사회의 의지에 헤스터를 굴복시키는 것이다. 청교도 사회는 헤스터가 자신들의 가치에 굴복했다고 믿는다. 청교도 사회는 헤스터의 침묵을 그녀의 겸손에서 우러나온 것이라고 보았다. 그 겸손은 헤스터를 바라보는 청교도 사회의 시각에 상당히 부드러운 영향을 끼쳤다.

그러나 이 소설 내내 헤스터의 가슴에 달린 주홍글자는 헤스터 스스로가 수놓은 것임을 잊어서는 안 된다. 'A'자에 헤스터는 한 올 한 올 자신의 의미를 수놓아 갔다. 화려하게 수 놓아진 헤스터의 주홍글자는 인간으로서 그녀의 존재·의지·가치를 투영시킨 자기 상징의 표식으로

볼 수 있다.

　헤스터의 저항은 교회권력에 대한 순응으로 간주될 여지를 남기는 침묵 및 무저항에 기초한다. 겉보기에 헤스터는 교회권력의 횡포에 침묵함으로써 저항하지 않는 것처럼 보이지만 그렇다고 그녀가 교회권력의 처벌을 정당하다고 용인하는 것은 아니다. 왜냐하면 그녀는 침묵과 무저항의 행위를 통해 자신만의 상징적 수단으로 교회권력의 폭력성을 드러내고 있기 때문이다.

　헤스터의 침묵은 주홍글자가 보여준 청교도 공동체의 가부장적 억압의 효과 때문이 아니다. 다만 그녀는 가부장제가 자신의 증오에 의해 전복될 것 같지 않기 때문에 그렇게 하는 것이다. 헤스터가 자기를 미워하고 멸시하는 사람들을 증오한다면 그들의 미움과 멸시가 정당화될 뿐 달라지는 것은 없다. 헤스터는 청교도 사회에 대해 표면적으로는 저항하지 않고 순종하며, 사회가 요구하는 여성이 지녀야 하는 모든 미덕들을 행한다. 이는 'A'자를 부여한 청교도 사회가 매우 만족감을 갖게 한다. 하지만 주홍글자는 죄를 참회하면서 사회의 가치와 규범에 순응하라는 의미로 그녀에게 부과된 벌이었으나 그것은 맡은 소임을 다하지 못했다. 헤스터가 처벌을 통해 사회 제도가 요구하는 사람으로 변하기보다 스스로 어떤 빛을 내며 고통을 견디고 있는 것은 그녀에 대한 교회권력의 감화 노력이 실패했음을 입증한다.

　헤스터의 속죄는 주홍글자로 상징되는 교회권력의 처벌의 결과로 발생한 것이 아니다. 프린은 교회권력이 요구하는 방식이 아닌 그녀의 자유 의지에 따라 속죄를 하고 있다. 또한, 헤스터가 외적으로 참회하는 죄인이지만 그것도 순수한 참회는 아니다. 죄를 범한 장소가 이 고장이므로 처벌도 이곳에서 받겠다는 그녀의 결심에는 진실과 자기기만이 섞여 있다. 헤스터는 7년이 지난 후에도 딤즈데일과의 간음사건에 대해 진정한 회개와 참회의 흔적을 보이지 않는다. 비록 그녀가 자선 수녀단의 회원으로 어둡고 소외된 이웃들의 벗이 되어 그들을 돕고 헌신하였지만 이것은 간음죄에 대한 참회의 행위로서 이루어진 것은 아니다. 그녀의 행위는 오히려 인권문제와 사회문제에 대한 적극적인 관심과 인간의 자유의지를 통한 사회개량의 가능성을 확신하는 데서 비롯된다.

그녀의 선행은 주홍글자 'A'를 자비의 표시로 변하게 한다. 사람들은 그 글자를 본래 의미인 '간음(Adultery)'으로 해석하지 않고 '천사(Angel),' '유능(Able)'으로 해석한다. 7년간 그녀는 뉴잉글랜드를 떠나지 않고 묵묵히 덕을 베풀며 사회에 봉사함으로써 마침내 사회에서 동정과 존경을 받게 된다. 때문에 우리는 헤스터의 속죄를 교회권력에 의한 일종의 수동적 속죄가 아닌 능동적 의미의 자기 표현적 행위로 간주할 수 있다. 사회는 결국 그녀를 수용하고 헤스터는 그녀가 의도한 주홍글자의 의미를 사회가 수락하도록 만든다.

헤스터 프린은 청교도 공동체가 가한 치욕과 고난을 극복해냄으로써 나름의 승리를 거둔다. 여기서 중요한 점은 그녀가 공동체와의 소통을 놓치지 않았다는 것이다. 헤스터가 공동체와의 접촉에 실패했다면 목사와 도덕가가 가리키는 죄의 상징으로 남을 것이다. 즉, 여성의 나약함과 죄스런 정욕의 이미지를 구체적이고도 생생하게 보여줄 상징으로 남게 될 것이다. 그녀가 내세까지 지고 갈 치욕이 바로 그녀 무덤의 유일한 비석이 될 것이다. 그렇게 되면 그녀의 죄는 고착되어 그녀는 어떤 저항성도 지니지 못 할 것이다. 하지만 헤스터는 공동체와의 접촉 가능성을 유지함으로써 이런 위기를 피할 수 있게 된다. 헤스터에 관한 선고문 속에는 그녀가 공동체 내에서 계속 살아야 한다는 조항이 없다. 그녀는 고향이나 유럽지역으로 이주해 죄인이라는 비난을 듣지 않으면서 살아갈 수도 있었다. 그러나 헤스터는 주홍글자의 의미가 통용되는 청교도 공동체를 '자기 고향'이라 칭하고 그곳을 떠나지 않는다. 헤스터가 주홍글자를 숙명으로 여기고 있기 때문이다.

헤스터는 주홍글자의 숙명을 받아들이고 청교도 사회로부터 버려진 땅에서 새로운 존재로서의 삶을 시작한다. 그녀는 대중과의 소통을 위해 노력한다. 사람들은 헤스터의 주홍글자를 보면 두려움으로 달아났지만 그녀는 공동체 내의 삶을 인내하면서 점차 대중과 소통할 수 있는 기회를 얻게 된다. 이 기회는 헤스터의 바느질 솜씨 때문에 발생한다. 헤스터는 훌륭한 바느질 솜씨를 이용해서 얻은 돈으로 생활을 꾸려갈 뿐 아니라 바느질감을 얻는 과정에서 점점 대중과 소통하게 된다. 헤스터는 대중과의 형식적 소통에 만족하지 않고 대중에게 더 가까이 다가가기 위해 노력한다. 바느질로 재산을 조금 모은 헤스터는 사회적 타자, 또는 교회권력의 보호에서 벗어나 있는 빈민을 찾아다니며 그들을 돕기 시작한다. 인내와 헌신과 봉사를 통해 대중을 돕고 있음에도 헤스터와 대중 간의 정서적 간극은 쉽게 좁혀지지 않는다. 하지만 그녀는 포기하지 않는다.

그녀의 노력으로 결국 주홍글자의 의미는 긍정적으로 변한다. 주홍글자의 저항성은 그 자체의 의미가 변화하면서 발생하는데 이 의미 변화를 발생시키는 주체는 헤스터 자신이다. 교회권력이 헤스터와 대중간의 인간적 소통을 방해하고 있음에도 그녀는 자선을 통해 대중과의 소통을 지속시킨다. 그 결과 헤스터에 대한 대중의 견해가 점차 긍정적으로 변해 가면서 주홍글자의 의미도 바뀌기 시작한다. 중요한 사실은 주홍글자의 의미 변화가 헤스터의 정체성 변화를 의미하고 있다는 데 있다. 이렇게 헤스터가 자기인식을 통해 자신을 재창조하는 동안 자아정체성이 권위를 회복하고 격상된다. 헤스터가 택한 혁명의 노선은 자기 자신의 내부로부터의 혁명이었고, 또 부조리한 사회로부터의 독립이었다. 그녀는 사회의 추방을 받아들이고 자신의 독립된 공간 안에서 성숙해지고 아픔으로부터 치유된다.

인내와 헌신 그리고 겸손을 통한 사회와의 소통은 주홍글자의 의미를 긍정적으로 변화시킨다. 그녀의 헌신적 삶은 청교도 공동체의 강요에 의한 것이 아니라 그녀 자신의 자발적이고 적극적인 희생에 의한 것이다. 이런 희생을 통해 그녀는 주홍글자의 의미 변화와 함께 공동체 구성원들의 주홍글자에 대한 인식을 변화시킴으로써 궁극적으로 가부장적 청교도 사회에 변혁의 전망을 열어놓는다.

(2) 청교도 사회의 억압에 맞선 딤즈데일을 향한 헤스터의 변함없는 사랑
    그리고 비극적 사랑이 보여주는 저항성

헤스터는 자신의 죄를 진심으로 참회하고 있지 않으며 딤즈데일에 대한 자신의 사랑을 후회하지도 않는다. 그녀가 보스턴에 남은 이유는 딤즈데일의 곁에 있기 위해서이다. 그녀는 처음부터 참회할 생각이 없었다. 헤스터는 외면적인 모습과는 달리 내심으로는 줄곧 사회가 그녀

에게 내린 벌에 대하여 전혀 승복하고 있지 않았다. 그래서 화자는 그녀의 회개에 어딘가 의심스러운 면이 숨겨져 있을지 모른다는 해석을 덧붙이고 있다. 아마 어딘가 의심스러운 면이란 헤스터의 딤즈데일에 대한 변함없는 사랑일 것이다.

헤스터가 주홍글자의 고통을 기꺼이 견뎌내고자 하는 것은 그녀가 참회하기 때문이 아니라 아직도 그를 사랑하고 있기 때문이다. 헤스터의 고통은 그녀의 죄에 대해 치러야 할 대가가 아니라 사랑을 위하여 기쁜 마음으로 참아야 하는 대가인 것이다. 숲속 장면에서 헤스터는 청교도 사회가 자신에게 부과한 죄의 표시인 'A'자를 떼버리고, 자신의 본능과 정열의 억압을 상징하는 딱딱한 모자를 벗어 어깨 위로 검고 풍성한 머리를 풀어헤친다. 빛과 그림자가 그녀의 매력에 부드러움을 더하고 그녀의 얼굴은 새로운 광채로 밝아진다. 헤스터는 이 순간 청교도의 인습과 법으로부터 해방된 이교도적 자유인으로서 다시는 돌이킬 수 없다고 생각했던 과거에서 자신의 여성다움과 청춘, 풍요로운 아름다움을 회복한다. 이 순간에 헤스터는 사랑의 여신이 된다. 이 소설이 우리에게 감동을 주는 심오한 힘은 죄도 아니고, 죄 많은 열정도 아니며, 수치도 위선도 아닌 바로 사랑이다.

헤스터는 그의 사랑을 죄가 아닌 신성함이라고 믿는다. 헤스터는 딤즈데일에게 "우리가 한 일은 나름대로 성스러운 것이었어요. 우리는 그렇게 느꼈었어요. 우리는 서로에게 그렇게 말했었어요. 그걸 잊으셨나요?"라고 말한다. 헤스터는 가슴이 그렇게 느낀 것을 말로 나타냈었다고 명시함으로써 그들의 사랑이 언어를 통해 서로에게 확인되었음을 강조한다. 그 사실을 잊었냐는 헤스터의 질문에 잊지 않았다는 딤즈데일의 대답은 과거에 그들 사이에 있었던 사랑이 현재에도 존재함을 인정하는 것이다. 딤즈데일의 열정적인 자아가 되살아났음을 뜻한다. 서로 사랑을 인정한 뒤 두 사람에게 일어나는 극적인 변화가 이를 잘 보여준다. 주홍글자도 떼버리고 머리 수건도 벗어 던진 아름다운 헤스터와 새로 태어난 자의 기쁨을 억제하지 못하는 딤즈데일을 눈부신 햇빛이 아낌없이 축복한다.

우리는 두 사람의 행복한 모습을 보면서 그동안 그들을 억압했던 제도와 규범의 무거움을 상기하게 된다. 나아가 억압적인 제도도 개인의 생명력을 제거할 수 없음을 확인하게 된다. 두 사람은 더 이상 죄인이 아니다. 서로의 사랑을 확인한 뒤 함께 미래를 설계하는 남자와 여자다. 새로운 출발을 준비하는 과정에서 딤즈데일은 도움을 청하고 헤스터는 그를 격려하고 선동한다. 자유의지와 연결되어 묘사된 처형대 위에서의 헤스터의 모습이 되살아나면서 우리는 지난 몇 년간 헤스터의 침묵과 고행이 이 순간을 위한 것이었다는 생각을 하게 된다. 헤스터의 주홍글자는 벌의 역할을 다하지 못한 것이다.

만일 헤스터가 진심으로 간음죄를 회개했다면 딤즈데일을 설득하여 다른 세계로 탈출할 계획을 세우지 않았을 것이다. 숲속의 재회에서 헤스터가 딤즈데일에게 한 탈출의 제안에는 청교도 사회의 제도와 법을 수락하지 않겠다는 그녀의 의지가 담겨있다. 헤스터는 추방되어 사는 동안 외적인 사회 규범에 순응했지만 그녀의 마음엔 세상의 법이 더 이상 법이 아니었다. 수 년 만에 처음으로 만난 딤즈데일을 보자 헤스터는 7년간의 고난의 짐을 벗고 모든 것을 다시 시작하자고 권유한다. 헤스터는 딤즈데일에게 청교도 사회를 탈출하여 새로운 세계에서 새로운 인생을 개척하라고 강력하게 설득한다. 딤즈데일과 함께 떠나려했던 그녀의 태도는 지각없는 감정의 단순한 충동이 결코 아니었다. 그녀는 자신과 딤즈데일의 미래가 자신들의 결단에 의해 새롭게 창조될 수 있다고 확신한다. 그녀가 청교도 공동체를 떠나려는 것은 힘든 현실에 대한 도피가 아니다. 그녀가 청교도 사회의 제도와 법을 인정할 수 없기에 지킬 가치가 없다는 내적인 신념 때문이다. 이는 그녀와 딤즈데일이 처한 불합리한 상황을 적극적으로 극복하려는 용기 있는 시도라고 볼 수 있다. 하지만 그들의 사랑은 오래 지속되지 않는다.

헤스터의 집요한 설득으로 딤즈데일 역시 자신을 억압하고 있던 청교도 사회의 모든 규율로부터 해방되는 자유로움을 느낀다. 숲속에서 한 순간이나마 딤즈데일은 청교도로서의 정체성을 잊고 과거의 죄의식과 미래에 있을 심판의 불안에서 해방되어 완전한 자유를 만끽한다. 하지만 그의 자유로움은 오래 지속되지 않는다.

그에게 있어서 청교도 규범은 그의 내적 세계를 총체적으로 지배하는 절대군주와 같았기 때문에 그는 곧 영적 무정부 상태에 빠져든다. 헤스터와 숲속에서 작별한 후, 목사의 마음 속에는 온갖 불경스러운 생각들이 통제 불능의 상태로 명멸한다. 그는 결국 자유에 대한 환상으로 빚어진 모든 유혹을 뿌리치고 자신의 서재로 돌아온다. 이는 청교주의로의 복귀를 의미한다. 그는 청교도적 가치체계로 복귀한 것에 깊은 안도감을 느낀다. 그는 거리를 걸어오는 동안 그 자신을 끊임없이 충동질하던 기이하고 흉악한 광기에 빠져 세상 사람들 앞에서 자신을 배반하는 일없이 무사히 자기의 은신처로 돌아왔다는 것이 무척 기뻤다. 영적 무정부 상태를 극복한 딤즈데일은 이제 견고한 청교도로 새롭게 탄생한다.

딤즈데일은 자신의 죄를 고백한다. 그의 고백은 공동체의 법과 질서를 인정하고 승복하는 행위이다. 그는 죄를 고백하고 자신에게 시련을 준 신에게 영광을 돌리면서 죽음으로써 신정일치사회의 목사로서 정체성도 확보한다. 헤스터가 사랑한 딤즈데일은 그녀의 곁을 영원히 떠난다. 그렇지만 그녀의 사랑이 변한 것은 아니다. 그녀는 딤즈데일의 마지막 순간까지 사랑을 포기하지 않으며 심지어 지옥에 가서도 그들의 사랑을 이루고자 한다.

이 소설에서 가장 아름다운 장면은 딤즈데일이 죄를 고백하는 장면이 아니라 숲속에서 그들이 사랑을 확인하는 장면이다. 우리는 이들의 사랑이 비극적으로 끝나는 것에서 죄를 지은 자에 대한 처벌의 정의를 보는 것이 아니라 두 사람의 사랑을 비극으로 몰고 간 청교도 공동체의 억압을 본다. 우리는 결국 사회에 의해 패배 당하는 헤스터의 비극적 결말에도 불구하고 인간의 마음속에 뿌리박힌 악에 대해, 그리고 인간의 제도 속에 구현된 악에 대해 헤스터가 승리한 것으로 생각한다. 헤스터가 사랑을 이루지 못하는 희생을 당하긴 해도 청교도 사회의 억압에 의해 손상당하지 않는 그녀의 정체성과 딤즈데일을 향한 변함없는 사랑은 그녀의 주인공다운 면모를 보여준다. 그러므로 청교도 공동체에 대한 그녀의 저항성은 여전히 유효하다.

다음으로 논제에 대한 반대 측의 시각을 살펴보자.

(3) 청교도 공동체에 대한 속죄를 위한 인내와 헌신 그리고 구원의 가능성

헤스터는 간음죄를 범하고 주홍글자를 평생 달고 지내라는 벌을 받는다. 이 벌로 헤스터는 죄인이라는 정체성을 부여 받고 사회적으로 고립된다. 사회적 고립과 함께 헤스터는 수치와 인고의 삶을 살아가게 된다. 화자는 헤스터의 고통을 순교자의 고통에 비유할 만큼 그녀의 사회적 시련을 고통스럽게 묘사하는 한편 그녀에게 죄인의 이미지가 아닌 성녀나 순교자의 이미지를 부여함으로써 독자들의 공감을 유도한다.

헤스터의 속죄의 행위는 곳곳에서 드러난다. 그녀의 도움을 받는 사람들이 때로는 그들을 도우는 그녀의 손에 모욕을 주었지만 헤스터는 속죄의 생각을 바꾸지 않는다. 헤스터의 속죄에는 많은 방해가 있었다. 특히, 그녀의 마음 속 악은 속죄하고 있는 헤스터에게 속삭인다. 당신만이 죄를 지은 것은 아니다. 당신의 행위가 죄라면 정말 많은 자들도 주홍글자를 가슴에 달고 살아야 한다고 말이다. 헤스터는 자신이 지은 죄를 회개하기 위하여 악의 유혹을 떨쳐버리기 위해 몸부림친다. 헤스터는 자신만큼 죄지은 사람은 없다고 마음속으로 다짐하며 스스로를 자책하고 속죄를 위한 봉사를 지속한다. 그녀는 비록 한때 간음이라는 죄를 범했음에도 끊임없이 악의 유혹을 뿌리치고 선을 행함으로써 자신의 죄로부터 구원 받고자 한다.

헤스터는 청교도 가부장 사회의 의지에 놀라운 인내와 헌신으로 대처한다. 그 사회 구성원들이 적대감을 보여도 친절하게 대한다. 사회의 억압에도 불평 없이 복종한다. 그녀는 남에게 도움을 주었고 남을 돕는 힘도 동정하는 힘도 많았다. 남편 없이 혼자서 펄을 키울 뿐만 아니라 병들고 고통 받는 이웃들을 돕는 데 헤스터는 타고난 실천력과 봉사하는 모습을 보인다. 자신도 어려운 처지에 있으면서 병들고 고통 받는 이웃사람들을 헌신적으로 보살펴 준다.

그녀의 헌신과 봉사는 겸손이라는 미덕을 바탕에 두고 있다. 이 점이 그녀를 바라보는 청교도들의 시선을 바꾸어 놓는다. 그녀의 헌신으로 사회가 그녀에게 호의적으로 변해 가긴 하지만 청교도들의 생각은 쉽게 바뀌지 않는다. 그럼에도 헤스터는 포기하지 않는다. 헤스터의 헌신적인 삶이 사람들의 인식과 상관없이 진실한 마음에서 나온 행동이기 때문이다. 이런 모습에서 그녀가 자신의 죄를 진심으로 인정하고 속죄하려 함을 알 수 있다. 헤스터의 겸손과 봉사는 곧 도덕적 성장으로 이어져 그녀의 구원에 도움이 된다. 이것이 청교도 가부장 사회가 여성에게 기대하는 특징이고 공동체가 점점 헤스터를 용서하는 이유가 된다.

그녀의 인내와 헌신의 삶은 그녀의 외양 변화를 통해서도 잘 드러난다. 소설의 첫 장면에서 헤스터의 외양은 청교도 사회의 그것과 대조적으로 그려진다. 키가 크고 아름다운 그녀의 검은 머리는 햇빛을 받아 윤기가 흐르고 훤한 이마에 새까만 눈동자가 인상적인 얼굴은 곱고 혈색이 좋다. 그녀는 당시 귀부인들의 특징이었던 기품과 위엄을 갖추고 있다. 수치심과 불행 때문에 아름다움을 잃었을 것이라고 생각했던 사람들은 그것이 후광처럼 헤스터의 아름다움을 더욱 빛나게 하는 것을 보고 놀란다. 그러나 치욕을 당하면서도 아름다웠던 헤스터의 외면은 점점 사라지게 된다. 과거의 모습은 사회의 보이지 않는 억압과 감시, 그녀의 자의식에 의해서 전적으로 변모된다. 그녀는 마을 사람들과 지도자로부터 자신의 죄에 대해 자비를 얻거나 구원 받기 위해서는 자신의 신체적 아름다움, 개성, 성적 매력 등을 완전히 억제하고 포기해야 한다는 것을 알게 된다. 이는 청교도 가부장 사회가 여성에게 부가한 의무이다. 헤스터는 스스로 엄격한 청교도 사회에서 살아남기 위해서는 자신이 본래 가진 특징들인 미, 열정, 순수의 요소를 모두 버려야 했다. 따라서 그녀의 얼굴에는 더 이상 사랑의 기운이 없고, 기품에는 열정이 없으며, 가슴에는 애정의 풍성함이 나타나지 않는다.

헤스터의 선행으로 주홍글자 'A'의 의미는 악(참된 여성상을 이탈했다는 치욕의 의미)의 상징에서 선의 상징으로 변해간다. 청교도 사회의 주민들은 주홍글씨를 그녀의 죄에 대한 표시가 아니라 그녀가 행한 선에 대한 상징으로 보기 시작한다. 이제 보스턴 시민들에게 헤스터의 가슴에 붙어 있는 'A'는 '간통녀(Adultress)'에서 '천사(Angel)' 혹은 '능력(Able)'을 상징하는 것으로 인식된다. 그녀는 자신에게 강제된 사악하고 부정적인 이미지를 자신의 선행으로 바꾸어 놓는다. 주홍글자의 의미 변화는 그녀가 다시 공동체에 받아들여졌음을 의미한다. 그녀가 저항성을 잃고 사회 속에 통합되었음을 의미한다. 이는 대중에게 헤스터에 대한 긍정적 소문이 퍼지기 시작하자 청교도 사회의 지도층 사이에서 그녀의 가슴에 붙어있는 주홍글자를 떼어 주자는 여론이 형성된 것을 보아도 알 수 있다.

7년간의 치욕적인 생활은 그녀로 하여금 마음의 폭을 넓혀 주었고 친절과 겸손으로 봉사함으로써 마침내 사람들의 신뢰와 존경을 받게 되었다. 그녀의 죄는 내면의 고통과 슬픔을 이겨내고 정신적인 성숙함으로 승화된다. 그녀는 자신이 범한 간음의 대가로 가혹한 청교도 사회의 제재를 감수함으로써 정신적 성숙에 이르게 된다.

결국 그녀가 구원받을 수 있었던 것은 청교도 공동체에 대한 저항을 포기하고 공동체가 요구하는 어머니, 순종적인 여인이라는 여성 본연의 역할을 잘 수행했기 때문이다. 그녀가 진정으로 자신의 죄를 속죄하지 않고 사회 전복적인 생각을 가지고 있었다고 주장하면서 그녀의 저항 정신을 강조하는 사람들도 있다. 하지만 공동체에서 중요한 것은 헤스터의 순응하는 행동이지 그녀 내면의 생각은 아니다.

(4) 딤즈데일의 죽음과 사랑(욕망의 대상)의 상실 그리고 저항성의 소멸과 진실한 헌신과 봉사의 삶

공동체로부터 징벌당한 헤스터는 살아야 할 의무가 없는 보스턴에서 계속 살고자 했다. 이곳에서 죄를 지었으니 이곳에서 형벌을 받아야 한다는 결론을 내렸기 때문이다. 그녀는 자신이 숙명의 쇠사슬에 묶여 있어서 그것을 도저히 끊어 버릴 수 없다고 생각한다. 하지만 헤스터의 이런 입장은 표면적인 이유에 불과하고 보다 본질적인 이유가 있음이 밝혀진다. 그녀가 이곳에 머무르고 있는 진정한 이유는 사랑하는 딤즈데일이 여기에 있기 때문이다. 그녀는 사랑 때문에 이곳에 머무른다. 헤스터와 딤즈데일이 함께하는 숲속의 장면은 이를 잘 보여준다.

숲 속에서 헤스터는 기쁨 속에서 과거를 모두 벗어 던져버리겠다는 행동처럼 주홍글자를 떼어버리고 모자로 감췄던 머리카락을 어깨 위로 풀어헤친다. 그러자 그녀에게서 사라졌던 여성다운 본질이 다시 나타난다. 젊음이 넘치는 아름다움이 되살아나고 희망과 행복감이 헤스터를 빛나게 한다. 두 사람은 그 동안 엄격한 사회체제에 의해 억눌려왔던 자연스런 본능과 감정을 인정하면서 해방감과 행복감을 느낀다.

그러나 그들이 숲 속에서 느낀 이런 행복감은 7년 전 그들이 서로 사랑하면서 느낀 감정과 다를 바 없이 비밀스런 것이며 사회에서 용인될 수 없는 죄 많은 것이다. 헤스터가 주홍글자를 떼어낸 것을 보고 펄이 가슴을 가리키며 사납고 심술궂게 구는 것은 그녀에게 이런 사실을 상기시키고 그들이 느끼는 행복이 지속될 수 없다는 것을 말해준다. 주홍글자를 떼어내고 과거를 던져버린 모습을 낯설게 여기고 허용하지 않는 펄 앞에서 헤스터는 주홍글자를 다시 단다. 이는 헤스터와 딤즈데일이 공동체를 떠날 수 없음을 상징적으로 보여준다. 또한 헤스터와 달리 딤즈데일은 청교도 사회의 규율을 철저히 내면화하고 있는 사람이기 때문에 이들의 결합은 원천적으로 불가능하다. 딤즈데일은 헤스터와 달리 그들의 사랑보다 자신의 죄로부터의 구원에 더욱 관심이 많다. 이 문제에 대해 좀 더 구체적으로 살펴보자.

간음은 딤즈데일의 깊은 죄가 아니다. 그의 죄는 위선의 죄이며 자신의 행동에 대해 책임지지 않는 죄이다. 그는 목사의 옷을 벗게 될지라도 신 앞에 고백하고 대중 앞에서 자유로워졌어야 했다. 헤스터와의 사랑과 펄에 대해서도 부성을 인정했어야 했다. 그러나 청교도 가부장적 세계에서 딤즈데일은 헤스터와 펄을 거부할 수밖에 없었다. 헤스터와 펄은 법칙의 세계를 벗어난 일이 없는 딤즈데일에게 율법이나 청교도법 어느 쪽에서도 효력이 없는 불법적인 아내와 자식이다. 딤즈데일은 헤스터와 펄을 결코 자신의 세계 안으로 들여놓지 않는다. 그가 집중하고 있는 것은 헤스터와 펄에 대한 연민이나 죄책감이 아닌 자신의 내면에 있는 스스로를 더럽힌 죄의 문제이다.

딤즈데일은 자신의 몸에 채찍을 가하고 금식하며 죄에 대하여 스스로 벌을 내림으로써 죄책감으로부터 벗어나려 하지만, 그가 다른 사람들 앞에서 자기 죄를 고백하지 않는 한 그는 결코 죄책감으로부터 자유로울 수 없다. 더구나 그 스스로 고백한 대로 자신은 참회와 고행은 많이 했으나 회개는 하지 못하고 있다. 딤즈데일의 이런 마음의 실상은 그의 정신의 균형을 위태롭게 하며 그의 가슴에 견디기 어려운 불안을 조성한다. 그가 항상 자신도 모르게 가슴에 손을 얹은 것은 이 때문이다. 그가 자신의 잘못을 대중에게 고백하기 전에는 살아있는 동안 그의 마음은 지옥의 현장이다.

딤즈데일이 구원의 기회를 놓친 이유는 자신이 보스톤 청교도 가부장사회 구조의 매우 큰 부분을 차지하고 있기 때문이다. 그는 청교도 사회의 지도층으로서 권력의 핵심에 몸담고 있다. 고명한 청년 목사인 그의 신분에 대해 화자는 그 당시는 목사라는 직업이 사회에서 숭배에 가까운 존경을 받는 직업이었기 때문에 권력에 대한 야심이 있는 사람은 강한 매력을 느끼지 않을 수 없었으며 정치력까지도 목사의 수중으로 들어가기 쉬웠다고 말한다. 신정일치나 다름없는 청교도 사회에서 전도 유망한 젊은 목사는 겉으로 지적이며 심성이 나약하고 섬세해서 그런 면이 잘 드러나지 않지만 내면에는 권력욕과 열정, 자만심과 영웅적 심리를 강하게 지니고 있다. 딤즈데일은 자신을 우상처럼 여기고 마음속에 자신을 위한 신전을 만들고 있던 성도들 앞에서 영웅으로 숭배되었고 그런 자신에게 우쭐해하며 자만심을 즐기는 인물이었다. 또한 자신의 사회적 위치에 대한 강한 야망도 있었다.

딤즈데일의 야망을 단적으로 볼 수 있는 장면이 있다. 딤즈데일은 헤스터와 보스톤 사회를 탈출하기로 결심하고도 권력이 주는 매력에 강하게 이끌리고 연연해하는 모습을 보인다. 헤스터가 구해온 배편의 날짜가 마침 총독 취임식 뒤라서 자신이 축하 설교를 하고 나서 보스톤을 떠날 수 있게 되었음에 대해 다행이라고 생각한다. 그는 뉴잉글랜드 목사로서는 평생의 명예라고 할 수 있는 기회이기 때문에 성직을 떠나려는 마당에 이보다 더 좋은 방법과 시기를 만날 수는 없다며 안도하고 기뻐한다. 이런 명예욕으로 딤즈데일은 자신의 책임을 수락하지 않았던 것이다. 그는 체제 안에서 자신의 안전과 역할 유지를 위해 헤스터와 펄에 대한 책임을 회피해 왔다.

그렇다면, 자신의 책임을 회피하고 위선의 죄를 범하고 있던 딤즈데일이 어떻게 자신의 죄를 고백하고 회개하게 되는 것일까.

딤즈데일은 숲속에서 과거와 죄의식으로부터 자유로운 미래의 모습에 매료되어 청교도 공동체로부터 도피를 결심함으로서 생애 처음으로 청교도 사회의 법과 권위를 위반하고 싶은 묘한 즐거움을 경험한다. 그는 집사에게 욕설을 퍼붓고 늙은 과부에게는 성경을 왜곡시키며 어린 처녀를 유혹하고 아이들에게 욕을 가르치는 자신을 상상한다. 그는 마음속으로 자신을 기존의 질서 밖에 존재하는 사람들 즉, 술에 취한 선원이나 히빈스 부인과 연결시켜보기도 한다. 그 결과 공동체에서 느껴보지 못했던 새로운 활력과 환희, 자유의 느낌에 압도된다.

딤즈데일은 미래에 대한 희망을 가지고 비도덕적인 에너지로 충만된 채 집으로 돌아온다. 그가 집으로 돌아왔을 때 비로소 그의 활기는 올바른 길을 찾게 된다. 집은 딤즈데일의 개인적 자아와 공적인 자아가 재통합되는 곳이다. 본능적 충동에 사로잡힌 딤즈데일의 도덕적 혼란 상태는 자연적 본능이 비이성과 악을 충동질할 수도 있다는 그의 궁극적 인식으로 매듭지어진다. 이런 딤즈데일의 깨달음은 숲 속의 헤스터와 그를 분리시켜 주며 그녀와 계획했던 도피를 실천하지 않게 한다. 마침내 목사는 자신의 내면에서 일어난 이런 끔찍한 변화에 놀라 헤스터와 떠나기로 한 약속이 얼마나 잘못된 것이었는지를 깨닫고 죄를 고백하는 선택을 하게 된다. 그는 죄 때문에 오랜 세월 겪어 온 고통에서 벗어나기 위해 새로운 죄를 범해서는 안 된다는 것과 고통에서 벗어나는 길은 죄를 고백하고 거짓에서 벗어나는 길밖에 없다는 사실을 받아들인다. 그는 숲에서 펄이 보인 이상한 행동의 의미를 깨닫게 된다. 결국 딤즈데일은 공적 자아의 힘에서 벗어나지 못하고 돌이킬 수 없이 운명 지어진 길을 따라 숲 속에서 잊어버렸던 공동체의 정의를 다시 찾게 된다. 이제까지의 거짓된 삶에서 벗어나기로 마음먹은 그는 거짓된 마음으로 작성하던 취임 축하 연설 원고를 폐기하고 진실된 마음으로 거침없이 원고를 다시 작성해 낸다.

숲 속에서 청교도 관리들의 지시로부터 완전한 단절을 요구하는 헤스터의 간청에도 불구하고 딤즈데일은 선거 경축일 행사 참여를 통해 기존의 질서에 완전히 복종함으로써 구원을 모색한다. 연설의 주제는 그들을 미국의 거친 땅에 정착시킨 신의 섭리와 영광에 관한 것으로 나중에 드러난다. 같이 달아남으로써 죄에 굴복하여 거짓 자유를 얻으려고 했던 계획을 포기한 딤즈데일을 보자 헤스터는 그가 자신의 세계에서 멀어졌음을 느낀다. 반면에 펄은 죄를 고백하고 진정한 자유를 얻게 된 목사에게 숲에서는 거부했던 입맞춤을 기꺼이 해주고 아버지와 딸인 그들 사이에 있었던 거리감이 사라진다. 펄은 소설에서 내내 반복해서 딤즈데일에게 죄에서 벗어날 것을 암묵적으로 요구하여 그가 구원받을 수 있게 해준 것이다. 죄의 고백으로 딤즈데일의 갈등이 끝났을 뿐 아니라 펄은 적법한 사회의 구성원이 된다. 목사가 헤스터와 같이 떠났더라면 주홍글자의 사명은 완전히 부정되고 칠링워스의 복수도 계속되었을 것이다.

　청교도의 가부장적 맥락에 기초한 딤즈데일은 헤스터와 떠나는 대신 승리와 치욕을 짊어지고 죽는 쪽을 택한다. 헤스터는 마지막 순간에도 내세에서 두 사람의 합일을 포기하지 못한다. 헤스터는 "우리가 숲 속에서 꿈꾸던 것보다 이게 더 낫지 않아요?"라는 목사의 말에 "몰라요! 몰라요! 더 낫다고요? 그래요. 우리 둘 다 죽고 귀여운 펄도 우리와 같이 죽을 수 있겠죠."라고 절규한다. 그럼에도 딤즈데일은 그녀에게 빨리 자신의 죄를 고백하고 받아야 할 치욕을 받을 수 있도록 해달라고만 말한다. 헤스터는 딤즈데일에게 다시 만나지 못하는 건지, 불멸의 삶을 같이 살 수 없는지 묻는다. 그러나 딤즈데일은 떨리는 목소리로 엄숙하게 대답한다. "우리는 법을 어겼어요. 여기에서 끔찍하게 드러난 죄 말이에요. 당신은 이것만 생각해요. 나는 두려워요. 두려워. 우리가 신을 망각할 때 —우리가 서로의 영혼에 대한 경외심을 위반했을 때—우리가 내세에서 순수하게 영원히 다시 만나기를 바라는 것은 헛된 일일거예요." 헤스터에게 하는 딤즈데일의 부정적 대답은 불륜을 저지른 그들이 어긴 세상의 법률에 대한 인정이다. 결국 처형대 위에서 이루어진 딤즈데일의 죄 고백 장면은 기존의 법률적·도덕적 체계를 인정하고 자신에게 시련을 준 신에게 그 영광을 돌리면서 죽음으로써 청교도 사회체제를 더욱 공고하게 만드는 역할을 한다. 그는 자신의 숨은 죄를 고백함으로써 영광의 자리에서 가장 낮은 자리로 추락하지만 화자는 그의 행동을 도덕적 승리라고 묘사한다. 하지만 그의 대답은 사랑하는 사람의 가까이에 있기 위해 7년 동안 모진 고통을 감수한 헤스터에게서 마지막 희망마저 빼앗아버린다.

헤스터는 딤즈데일과 지옥에서라도 다시 만나 가정을 꾸리고 싶다는 욕구를 끝까지 절박하게 드러내며 강하게 저항하지만 딤즈데일은 자신들의 죄로 인해 불가능함을 지적하고 헤스터에게 오직 신만을 찬양해야 한다고 강권하며 급히 떠나간다. 이렇게 헤스터와 마지막 순간에 딤즈데일은 자신과 그녀가 맺은 약속 따위는 쉽게 백지화하고 조금도 미안한 감정을 내비치지 않은 채 그가 정한 결론—즉 화려하게 복구된 청교도 사회의 가부장적 권위—을 그녀에게 반복적으로 주입한다. 이렇듯 딤즈데일 목사는 가부장적 권위를 강조하는 그의 훈계로써 헤스터의 절박한 제안을 질식시킨 후, 자신의 깨끗함을 위해 7년 전과 똑같이 다시 한번 그녀를 버리고 떠난다.

헤스터의 복잡한 갈등과 방황은 딤즈데일의 죽음에 의해 사랑의 대상이 완전히 상실됨으로써 사라진다. 헤스터와 청교도 공동체의 갈등은 딤즈데일에 대한 그녀의 사랑에서 비롯된 것인데, 딤즈데일이 자신의 죄를 고백하고 그들의 사랑을 부정함으로써 그녀와 공동체의 갈등은 해소된다. 그러므로 그녀는 과거와 달리 공동체에 복귀하여 진심으로 헌신과 봉사의 삶을 살게 된다.

쟁점 ❸ 귀환(승리와 타협)

주홍글자 'A'의 의미는 헤스터가 선한 행동을 함으로써 수치의 상징에서 존경과 경외심의 상징으로 변화하게 된다. 헤스터는 딤즈데일과 칠링워스가 죽은 후 딸 펄과 구대륙으로 갔다가 다시 신대륙으로 돌아오면서 주홍글자를 그녀가 죽을 때까지 가슴에 달게 된다. 그러나 작가는 왜 그녀가 주홍글자를 다시 달았는지에 대해서는 구체적으로 언급하지 않는다. 이를 독자의 상상에 맡기고 있다. 이때의 주홍글자는 딤즈데일과의 못 이룬 사랑의 추억 때문일 수도 있고, 펄에 대한 그리움일 수도 있으며, 자신의 과오에 대한 자신감의 표현일 수도 있다. 어쩌면 자신의 젊은 시절을 지켜주었던 표시라고 생각했을지도 모른다. 이런 이유 때문에 최근 비평가들 사이에서 헤스터의 귀환을 과연 교회 권력에 대한 저항으로 볼 수 있는가에 관한 논쟁이 주홍글자에 대한 주요 화두로 다루어져 왔다. 다수의 비평가들이 헤스터의 귀환의 의미를 청교도 사회 질서에 대한 인정으로 볼 것인가, 아니면 교회 권력에 대한 그녀의 승리로 간주할 것인가를 두고 다양한 의견을 주장해왔다.

(1) 청교도 사회가 부여한 주홍글자 임무의 실패(정체성의 회복과 미래에 대한 낙관적 희망의 기다림의 정치학)

헤스터는 청교도 사회로 스스로 돌아와 다시 주홍글자를 가슴에 단다. 헤스터가 자발적으로 주홍글자 'A'를 가슴에 단 행위는 청교도로의 복귀와 수용이라고 볼 수 없다. 이는 헤스터의 자의적인 선택이자 그녀의 당당한 실천력을 보여주는 것이다. 헤스터가 스스로 단 'A'는 이전에 청교도 사회가 그녀에게 달아준 'A'와는 의미가 다르다. 헤스터가 뉴잉글랜드를 떠나기 전에 대중을 위해 행한 자선의 결과가 주홍글자에 대한 대중의 생각에 큰 변화를 일으켰기 때문이다. 이와 같이 긍정적인 의미로 변화한 주홍글자 'A'를 가슴에 단 헤스터의 행위는 스스로 깨달음을 얻고 자신의 정체성을 찾아서 사회에 당당히 맞서기 위한 진보적이며 급진적인 여성의 모습을 드러낸 것이다. 헤스터는 오히려 자신하게 가혹하게 벌을 내렸던 그 사회를 피하지 않고 당당히 맞서기 위해 돌아온 것이다.

헤스터는 귀환 후에 청교도 사회에서 조언자의 역할을 수행한다. 그녀가 다시 돌아와서 자유의지로 주홍글자를 다시 매다는 행위, 그리고 슬픔과 당황스러운 일에 처한 사람들을 상담해주는 행위는 참회의 행동이 아니다. 그녀가 귀환한 이유는 자신처럼 운명이 짓밟힌 이들을 어떻게든 위로해주고 싶었기 때문이다. 사랑과 공감이 필요한 사람들에게 위로와 조언을 해줌으로써 헤스터는 공동체 안에 있으되 자기의 영역에서 다른 사람들과 관계를 맺으며 봉사를 한다. 이는 개인 속의 고립으로부터도 벗어나고 공동체의 통제로부터도 자유로운 공간을 만들어낸다. 그 속에서 그녀는 대중과 소통을 통해서 정체성을 확고하게 정립하며 더불어 온당한 사회변화를 초래한다. 사회는 주홍글자를 가진 그녀를 받아들인다. 그녀의 헌신적인 삶이 그녀를 거부하던 청교도 공동체 속에서 그녀가 자신처럼 고통받는 사람들과 소통할 수 있는 작은 장소를 개척한 것이다. 이것은 하찮은 것일 수도 있지만 어쩌면 영웅의 진짜 승리일지도 모른다. 왜냐하면 청교도 사회의 질서를 위협한 죄인이던 헤스터가 억압적 사회 언어를 해체시키고 그녀를 'A'의 낙인으로 가두어 해석했던 사회의 변화를 그녀 스스로 창조한 것이기 때문이다.

헤스터가 행하는 조언자의 역할은 그녀가 이제 더 이상 자기만의 세계에 갇혀 지내지 않는다는 사실을 보여준다. 이 점이 비평가들 사이에서 논쟁의 대상이 되고 있는 귀환을 기점으로 헤스터에게 일어난 변화의 핵심이다. 이제 헤스터는 직접적인 대화로 대중과 소통하면서 그들의 슬픔과 고민을 함께 한다.

대중과의 소통과 정체성의 확립을 바탕으로 헤스터는 어느 밝은 시대에 천국의 시간이 도래하면 새로운 진리가 생겨날 것이며, 모든 남녀 사이의 관계는 서로의 행복을 위한 보다 확고한 기반 위에 다시 구축되리라는 굳은 신념을 피력하며 그날을 기다린다. 교회권력의 횡포로 얼룩진 현실과는 다른 평등한 새 세상, 즉 유토피아적 미래 세상에 대한 청사진을 대중에게 제공한다는 점에서 헤스터의 정치성은 비록 관념적이긴 하지만 그 자체가 현실 개혁을 지향하고 있는 것이다. 헤스터는 현실의 문제를 개혁할 여성 사도가 미래에 반드시 등장할 것이라는 자기 신념을 지킨다. 이렇게 헤스터는 즉각적인 현실의 변화를 추구하지 않고 그 변화를 위해 현실을 감내하는 모습을 보인다. 여기서 강조될 점은 헤스터가 예전에는 혼자 사색하던 일에 그쳤지만, 이제는 공적으로 사람들을 모아놓고 현재 사회와 다른 미래의 사회를 전망함으로써 현재 사회를 개혁해야 함을 말하게 되었다는 것이다.[6]

주홍글자의 의미가 간통에서 천사의 의미로 바뀌기까지 헤스터는 7년의 고통을 견뎌내야 했다. 이 고통의 시간을 불평 없이 인내한 헤스터는 공동체에서 성자 같은 존재가 된다. 이 과정에서 헤스터는 주홍글자를 통해 교회권력의 폭력성·억압성·배타성을 폭로해 왔다. 이로써 우리는 만인이 평등한 세상을 건설하기 위해 헤스터가 제안하고 있는 기다림의 의미를 알 수 있다. 이에 따르면 여성은 그들을 억압하는 현실적 문제를 극복하기 위해 교회권력의 횡포에 투항하지 말고 끝까지 인내해야 한다. 그러나 이 때 여성이 취해야 할 행동은 단순한 인

---

6) 그녀는 돌아와서—쇠처럼 엄한 시대의 가장 엄격한 치안판사도 강요하지 못했을 것이기에 그녀의 자유 의지로—우리가 어두운 이야기를 들려준 그 상징을 다시 달았다. 이후 그 상징은 그녀의 가슴을 떠나지 않았다. 그러나 헤스터의 고되고 친절하며 헌신적인 생애의 세월을 지나는 동안 주홍 글자는 더 이상 세상의 경멸과 비난을 받는 낙인이 되지 않았다. 오히려 슬퍼해야 하고 두려움으로 그러나 또한 존경심으로 바라보아야 할 어떤 것의 표본이 되었다. 그리고 헤스터 프린이 아무런 이기적인 목적을 갖고 있지 않았고 조금도 자신의 이익이나 쾌락을 위해 살지 않았기 때문에, 사람들은 자신들의 슬픔과 당혹스러운 일들을 가져와서 큰 고통을 겪은 그녀에게 상담을 구했다. 특히 여인들은—상처받고, 소모되고, 부당한 취급을 받고, 잘못 사용된 혹은 잘못에 빠진 죄지은 열정의 시련을 끊임없이 반복하면서, 아니면 존중받지 못하여 찾는 이도 없기에 주지도 못한 마음의 외로운 짐을 지고—헤스터의 오두막을 찾아와 자신들은 왜 그렇게 비참하며 치유책은 무엇인가를 물었다. 헤스터는 최선을 다해 그들을 위로하고 상담했다. 그녀는 어느 밝은 시대에 천국의 시간이 도래해 세상이 그것을 위해 성숙해진다면, 보다 확실한 상호 행복의 기반 위에 남녀 관계 전체를 확립하기 위해 새로운 진리가 드러날 것이라는 그녀의 확고한 믿음을 그들에게 심어 주었다. 이전에 헤스터는 자신이 예언녀가 될 운명일 것이라고 막연히 상상했지만, 죄로 물들고 수치로 고개를 숙인, 혹은 심지어 일생에 걸친 슬픔의 짐을 진 여인에게 신성하고 신비로운 진리의 사명이 맡겨지는 것은 불가능하다는 것을 오래전에 깨달았다. 다가오는 계시의 천사와 사도는 실제로 여인이긴 했지만 고귀하고 순수하고 아름다우며 어두운 슬픔이 아니라 천상적인 기쁨의 수단을 통해 지혜로워진, 그리고 그런 목적에 성공적인 삶의 참된 시험을 통해 어떻게 신성한 사랑이 우리를 행복하게 만드는지를 보여 주는 그런 여인이여야 했다. -너대니얼 호손(양석원 옮김), 『주홍 글자』, 을유문화사, 2011. 321-322쪽.

내에 머물러서는 안된다. 이 횡포를 견뎌내면서 여성은 청교도 사회에 의해 유린당하고 있는 또 다른 타자에게 다가서야 한다. 여성은 사회적 타자를 부정함 혹은 희생양으로 만듦으로써 체제의 안정을 유지하려는 청교도 사회의 폐해를 폭로할 수 있는 저항적 존재가 돼야 한다. 그녀의 귀환은 이러한 신념의 표현이다. 그녀의 귀환은 청교도 사회의 억압에 맞선 지속적인 저항을 의미하며 새로운 세상에 대한 희망적 의지의 표현이다.

우리는 헤스터의 귀환이 가진 의미를 단순히 교회권력의 지배력에 대한 그녀의 순응이나 영합에의 의지로 해석해서는 안 된다. 왜냐하면 헤스터는 귀환 이후 공동체의 안정을 위해 교회권력에게 이용되거나 이에 직접적으로 복종하는 모습을 보이지 않으며 앞으로 그럴 것 같지도 않다. 이는 그녀가 청교도 사회를 떠나기 이전에 보인 행보에서도 쉽게 추측할 수 있다. 헤스터는 딤즈데일과 달리 완벽하게 공권력에 승복하지 않았다. 헤스터는 주홍글자를 달고 마을에서 고행의 삶을 살면서도 마음 속으로는 딤즈데일에 대한 사랑을 포기하지 않았고, 뉴잉글랜드 전체가 일사분란하게 행렬에 참여해도 거기 휩쓸려 자신을 잃지 않았다. 또한, 딤즈데일의 마지막 순간에도 내세에서 두 사람의 합일을 포기하지 않았다. 이러한 헤스터의 모습은 그녀가 사회 속에 돌아와도 획일적인 통제로부터 거리를 유지할 수 있는 가능성을 충분히 보여준다.

그러므로 우리는 그녀의 귀환은 개인이 선택한 보다 현실적이며 실천적 저항으로 해석해야 한다. 헤스터의 귀환은 사회에서 과거로 사라질 이야기로 멈추지 않고, 계속해서 이어져야 할 저항의 목소리를 보여준다. 헤스터는 청교도 사회가 여성의 나약함과 정욕의 이미지로 자신을 규정하려는 행위가 미래에 여성들을 억압하는 기제가 될 수 있다는 것을 알고 있다. 헤스터에게 치욕적이고 감당하기 힘든 시련을 준 청교도 사회의 엄격한 율법은 감옥에서 나와 일상생활을 시작한 그녀에게 커다란 슬픔만을 주기 위한 것은 아니다. 청교도 공동체가 그녀에게 주홍글자를 달게 한 것은 그들의 지배를 확고하게 할 희생양이 필요했기 때문이다.

헤스터는 자신의 끔찍했던 시련과 고통이 먼 미래에 죄의 표상으로만 남아있길 바라지 않았다. 이를 극복하기 위해 헤스터는 강압적인 질서로 바람직한 사회를 구축하려 했던 청교도 사회 지도자들의 설교와 고압적인 태도와 달리 조용하게 선행을 실천했으며 죄의 표상인 'A'의 의미를 긍정적으로 변화시켰다. 안정적인 사회를 위협하는 불안의 표적이던 헤스터가 보여준 저항은 죄의 터전에서 일시적이지 않고 끊임없이 진행된다. 헤스터는 냉혹한 사회에서 암울하게 이어지는 슬픔을 근절하기 위해 자발적으로 청교도 사회로 돌아와 오랫동안 저버렸던 치욕의 표시를 스스로 다시 다는 행위를 통해서 그 저항을 이어가는 것이다. 청교도 공동체는 그녀를 악의 상징으로, 지배 체제를 튼튼하게 하기 위한 희생양으로 삼으려했지만 그녀의 강인함은 부정적이었던 주홍글자 'A'의 개념을 선의 상징으로 전복시킨다. 주홍글자가 대중에게 존경의 대상으로 인식되는 이 상황은 헤스터의 위대한 승리를 의미한다.

(2) 청교도 사회가 부여한 주홍글자 임무의 완수(혁명적 사고의 퇴색과
    청교도 사회로의 복귀와 수용)

　헤스터의 청교도 사회로의 귀환에 대한 다각적인 해석이 존재하지
만 텍스트 중심으로 살펴본다면 뉴잉글랜드 지방을 떠나지 않고 마을
에서 떨어진 오두막집에 거처하며 살아가는 헤스터의 모습은 호손이
드러내고자 했던 현실적인 여성의 모습임을 명확히 알 수 있다. 이런
여성의 모습은 이상(개인의 욕망, 자유)과 현실(청교도 공동체)의 타협
이라는 점에서 보수적이라 볼 수 있다.
　헤스터가 주홍글자를 다시 단 것은 청교도 사회의 규범에 순응하는
것이며 이는 주홍글자가 청교도 사회가 헤스터에게 부여한 본연의 임
무를 다했다고 해석할 수 있다. 헤스터의 귀환은 청교도 사회의 질서
에 대한 순응에 지나지 않는다. 귀환 이후 헤스터가 주홍글자를 다시
가슴에 단 것은 결국 청교도 사회의 문화와 규범에 대한 그녀의 타협
의지를 상징한다고 볼 수 있다. 헤스터의 행동이 강제에 의한 것이 아
니라 헤스터의 자발적 동의에 의한 결과임을 생각하면 이는 자발적 복
종이고 복종의 내면화이다.
　청교도 사회에 반항적인 모습을 보이던 헤스터가 진심으로 참회의
생활을 하는 것은 딤즈데일이 세상을 떠난 후, 유럽에 가서 살다가
10여 년 만에 되돌아와 스스로 주홍글자를 다시 달고 여생을 보낼 때
의 일이다. 딤즈데일로 인한 내적인 갈등이 없는, 다시 말해 욕망이 부
재하는 헤스터는 더 이상 공동체의 위협이 아니다. 그녀가 공동체와
갈등을 겪게 했던 이유가 사라졌기 때문이다. 이때부터 그녀는 도덕적

으로 성숙한 경지에 이른 것으로 보인다. 『주홍글자』의 마지막 장인 결말이 이를 암시한다.

헤스터는 가난한 사람들과 약자를 동정하면서 여생을 보낸다. 그녀는 청교도 사회의 규탄과 배척을 원망하지 않는다. 그녀는 모든 어려움을 참을성 있게 견디면서 번민과 고통으로 신음하는 이웃의 불쌍한 환자들을 위하여 희생적인 봉사와 뜨거운 사랑을 베푼다. 그녀의 헌신적인 삶이 이어지면서 주홍글자는 마을사람들의 조소와 멸시를 받는 낙인이 아니라 경외와 존경의 표상으로 변한다. 그리고 마을 사람들이 헤스터를 찾아와 슬픔과 어려움을 토로할 때 진심으로 그들을 위로하며 조언해 주는 그녀의 모습에서 공동체로부터 소외된 삶을 극복하고 공동체와 함께 하는 변화된 헤스터의 모습을 볼 수 있다.

현실적으로 헤스터가 수행하고 있는 일은 대중의 고민을 경청하고 그들에게 안정을 주는 일이다. 그녀는 상처입고, 버림받고, 불의에 빠지고, 무거운 짐을 지고 있는 여인들에게 위로와 조언을 해 준다. 이는 공동체에 대한 불만을 해소하고 교회권력의 지배력 유지에 도움을 주는 측면이 있다. 이는 주홍글자의 보수적 기능을 보여주는 아주 좋은 예이다. 왜냐하면 헤스터의 각성을 통하여 개인을 억압하고 갈등을 일으키는 모순된 사회를 비판적으로 그리고 있는 소설은 동시에 헤스터의 타협을 통하여 사회의 존속과 발전의 중요성을 강조하고 그것을 위한 개인의 인내와 타협의 필요성을 강조하기 때문이다.

헤스터의 귀환은 온건한 사회의 변화를 초래했다. 사회는 그 글자를 받아들일 만큼 변화되었고, 헤스터의 개인적인 삶은 공동체의 인정 속에서 노력을 통하여 조그만 공간을 얻었다. 하지만 이것은 사회와의 일종의 타협일 뿐이다.

헤스터의 귀환 시점은 주홍글자 'A'의 의미가 사회화로 밝혀지는 순간이며 소외와 분열이 도덕적이고 사회적인 연속성으로 반전되는 순간이다. 헤스터의 귀환에서 주홍글자 'A'는 아직 충분히 실현되지 않는 그녀의 사회화를 실현하는 역할을 한다. 그녀의 귀환은 소설 속의 다양한 대립들[7]을 조화롭게 이어주는 타협의 행위이며, 나아가 사회를 위협하는 저항마저도 포섭함으로써 사회 분열을 차단하는 역할을 한다.

귀환 후, 헤스터가 사회로부터 상처받은 여성들을 상담하면서 상호 행복이라는 보다 굳건한 토대 위에 놓이게 될 남녀 전체의 관계를 세우기 위한 새로운 진리가 드러나게 될 것이라는 자신의 굳은 신념을 이들(상처받은 여성들)에게 확신시키는 것은 대안적이고 유토피아적이다. 왜냐하면 기존사회의 토대인 남녀가 서로의 목소리와 차이를 존중함으로써 양편 모두가 행복한 세상을 시사하고 있기 때문이다. 하지만 헤스터는 점차적으로 세상이 성숙해지는 때를 기다리며 실제적으로 세상을 바꾸기 위한 행동을 하지는 않는다. 더 밝은 시대에 대한 그녀의 이런 기다림은 혁명으로 모든 것이 순식간에 뒤집히는 그런 변화가 아니라 합의에 기초한 점진적인 변화의 추구이다. 하지만 남성과 여성 전체의 관계가 상호 행복의 더 확실한 기반 위에 세워질 혁명이 발생하기 위해서는 아무도 알 수 없는 하늘이 정한 시간이 도래해야 한다는 그녀의 생각은 개혁의 실현 가능성에 대한 굉장히 회의적인 입

---

7) 자연과 문화, 신성함과 이단, 천사와 간부(姦婦), 사랑에 대한 그녀의 꿈과 지역 사회와 역사의 요구.

장의 반영으로 보인다. 이렇게 자신이 예언자임을 포기하고 기다림의 혁명을 주장한다.

귀환으로 헤스터의 급진적이고 혁명적인 사고의 영역은 개인적인 영역으로 축소되었고, 헤스터의 유토피아적인 신념은 초창기의 급진적 사색에서 한 발자국 물러선다. 이는 공동체의 법과 질서를 인정하고 수용하는 것이다. 헤스터는 급진적인 사고와 그녀가 한때 소중하게 여겼던 것들을 내면화한 채 공동체의 테두리 안으로 회귀한다.

그녀가 공동체에 복귀함으로써 끝나는 결말은 헤스터에 의해 혼돈을 겪던 독자들을 화합과 용서의 분위기 아래서 안심시킨다. 목사로서 딤즈데일이 천상의 아버지에게 귀의하고, 칠링워스가 유산 상속을 통해 펄에 대한 부권을 획득하며, 헤스터는 가부장사회에 순종하고 복귀한다. 이 모든 것이 질서의 회복에 대한 독자들의 희망을 만족시킨다.

| 찬성과 반대의 두 가지 논리적 흐름

찬성	(1) 헤스터 프린은 청교도 사회의 가부장적 권위에 맞서 진실한 사랑을 하였고 (2) 청교도 사회의 차별과 억압에 굴복하지 않았으며 (3) 마침내 승리하였다. 그러므로 이 작품은 진실한 사랑으로 개인의 열정을 제한하는 청교도 가부장 사회의 지배와 종속을 전복시킨 혁명적 여성의 이야기로 읽어야 한다.
반대	(1) 헤스터 프린은 청교도 사회의 규율을 어기고 간음을 하였으며 (2) 그 벌에 순종하고 회개하는 모습을 보였고 또한 그녀의 사랑은 실패로 끝났으며 (3) 결국 그녀는 청교도 사회를 인정하고 사회에 통합되었다. 그러므로 이 작품은 개인의 맹목적인 열정으로 인해 사회의 질서를 깬 여성에 대한 죄와 벌의 도덕적 교훈을 주는 이야기로 읽어야 한다.

문학작품 및 참고문헌

– 너대니얼 호손(김욱동 옮김), 『주홍글자』, 민음사, 2007.
– 너대니얼 호손(김지원, 한혜경 옮김), 『주홍글자』, 펭귄클래식코리아(웅진), 2009.
– 너대니얼 호손(양석원 옮김), 『주홍글자』, 을유문화사, 2011.

– 서숙, 『주홍글자: 서숙 교수의 영미소설 특강 1』, 이화여자대학교출판문화원, 2005.

– 김다희, 「나다니엘 호손의 『주홍글자』에 나타난 반여성적 사회와 급진적 여성주의 연구」,
　　　　한국교원대학교 석사논문, 2012.
– 박진우, 「호손의 『주홍글자』에 나타난 희생양의 정치학」, 경희대학교 석사논문, 2009.
– 심의영, 「『주홍글자』에 대한 페미니즘적 읽기: 헤스터의 자아 정체성의 회복」,
　　　　숙명여자대학교 석사논문, 2000.
– 김계희, 「『주홍글자』의 헤스터 프린 연구」, 한남대학교 박사논문, 2004.
– 한용석, 「『주홍글자』에서 나타난 선과 악의 모호성」, 강원대학교 석사논문, 2013.
– 조은진, 「너새니얼 호손의 『주홍글자』에 나타난 소외된 개인들의 희생과 저항」,
　　　　숙명여자대학교 석사논문, 2010.
– 설갑선, 「처형대와 주홍글자 'A'의 정치학」, 경북대학교 석사논문, 2009.
– 박은희, 「나다니엘 호손의 『주홍글자』에서 'A'의 다원적 서사」, 전남대학교 석사논문, 2016.
– 이해인, 「『주홍글자』(The Scarlet Letter)에 나타난 상징주의에 관한 연구」, 한남대학교 석사논문, 2006.
– 박우규, 「The Scarlet Letter에 나타난 아이러니 연구」, 울산대학교 석사논문, 2004.
– 이윤경, 「사회로부터의 이탈에서 복귀로: 호손의 『주홍글자』 연구」, 강릉대학교 석사논문, 2008.
– 김한나, 「『주홍글자』의 성서적 조명」, 한남대학교 석사논문, 2010.
– 안영자, 「『주홍글자』: 개인과 사회의 갈등과 펄의 역할」, 서울대학교 석사논문, 2013.
– 조윤희, 「너대니얼 호손의 『주홍글자』에 나타난 죄의식에 대한 고찰」, 동국대학교 석사논문, 2015.

– 이준학, 「사랑과 고통의 변증법의 세 가지 양상: 호손의 『주홍글자』」, 『문학과 종교』(제10권 2호), 2005.
– 서숙, 「『주홍글자』에 나타난 대안적 질서의 가능성」, 『영미문학교육(제7집 2호)』, 2003.
– 최대해, 「『주홍글자』: 청교도 공동체의 이중성」, 『신영어영문학(55집)』, 2013.
– 김은형, 「『주홍글자』: 보수적인 화자와 급진적인 헤스터, 그리고 호손의 우울한 결론」, 『미국학논집』, 2016.
– 손정희, 「헤스터 길들이기?: 『주홍글자』 다시 읽기」, 『영어영문학(제49권 1호)』, 2003.
– 신행순, 「『주홍글자』의 가면(false face) 읽기: 등장인물의 이중성 탐구」, 『경기영문학(제7집)』, 2002.
– 임창건, 「딤즈데일과 헤스터의 동상이몽: 청교주의와 초절주의의 대립구조로 본 『주홍글자』」,
　　　　『美國學硏究(第1輯)』, 1998.
– 천승걸, 「호손의 『주홍글자』 '모호함'의 미학, 우리들의 운명 이야기」, 『영미문학연구회』, 1997.
– 장영희, 「『주홍글자』에 나타난 법의 문제」, 『미국소설(14권 1호)』, 2007.
– 김욱동, 「『주홍글자』의 현대성」, 『외국문학연구(25)』, 2007.

제3장

요한 볼프강 폰 괴테

『젊은 베르터의 고뇌』

베르터는
혁명적 이상주의자(理想主義者)이다. [8]

I 논제에 따른 쟁점

쟁점 ❶ 순수한 사랑과 이기적 사랑(사랑관)

(1) 18세기의 사랑과 결혼에 비추어 본 베르터 사랑의 문제성

18세기 들어 경제적으로 부유해진 시민 계층은 성직자와 귀족 계층에 이어 세 번 째 신분을 확보한다. 시민 계층은 귀족의 퇴폐성과 허례의식에 맞서 시민적 가치들을 내세운다. 정직성, 소박함, 도덕성, 감상주의 같은 시민적 가치들이 점차 시대의 지배적인 생활관으로 자리 잡게 된다.

진보적인 시민 계층에서 연애결혼이라는 새로운 현상이 나타난 것도 이 무렵이다. 여전히 정략결혼의 틀에 묶여 있던 귀족 계층과는 달

---

8) 논제 '베르터는 혁명적 이상주의자이다.'에서 이상주의자는 긍정적 의미를 지닌다. 반대로 부정적인 의미로 말하면 '베르터는 이기주의자 혹은 현실 부적응자이다.'가 된다.

리 시민 계층이 배우자를 선택할 때는 사랑이 핵심적인 가치로 작용하기 시작한다. 하지만 18세기의 시민계급 문화는 성(性)을 온전히 표현해낼 보편적인 언어를 갖고 있지는 못했다. 때문에 성(性)은 종종 도덕성으로 포장되었고, 사랑의 열정은 상대방의 정신적 차원의 품위와 미덕에 따라 그 밀도와 강도가 달라지는 경향을 보였다. 말하자면 배우자 선택에서 사랑이 가장 고귀한 동기로 작용하긴 했지만 사랑은 여전히 순수와 정절이라는 윤리적 문법을 따라야 했고 결혼은 변화 불가능한 질서를 의미했다. 괴테의 『젊은 베르터의 고뇌』[9]의 베르터가 보여주는 사랑은 이러한 사랑과 결혼의 시대적 한계는 보여 주는 동시에 그것을 극복하고자 했다는 점에서 문제적이다.

베르터는 그 어떤 것에도 구애받지 않는 절대적으로 자유로운 사랑을 추구한다. 사회질서, 도덕, 윤리, 직업에 대한 충실성보다 순간 순간 타오르는 사랑에 모든 열정을 받친다. 모든 규칙은 자연스러운 감정을 파괴한다는 의미에서 베르터가 추구하는 자연감정은 결혼을 포함한 일체의 억압적 규율을 거부한다. 베르터의 로테에 대한 사랑 역시 자연감정[10]에서 발원한다. 베르터에게 합리적 이성 교제는 사랑이 아니며 정략적 만남일 뿐이다. 그에게 사랑이란 감정이 물결치고 갈구하는 대로 일체의 속박을 뛰어넘어 돌진하는 것이다.

결혼을 포함한 어떤 억압도 거부하며 자신의 자연스러운 감정에만 충실하다는 측면에서 베르터의 사랑은 지극히 이상화된 사랑이다. 그

---

9) 이하 『베르터』로 표기함.
10) 자연현상-계절, 기후, 풍경, 식물, 동물-에 대해 인간이 영적, 경험적으로 관계하는 감정. 혹은 자연의 질서를 따르는 자연스러운 감정.

의 사랑은 주관적인 시각에 의해 이상화된 측면이 강하다. 그는 로테의 실제 모습이 아닌 자신이 원하는 어머니상(象) 혹은 자신의 이상적 여인상을 로테에게서 본다.[11] 베르터는 처음 그녀를 보면서 그녀의 얼굴, 동작, 눈빛, 음성에 도취되어 꿈꾸는 듯한 생활을 시작한다. 그리고 그녀가 자기 마음속의 모든 것, 예나 지금이나 앞으로의 모든 것을 무조건 이해하며 또한 서로의 마음이 자연스럽게 교류되고 있다고 확신한다. 객관적으로 볼 때 환상에 지나지 않는 이런 확신을 갖게 된 베르터에게 그녀 외에는 보이지도 들리지도 않는다. 그는 자기 주위 세계가 어떤 상태에 있으며 어떤 동향을 띠고 있는지 전혀 알지 못한다. 그는 사랑에 눈이 멀어서 자석에 끌리듯 그녀에게 가지 말자고 다짐하면서도 자기도 모르게 어느새 그녀 옆에 가까이 있게 된다.

19세인 로테는 공국의 법무관인 S씨의 맏딸이다. 그녀는 막내 동생을 낳고 돌아가신 어머니를 대신해서 집안일과 동생들을 돌봐야 하는 입장에 처해있다. 로테의 모습은 6월 16일의 편지에서 처음 묘사된다. 베르터가 로테를 처음 봤을 때 그녀는 흰옷에 분홍리본을 달고 동생들에게 빵을 잘라주는 어머니와 같은 모습으로 그의 시야에 들어온다. 베르터는 그 첫인상에 사로잡혀 벗어나지 못한다. 로테에 대한 베르터의 연정은 모성에 대한 사랑에 가깝다. 모성상으로서의 로테는 심리학적인 측면에서 본다면 베르터와 그의 어머니의 결손 관계에서 비롯된 것으로 추측할 수 있다.[12]

---

11) 베르터는 로테에게서 이성과 단순함, 영혼의 안정과 실제 생활에서의 활동이 조화를 이루고 있는 모습을 본다. 그는 로테에게서 자신의 삶과 사랑에 대한 이념의 화신을 발견하고는 이상주의적이고 자아 성찰적인 시각으로 그녀를 바라본다.

베르터와 로테의 사랑에서 정신적 공감이 절대적 자리를 차지하고 있는 것도 그의 사랑이 매우 이상화되어 있음 말해준다. 이는 '클롭슈토크(Klopstock) 장면'에서 잘 드러난다. 이 장면에서 두 사람의 영혼은 마치 하나가 된 듯한 느낌이 든다. 시골 무도회에서 한 차례의 뇌우를 동반한 폭우가 사라지면서 로테와 베르터는 동일한 감정 속에 빠져든다. 로테는 베르터와 창가에 서서 자연의 풍경을 바라본다. 자연의 풍경은 뇌우로 인해 불안했던 로테의 마음을 가라앉혀 주고 로테는 자연과 하나 됨을 느낀다. 인간과 자연의 합일에 영혼의 합일이 뒤따른다. 로테는 창밖을 내다보며 베르터의 손을 잡고는 '클롭슈토크'라는 말을 내뱉는다. 한 순간 두 사람 사이에는 꿈과 같은 감상적 일치가 이루어진다. 그들은 서로가 클롭슈토크를 좋아하고 있음을 확인하게 된다. 비록 시인의 이름 한마디를 외치는 상황이었지만 베르터는 그들 두 사람의 영혼이 결합되었다고 믿는다. 여기서 두 사람의 애정은 한 편의 시[13]를 매개로 현실의 모든 제약들을 건너 뛴 채 환상의 공간에서 전개된다. 이 순간에 어떤 자세한 설명보다도 서로 간의 내적 은밀함을 잘 전달할 수 있는 생각과 느낌의 공감대가 형성된다.

베르터의 사랑이 이상화된 것임은 로테를 보는 그의 시각에서도 알

---

12) 베르터가 로테의 지극한 모성애에 매료되는 데서 그의 성장과정과 결부된 문제의 일단을 엿볼 수 있다. 작품을 통틀어 베르터가 어머니에 관해 언급하는 것은 몇 번에 불과하다. 그것도 대개는 어머니를 따로 언급하기보다는 편지 수신자인 빌헬름과 한 묶음으로 2인칭 복수형으로 호명하기 때문에 베르터에게 어머니는 의식 뒤편에 멀리 밀려나 있는 존재라 할 수 있다. 그렇게 보면 베르터는 성장기에 어머니의 따뜻한 사랑을 제대로 받지 못해 모종의 심각한 결핍을 겪었을 거라고 짐작할 수 있다. 베르터가 여성에 대한 사랑의 감정에 절대적 의미를 부여하는 것도 그런 결핍을 보상하려는 무의식적 분출이라 할 수 있다. 또한 유일한 가족인 어머니는 베르터에게 원치 않는 도시로 이주하여 직업을 갖도록 종용하고 있으며 빌헬름을 통해서만 서로 연락이 가능하다.
13) 클롭슈토크의 「진정한 즐거움에 관한 송가」(나중에 「봄의 잔치」로 명명됨.)

수 있다. 사랑이란 주관적 감정을 지닌 사람은 본래 연인을 객관적인 시각에서 보기 어렵다. 베르터는 마치 피그말리온처럼 로테를 객관적 실체가 아니라 그의 내적 환상이 구현된 존재로 생각한다. 하지만 로테의 태도는 천진난만하고 순결한 천사와 같은 베르터의 이상적 여인상과 부합되지 않는다. 단지, 베르터가 로테를 자신의 이상적 여인상의 이미지로만 보기 때문에 그 사실을 알아채지 못할 뿐이다.

로테는 베르터와 왈츠를 추는 무도회에서 천진난만하고 순결한 천사의 모습과는 다른 모습을 보인다. 그녀의 성격은 이중적인 면이 있다. 로테는 소박함, 가족에 대한 마음씨, 검소함, 알베르트에게 순종하는 모습과 달리 무도회에서 왈츠에 열광하는 모습, 클롭슈토크 장면에서 베르터의 손을 먼저 잡는 행동과 같은 전혀 다른 모습을 보여준다. 특히 '카나리아 장면'[14]에서 로테는 감각적 욕망에 충만해 있는 모습을 보인다. 로테는 베르터에 대한 자신의 감각적 사랑을 카나리아 새의 먹이에 대한 욕구의 몸짓으로 변형시킨다. 카나리아 장면은 그녀가 베르터를 육체적으로 유혹하는 것처럼 느끼게 한다. 또, 약혼한 상태의 여성이 무도회에 왔다는 것, 베르터와 춤을 추면서 보여주는 덜 조심스러운 태도는 로테가 당시의 인습에 비추어 보면 완벽하게 이상적인 여성이 아님을 드러낸다. 소설가 토마스 만이 로테를 '순결로 감싸진 교태'를 드러내는 인물로 평가한 것은 의미심장하다.

베르터의 이상화된 사랑을 상징적으로 보여주는 것은 '실루엣 모티브'이다. 베르터는 로테를 그릴 때 그녀의 실제 모습을 묘사하지 못한

---

14) 로테가 카나리아를 이용하여 베르터에게 간접 키스를 하는 듯한 장면.

다. 그 이유는 베르터가 보는 로테의 모습이 실제 그녀의 모습이 아니라 그의 욕망이 투사된 이상화된 여인으로서의 로테이기 때문이다. 베르터는 로테를 그리면서 순결하고 천진난만한 자신의 이상적 여인상을 체험하고 싶어했지만 오히려 성적 열정만 생기며 결국 로테의 실루엣만 그리게 된다. 베르터는 로테의 초상화를 그리는 데 실패한 후에 더 이상 그녀의 초상을 그리지 않고 실루엣에만 집착한다. 실루엣은 실제가 아니라 일종의 이상화된 환상이다. 이상화된 환상은 존재하지 않으므로 사실대로 그릴 수 없다.

초상화는 비교적 객관적이고 사실적인 묘사로 인물에게 주관적인 감정을 이입시키기가 어렵지만 실루엣에는 초상화에 없는 투사를 위한 빈 공간이 존재한다. 따라서 베르터는 실루엣의 채워지지 않은 공간에 그가 초상화에서 재현할 수 있는 것보다 훨씬 더 많은 것을 투사할 수 있다. 그가 로테를 상상하면서 느끼는 아쉬운 점을 원하는 대로 보충할 수 있는 것이다.

(2) 베르터의 사랑에 대한 로테의 모호성

베르터의 사랑은 로테의 모호하고 이중적인 태도로 인해 심화되고 고통 받는다. 로테는 정신적 사랑과 육체적 사랑 사이에서 모호한 태도를 취할 뿐만 아니라 약혼자가 있음에도 베르터를 곁에 두고 친밀하게 대한다. 이런 로테의 태도는 베르터의 사랑을 심화시키는 만큼 사랑의 고통도 가중시킨다.

로테는 베르터에게 처음에는 자연스런 성적 대상이기보다는 어머니상으로 등장한다. 그는 로테에게 성스러운 감정을 느끼고 성인으로서 가질 수 있는 성적인 욕구를 포기한다. 따라서 로테에 대한 애정이 깊어질수록 베르터는 점차 현실 감각을 잃어간다. 1772년 12월 14일, 베르터가 죽기 아흐레 전의 편지에 나오는 에로틱한 꿈의 장면을 통해 알 수 있듯이 베르터의 사랑은 더 이상 정신적인 사랑일 수 없게 된다. 이 때문에 베르터는 어디까지나 신성하고 순결하며 남매와 같은 사랑을 느꼈던 로테와의 관계를 상기하면서 자탄에 젖는다.

우리는 베르터가 로테에 대해 두 가지 상반된 상을 간직하고 있음을 알 수 있다. 하나는 누이처럼 대하고 사랑했던 순결한 대상으로서의 로테이고, 또 하나는 꿈에서 체험한 에로틱한 욕망의 대상으로서의 로테이다. 하지만 베르터는 마치 종교와 같은 역할을 했던 로테에 대한 숭배가 육체적 욕망으로 변함을 느끼면서 더 이상 로테를 정신적으로 이상화할 수 없게 된다. 베르터는 로테에 대한 자신의 감각적인 욕망을 가치가 낮은 것으로 생각한다. 그는 자신의 욕망을 억제하려 하지만 로테에 대한 그의 감정은 날이 갈수록 육체적인 동경으로 바뀐다. 베르터의 영혼은 동요된다. 베르터의 이상화된 사랑은 정신적 사랑과 육체적 사랑의 통합을 방해한다. 진정한 사랑은 두 세계가 합일될 때에만 가능하다. 하지만 베르터가 정신적 사랑을 추구하면서 육체적 사랑을 부인하기 때문에 두 세계의 통합은 사실상 불가능하다.

로테의 모호한 태도에서 또 하나 문제가 되는 것은 그녀에게 약혼자가 있다는 사실이다. 로테는 베르터가 사랑할 수밖에 없는 많은 조건들을 갖추고 있어 베르터는 열정적 감정을 가지고 그녀를 사랑하게 된다. 하지만 시민사회의 구성원임을 자각하고 있는 로테는 사회의 규범을 깨뜨리기를 원하지 않는다. 로테는 베르터를 사랑하지만 이상적인 남편으로 적합하지 않기 때문에 그의 사랑을 선택하지 않는다. 로테는 비록 열정은 없지만 안전한 시민적 생활을 보장해주는 착실하고 믿음직스러운 알베르트의 소중함을 절실히 느낀다.

하지만 로테는 알베르트의 흠잡을 곳 없는 인품보다는 깊고 풍부한 감정을 소유한 베르터의 성향에 더 잘 부합되는 존재이다. 로테는 베르터를 소유하고 싶어하는 자신의 마음을 알게 된다. 그럼에도 그녀는 자신의 사랑을 실천에 옮길 수 있는 용기가 없다. 그녀는 사회규범의 제약에서 벗어날 수 없기 때문에 시민적 사랑의 규범인 알베르트를 따라간다.

물론 로테는 베르터에 대한 사랑을 단념할 것인가라는 문제에서 갈등을 겪는다. 이런 로테의 갈등에서 우리는 18세기 관습적인 결혼의 문제점을 엿볼 수 있다. 당시의 관습적인 결혼[15]은 개인적인 사랑의 관심과 대립되고 있었다. 로테와 알베르트의 결혼 역시 로테 어머니의 임종 순간에 약속된 전통적 혼인 풍습에서 비롯된 것이다. 그녀는 알베르트와 결혼한다. 그럼에도 그녀는 결혼 후에도 베르터의 방문을 허락하는데 그녀의 이런 행동은 많은 논란을 낳았다.

(3) 베르터의 이상화된 사랑의 문제성

베르터에 대한 로테의 태도에도 문제가 있지만 베르터의 태도 역시

---

[15] 부모의 권유나 사회적 신분과 재산으로 맺어지는 사회 규범과도 같았던 결혼.

마찬가지다. 베르터는 로테에게 이미 약혼한 남자가 있다는 사실을 알고 있었다. 그렇다면 도덕 관념상 그녀를 단념하는 것이 옳지만 그는 도덕윤리나 질서보다 자기 감정의 고동을 따른다. 또, 정상적인 사회에서 남편이 있는 여인을 사랑하는 것은 비도덕적이다. 그럼에도 개인 또는 자기의 감정에 충실한 베르터는 로테에 대한 열렬한 사랑을 멈추지 않는다.

베르터는 자신의 감정을 절제하면서 로테(알베르트)와 원만한 관계를 유지하든지 자신의 감정을 끝까지 밀고 나가든지 선택해야 하는 기로에 서게 된다. 하지만 로테에 대한 베르터의 감정에 비추어볼 때 전자의 가능성은 기대하기 어렵다. 후자의 가능성도 마찬가지다. 베르터는 결혼이라는 구속을 받아들일 수 없기에 알베르트의 존재와 무관하게 로테에게 청혼을 하지 않을 것이다. 결국 그는 어느 쪽도 선택할 수 없는 딜레마에 빠진다.

베르터의 지나치게 이상화된 사랑도 로테와의 사랑을 어렵게 한다. 베르터의 로테를 향한 사랑은 현실적 결혼과 가장으로서의 역할을 부정하는 것으로 보인다. 베르터는 일하고 남는 시간을 사랑에 할애하는 그런 사랑은 끝장이라고 단언한다. 사랑에 모든 것을 바쳐야 한다는 것이다. 그렇다면 베르터가 과연 로테와 그녀의 동생들의 생계를 책임지는 가장 역할을 제대로 할 수 있을까라는 의문이 든다. 베르터가 생각하는 이상적인 사랑은 가족의 생계를 책임지는 가장의 역할과 결코 양립할 수 없다. 실제로 베르터는 로테에게 청혼해서 결혼할 것을 단한 번도 진지하게 고려하지 않는다. 베르터는 사랑이 가정이라는 제도적 구속에 얽매이는 것을 감내할 수 없기 때문이다. 이와 같은 베르터의 태도에서 그의 사랑은 비현실적 욕망에 근거하고 있다는 생각을 하게 된다. 즉, 그의 사랑은 현실에서 충족되지 않을 때만 고양된 상태를 유지할 수 있다. 결국 실현될 수 없다는 것이 베르터적인 사랑의 전제조건이다. 그럼에도 불구하고 베르터가 첫눈에 반한 로테를 포기하지 못하는 데 비극적 딜레마가 있다.

이상의 논의를 바탕으로 베르터의 사랑관에 대한 쟁점을 정리하면 다음과 같다.

베르터의 사랑은 그 어떤 것에도 구속받지 않는 완벽하게 자유로운 영혼의 이상적인 사랑일까. 오늘날의 관점에서는 약혼한 여인을 사랑하는 것이 사회적으로 또는 도덕적으로 그리 비난을 받거나 터부시될 만한 대단한 사건이 아니지만 당시로서는 매우 부도덕하다고 낙인찍힐 만한 사안이었다. 그럼에도 불구하고 베르터는 온몸을 던져서 로테를 사랑한다. 로테 역시 베르터에게 끌리는 마음을 어찌할 수 없어서 베르터를 냉정하게 거절하지 못한다. 두 사람의 사랑은 그 자체만으로 모든 젊은이들이 꿈꾸는 이상적이고 낭만적인 사랑이 아닐까.

처음 만난 순간부터 강렬한 이끌림을 경험하고, 무도회에서 황홀한 춤으로 서로에게 빠져들고, 천둥 번개가 잦아드는 창가에 서서 똑같이 클롭슈토크의 송가를 떠올림으로써 두 사람은 서로에 대한 호감을 넘어서서 단번에 내적 합일까지 경험한다. 로테는 베르터에게 구원의 연인과 어머니를 합친 이상적 여성으로, 베르터는 로테에게 자신의 감성을 발휘하게 만들고 내면의 욕구를 충족시켜주는 부드러운 남자로 여겨진다. 두 사람은 모든 것을 함께 느끼고, 함께 감동하고, 함께 기뻐하는 정신적 합일의 상태를 경험한다. 그렇기에 두 사람은 사회적 제약과 도덕적 괴로움에도 불구하고 헤어지지 못하고 끝까지 서로를 그리워하고 사랑한다. 이보다 더 아름다운 사랑이 있을까. 특히 베르터는 자신의 온 존재를 던져서 로테를 사랑한다. 두 존재가 만나 내면의 합일을 이루고 온 마음을 다해 사랑하는 것, 이것이 바로 사랑의 본질이자 많은 젊은이들이 꿈꾸는 이상적인 사랑의 모습이 아닐까.

하지만 그의 사랑은 순수할지 몰라도 책임감 있는 사랑으로 보이지는 않는다. 사랑의 대상에 대한 자신의 열정적 감정에만 충실할 것이 아니라 사랑도 합리적이어야 하지 않을까. 맹목적으로 충동에 빠져 돌진하는 것은 잘못이 아닐까. 베르터의 맹목적 사랑은 로테의 평안을 점점 파괴해 갔고 베르터 또한 그녀에게서 사랑했던 것-고결함, 세계와 자기신뢰-을 파괴시켜 자신의 소외감을 더욱 심화시킨 것은 아닐까. 현실적으로 불가능한 사랑의 자기만족적인 감정을 추구한 베르터는 로테에 대한 그의 열정을 부인했어야 하는 것은 아니었을까. 그가 사랑할 때 중심은 연인이 아니라 사랑에 빠졌다는 사실인 것처럼 보인다. 베르터에게는 유일무이한 그의 마음이 가장 중요하다. 자신의 마음만이 최고라는 이런 생각은 나르시시즘(自己愛)의 극치가 아닐까. 결국 로테를 향한 그의 사랑은 자기 사랑에 불과하며 그의 이런 사랑이 자신을 파멸시키고 로테의 나머지 삶조차 불행하게 하는 것은 아닐까.

베르터의 사랑은 순수하고 이상적인 사랑의 모습인가, 자기중심적이고 이기적인 나르시시즘적(자기애적)인 사랑인가.

쟁점 ❷ 자유의 추구와 사회 비판 혹은 현실 부적응(사회관)

(1) 계몽주의와 질풍노도(슈트름 운트 드랑) 그리고 천재의 발흥

『베르터』는 계몽주의의 극단화라 할 수 있는 '질풍노도(슈트름 운트 드랑 Sturm und Drang)'기의 대표적 작품이다. 계몽주의는 18세기 유럽 사회의 모든 영역에서 발현된 정신사조로 정치, 경제, 사회, 문화, 종교, 예술, 학문 등 모든 분야에서 기존 질서에 맞서 새로운 질서를 내세웠다. 오랫동안 지속된 귀족과 성직자 중심의 봉건사회를 혁파하고 새로운 세상을 만드는 데 계몽주의는 정신적이고 이념적인 바탕을 제공하였다.

계몽주의는 인간의 정신적 해방과 함께 정치적 해방을 추구하였다. 인간의 정신적 해방이란 개개인이 그 어떤 외부의 간섭이나 지도 없이 스스로 자율적으로 사고하고 행동하는 것을 말한다. 다른 사람의 지시나 전통적 사고방식에 휘둘리지 않고 자신의 이성에만 의지하여 모든 것을 판단하고 결정할 것을 촉구한다. 이는 필연적으로 기존에 진리로 통용되던 사고에 대한 비판으로 이어진다. 그 결과 오랫동안 지배적인 권위를 누려왔던 봉건사회(귀족)와 교회가 가장 커다란 비판의 대상이 되었다.

계몽주의의 인간 해방은 그동안 절대적 권위를 지녔던 봉건귀족과 성직자들의 후견으로부터 벗어나는 것을 의미하였다. 이는 곧 정치, 사회적 해방이라는 의미를 지닌다. 그렇기에 봉건사회를 타파하고 자유롭고 평등한 세상을 만들려는 시민계급이 계몽주의를 자신들의 주도적 이념으로 삼은 것은 당연했다. 타락한 귀족계급에 맞서 시민계급은 이성, 인간 해방, 합리성, 근면과 성실, 도덕적 삶 등을 중요한 가치로 내세웠다. 이런 시민계급의 가치는 마침내 프랑스 혁명을 통해 봉건 질서를 무너뜨리고 근대사회를 세우는 변혁 운동으로 이어졌다. 질풍노도는 계몽주의의 이런 사상을 계승하면서 개인의 자유와 자율 그리고 개성을 더욱 강조한 사조이다. 계몽주의가 사회 모든 분야를 아우르는 광범위한 정신 사조였다면 질풍노도는 주로 문학 부분에서 일어난 문예운동이었다.

질풍노도는 이성으로써 모든 것을 밝힐 수 있다는 계몽주의에 대하여 감정의 우위를 내세우며 일체의 구속으로부터 벗어날 것을 요구한 문학운동이다. 헤르더, 괴테 등 젊은 독일 작가들은 냉철한 계몽주의의 이성에 반대해 싸웠으며 이성 대신에 감정과 정열을 내세웠다. 그들은 어떤 이성적 속박도 거부한 채 자유를 가장 고귀한 가치로 여겼기에 전제군주에 대항하여 싸우기도 하였다.

계몽주의가 이 세계를 철저하게 이해할 수 있는 것, 설명할 수 있는 것으로 본 반면, 질풍노도는 원천적으로 이 세계를 이해하기 어려운 것, 숨겨진 것, 그리고 이성으로 설명하기 어려운 것으로 생각했다. 또한 질풍노도에서는 계몽주의의 세계관에서 인정될 수 없었던 비합리주의적 주관주의가 중요한 역할을 하게 된다. 이것은 모든 주어진 영향을 포괄적이고 적극적으로 수용하는 느낌으로 고양됨으로써 질풍노도의 중심개념인 '천재(Genie)'[16]를 발흥시켰다. 천재는 직관과 영감을 통해 세계를 경험하며 모든 삶의 한계와 구속으로부터 자유로운 사람이며 주관주의의 최고의 인간상으로 나타난다. 천재에게 중요한 것은 자연감정이다. 천재는 예술을 창조할 때 규칙을 거부하고 자연의 질서를 따른다. 이것은 이성적 힘을 배제하고 감정적 힘을 통하여 독창적 작품을 창조함을 의미한다.

질풍노도의 천재관은 전적으로 계몽주의에 대한 반발로 보이기도 하지만 오히려 계몽주의가 질풍노도에 의해 보충되었다고 보는 것이 옳을 것이다. 계몽주의를 단지 합리화라는 제한된 개념으로만 파악해서는 안 된다. 계몽주의는 질풍노도라는 대립모델에 의해서 교체되거나 극복되지도 않는다. 이는 질풍노도가 계몽주의를 완전히 반대한 것이 아니라 그 본질적인 경향들을 고양시키고, 억눌려 있었던 인간의 감정이나 영혼을 해방시켜 온전한 인간상을 구현하는데 서로 돕는 관계에 있었음을 의미한다.

(2) 시대에 대한 비판과 저항

『베르터』는 비극적 사랑 이야기를 넘어 반봉건적 기치를 드높인 시대 비판적 소설로도 유명하다. 이 소설은 새로운 사상(질풍노도)을 바탕으로 당시의 시대를 비판하고 있기 때문이다. 이 소설에는 사랑 이야기뿐 아니라 젊은이의 고뇌와 자유를 향한 열망, 시대 비판, 새로운 가치관에 대한 모색, 시민계급과 귀족계급의 갈등, 절대적 자아의 추

---

16) 모든 법칙에서 벗어나 완전히 자유롭게 느끼는 인간, 자기의 내면에서 전 우주를 발견할 수 있는 인간, 즉 자기 자신이 신이요, 창조자라는 의식으로 충만한 인간을 말한다. 고전주의와 계몽주의에 있어서의 천재가 이성, 역사, 전통 및 관습에 결부된 하나의 더 높은 지성이었다면, '슈트름 운트 드랑'에 있어서 천재는 무엇보다 이런 구속이 없는 것을 특징으로 하는 하나의 이상의 인격화가 되었다. 천재는 비참하고 제한된 일상생활로부터 아무런 제한 없이 마음대로 자유를 펼칠 수 있는 꿈의 세계로 상승함으로써 일상생활에서 벗어나게 된다.

구, 자연과 합일을 향한 동경 등이 포함되어 있다.

질풍노도 문학은 계몽주의에서 주장하는 개인의 해방을 극대화하여 자유를 옭아매는 모든 규칙을 거부하고 인간의 본성대로 살고자 하며 절대적 자아를 추구하였다. 모든 사회적 제약과 간섭을 거부하고 완전한 자유와 자율을 추구하였다. 개인의 감정과 생각을 그 무엇보다 중요하게 여겼다. 그래서 계급질서가 고착화되어 있는 봉건사회나 고리타분한 관습과 도덕 그리고 인간의 정신적 해방을 억누르는 종교에 대해 전면적 비판의 태도를 취하였다. 질풍노도의 이런 특징은 『베르터』에 잘 나타난다.

베르터는 자신의 본성 즉 자연에 따르기 위해 예술뿐만 아니라 사회적 구속으로부터의 자유도 요구한다. 그는 자유 속에서만 자신의 천분과 감수성을 발휘할 수 있다. 베르터는 규칙을 진정한 자연감정을 파괴하는 원인으로 생각하며 돈과 명예를 위해서 악착같이 일하는 사람들을 경멸한다.

작품 전체를 통해 베르터는 신분과 명예 그리고 허위에 얽매여 있는 귀족계급 뿐만 아니라 자신이 갖고 있는 능력을 개발하고 활용하고자 하는 욕구조차도 인식치 못하는 시민계급도 비판하고 있다. 이는 시민계급의 경쟁의식에 사로잡힌 계급욕구, 몰개성, 편협함, 무의미한 전문화와 경쟁 등을 비판한다는 것을 의미한다. 그는 유일하게 하류층(민중)과 어린아이들에게만 긍정적 평가를 내린다.

시민계급 출신인 베르터는 뛰어난 학식과 능력을 갖추었음에도 단지 귀족이 아니라는 이유로 여러 가지 사회적 제약을 감수해야 했다. 엄격한 신분질서를 바탕으로 한 봉건사회에서 귀족이 아닌 시민이 정치적 요직을 차지할 가능성은 없었다. 알베르트가 돌아온 후 베르터는 로테를 떠나 다른 도시로 가서 공사의 비서로 일하지만 신분질서라는 사회적 벽이 그를 가로막는다.

베르터는 단지 귀족이라는 이유로 높은 자리를 차지하고 거들먹거리거나 일반 시민들을 멸시하는 귀족들을 가차 없이 비판한다. 특히, 서류의 쉼표나 접속사 하나까지도 일일이 간섭하는 베르터의 상관인 공사는 그에게 고리타분하고 무능력하게 보인다. 자기 자신의 정열이나 욕구 없이 사회적 요구에 의해 일을 하는 인간은 베르터에게 바보처럼 보일 뿐이다. 그에게 사람들은 생동하는 감정에서 우러나는 힘으로 생활하는 것이 아니라 사회의 그 무엇인가가 조종하는 데로 움직이는 무감각한 꼭두각시로 보일 뿐이다. 뿐만 아니라 자기 자신마저 생활 의욕도 없이 의지의 상실 상태에서 사는 꼭두각시로 여기기도 한다. 베르터는 꼭두각시가 아닌 자율적인 존재로 살고 싶어 한다. 그래서 베르터는 자신의 독특한 문장을 무시하고 획일화된 문서를 요구하는 공사에게 참을 수 없는 혐오감을 갖는다. 왜냐하면 그의 독자성이 사회적 한계에 의해 좌절되기 때문이다. 공적인 생활은 베르터에게는 적개심과 권태로움만 더할 뿐 실질적인 도움이 되지 못했다.

베르터를 압박하는 것은 현실사회에 부합하고자 하는 활동의 결과로 나타나는 종속과 개개인이 가진 욕구의 부정이다. 베르터는 예사롭게 행해지고 있는 예속과 자기욕구의 부정을 거부함으로써 기존의 규범에 반대한다. 그는 더 나아가 자신의 자율과 고결함이라는 이념 내지 견해를 표명하고 있다.

도시에서 직업을 갖게 된 그는 인위적이고 규범적인 현실에 묶여 불안과 좌절에 시달리고, 백작의 성에서 열린 파티에 참석해서는 배타적인 귀족계급에게 환멸을 느낀다. 베르터의 귀족계급 비판은 C백작의 집에서 열린 귀족들의 사교 모임에서 그가 시민계급 출신이라는 이유로 쫓겨나는 사건에서 정점을 이룬다. 이 사건은 당시의 계급에 따른 신분질서가 얼마나 시대착오적인가를 적나라하게 보여준다.

사회 최고 계층인 귀족들은 전래하는 전통의 보존 및 지속을 최고의 이상으로 생각했고 그것을 자기들의 규범으로 삼았다. 그들은 신분이 낮은 사람들과 어울려서도 안 되고 그런 사람들과 모임을 가져서도 안 된다는 생각을 갖고 있었다. 귀족 처녀가 시민계급의 청년과 교제하는 것도 설교의 대상이 되었고 시민계급이 귀족의 모임에 함께 있는 것도 귀족들의 관습에 어긋나는 것이었다. 그래서 시민계급인 베르터는 백작의 만찬회에서 쫓겨난다. 그 일이 나중에 시민사회에서 악의적인 풍문으로 퍼지게 된 것을 안 베르터는 더욱 분격하며 직업적인 정치활동에 심한 증오심을 갖게 된다.

인간을 평가함에 있어 사람 자체를 평가하지 않고 그가 속한 집안이나 신분에 따라 판단하는 이 같은 양상은 당시 독일의 신분 사회상을 잘 보여준다. 베르터는 신분과 지위의 상승에만 몰두하는 사회에서 자신의 자유로운 감정과 내적 무한성이 억압당함을 체험한다. 그는 사회생활을 멍에로 여긴다. 사회생활은 그에게 자기완성의 길이 아니라 인간을 거대한 사회 조직의 일개 부품으로 만드는 과정으로 인식된다. 발하임과 성에서 만난 이성적 시민계급이나 배타적 귀족들은 자유와 감정을 무엇보다 중시하는 베르터와 멀어진다.

(3) 민중과 자연에 대한 사랑과 창조적 욕망

귀족사회는 베르터에게 교양의 가면을 쓴 위선과 오만의 사회로 느껴진다. 베르터는 귀족사회의 생기 없는 무교양에서 항상 자연[17]과 민중에게로 도피한다. 특히 그는 민중시인으로서의 호머[18]에게 깊은 애착을 느낀다. 베르터가 읽는 호머는 위안과 보상의 대체물이다. 『오디세이아』는 발하임의 전원적 풍경에서는 그의 동반자로서 곁에 있고, 도시에서는 귀족들에게 배척당한 뒤의 상처를 치유해 주는 진정제의 역할을 한다. 백작의 성에서 열린 무도회에서 쫓기듯 나온 베르터는 언덕에서 일몰을 바라보며 『오디세이아』를 읽는다. 그는 거지 차림을 한 오디세우스가 돼지치기 신 에우마이오스의 융숭한 대접을 받는 대목에서 평정을 되찾는다. 이 대목은 베르터가 귀족들에게 받은 수치스러운 현실과는 반대되는 상황이므로 그는 독서를 통해 사회적 관계에서 발생한 무력감에 대한 보상을 찾게 된다. 베르터는 문학적 상황 속으로 자신을 이입함으로써 자신이 받은 치욕을 극복하려고 한다. 그곳에서는 신분의 차이로 인해 상호간의 교류가 방해받지 않기 때문이다.

베르터가 좋아하는 사람들은 위선, 교만, 허영심을 지닌 귀족이 아니라 자연 속에서 소박하게 사는 민중들이다. 우물가의 수줍은 처녀들, 순진하게 뛰놀며 옛날이야기에 황홀해 하는 아이들, 순박한 농부

---

17) 자연은 일체의 규칙이나 한계로부터 벗어나 개성의 자유로운 개진으로서의 자연이며, 반문명적인 것으로서 이성보다는 감정을 중요시하는 주관성의 거울로서의 자연이다.
18) 호머의 세계와 오시언의 세계는 서로 상관관계에 있다. 이것들은 베르터의 심리 상태를 명백히 밝혀 주는 역할을 한다. 밝은 호머의 세계는 베르터의 마음을 치유하고, 음침하고 어두운 오시언 세계는 그를 운명적이며 비극적인 파멸로 이끈다.

들처럼 사회에 오염되지 않고 천진난만함과 소박함을 잃지 않은 사람들을 베르터는 좋아한다. 특히, 베르터가 어린이에게 집착하는 이유는 아이들은 계몽적 이성에서 벗어나 있기 때문이다. 그가 생각하는 최고선은 마음이지 이성이 아니다. 따라서 그는 감정에 따라 행동하고 사고하는 아이들이 이성을 지닌 성인보다 행복할 수 있다고 생각한다.

그에게 있어 귀족과의 교제는 잘 쓰여진 책을 읽는 이상의 흥미를 자아내지 못한다. 그는 주인집 여자를 사랑하는 머슴에 대해 이야기하면서 무식하다든가 야만스럽다고 부르는 계층의 사람들 속에서 최대의 순수성을 발견하며, 교양인이라고 부르는 시민계급의 지식인들까지도 교양의 희생물에 지나지 않음을 한탄한다. 민중에 대한 애정 어린 시선은 베르터의 민중지향적 성격을 잘 보여준다.

베르터는 또한 자연을 사랑한다. 단순함, 통속적인 것과 소박함, 이 모든 것이 베르터에게는 자연이다. 자연은 베르터에게는 생명의 총체이고 예술창조의 힘이다. 자연은 그에게 안식처가 되어주며 그는 대자연에서 신성을 느낀다. 그는 자연에서 창조주의 무한함을 온몸으로 교감하는 가운데 신적 창조과정에 비견되는 창조적 삶을 일구려는 소망을 가지고 있다. 베르터는 신이 만물을 창조한 것처럼 자기 삶의 창조자가 되고자 한다.

베르터가 느끼는 자연과의 일체감은 절대적 자율성에 대한 희구라 할 수 있다. 그 어떤 외적 간섭이나 제약에도 구애받지 않고 온전히 자기 삶의 주인이 되고자 하는 열망이다. 베르터가 자신의 영혼이 무한한 신의 거울이 되길 갈망하는 것은 온전한 자기를 정립하려는 열망이다. 슈투름 운트 드랑이 지향하는 전인적 자아실현의 이상은 바로 그런 맥락에서 이해될 수 있다.

  이상의 논의를 바탕으로 베르터의 사회관에 대한 쟁점을 정리하면 다음과 같다.

  우리는 구속과 제약으로부터 벗어날 수 있는 세계와 인간관계를 끊임없이 찾아 헤매는 베르터를 어떻게 평가해야 할까. 모든 속박과 제한 그리고 감옥 같은 세상을 벗어나서 자연 속에서 자아 해방과 절대자유를 얻고자 하는 그를 어떻게 보아야 할까. 이런 베르터에게 결혼 약속, 도덕적인 세계, 옛 봉건질서, 노동에의 요구, 부르주아 사회 전체 등 모든 것이 반자연적인 것으로 보인다. 그에게 이 세상은 일종의 감옥이다. 세상을 감옥으로 인식하는 베르터를 우리는 어떻게 평가해야 하는 걸까.

  자유로운 개인으로서 베르터는 사회의 법칙·도덕·선입관과 맹렬한 갈등상태에 빠져 마침내 생명을 끊는다. 이런 베르터를 우리는 사회의 지배적인 규범 및 관습에 타협하지 않고 반항하는 개인에 충실한 인간, 또는 보통 인간과는 다른 천재적인 인간의 이상형으로 보아야 할까. 즉, 사회의 구속과 억압을 비판하고 그것에 맞서 절대적 자유와 자기 삶의 온전한 주인이 되고자하는 진정한 자유주의자로 보아야 할까. 인류가 추구해 나아가야 할 이상적 인간상의 제시자로 보아야 할까.

  또는 베르터를 당시의 신분질서와 봉건사회의 억압에 대해 강력한 비판을 제기하면서 민중을 옹호하는 이상적 혁명주의자로 보아야 할까. 비평가 루카치처럼 말이다. 루카치는 베르터를 단순히 고립되어 내면으로 침잠한 시인이라 보지 않고 혁명적 휴머니스트로 정의한다. 그에 따르면 귀족 계급의 경직성과 시민 계급의 속물성에 반대하여 민중의 편에 서는 베르터에게서 프랑스 혁명이 발발하기 전에 시민적 이데올로기가 준비되어 가는 모습들이 나타난다고 한다. 루카치는 젊은 괴테가 발굴해낸 자유롭고 진취적인 인물이 베르터라고 말한다.

아니면, 베르터는 지속적인 활동에 대해 무능력과 무관심을 보이고 생업전선에서 활동하는 이들을 경멸하는 병든 정신의 소유자일까. 부정적이든 긍정적이든 그는 자신의 마음 이외는 무엇과도 관련성을 느끼지 못하며 유일한 마음도 결국에는 병들어 버린 사람이 아닐까. 개인적이고 자기중심적인 베르터는 근본적으로 어떤 집단에도 동화될 수 없으며 수용될 여지를 얻지 못한다. 그가 추구하는 절대적인 자유가 오히려 그 자신을 구속하고 있는 것은 아닐까. 사람의 자유는 고립 속에서 이루어지는 것이 아니라 다른 사람과 함께 할 때 이루어지는 것이 아닐까. 그는 천재 의식에 사로잡힌 오만한 정신의 소유자로서 자신 이외의 모든 것을 배척하는 배타적 고립주의자이며 현실에 적응하지 못하고 환상(자신의 내면, 자연, 문학, 로테, 죽음 등) 속에서 사는 무능력자 혹은 현실 도피주의자는 아닌가.

베르터의 극단적 주관주의[19]는 그가 자유로운 열정을 갖게 하고 편협한 합리주의로부터 자유롭게 하며 새로운 경험 영역을 제시하지만 동시에 주관성이 절대화된 곳에서 사회적 구속의 파괴와 더불어 결국에는 자기 자신도 파괴됨을 보여준다. 베르터라는 인간상은 새롭고 젊

---

19) 개인의 자유를 절대적으로 추구하는 것. 자신의 마음(내면) 이외에 어떤 것도 관심을 두지 않는 것.

은 한 시민적 인간이 더 이상 그 속에서 호흡하며 활동할 수 없었던 낡아빠진 문화에 대항하는 격정적 인물로서 우리에게 나타나는가. 아니면 어떤 사회에도 적응하지 못해 자연과 그 자신 속으로 도피하는 부적응자로서 나타나는가.

쟁점 ❸ 저항과 희생 혹은 현실 도피(자살관)

(1) 베르터의 자살에 대한 개인적·사회적 접근

아마도 『베르터』 읽기에서 가장 논란의 중심에 있는 문제는 베르터의 자살에 대한 평가일 것이다. 이 문제는 앞의 두 쟁점을 모두 포괄하고 있다. 베르터의 자살에 대한 논란은 개인적 측면과 사회적 측면으로 나누어 생각해 볼 수 있다. 개인적 측면의 문제는 주로 그의 성격과 관계 있고, 사회적 측면의 문제는 그의 사회관(세계관)과 관계되어 있다. 로테와의 사랑은 이 둘이 겹쳐진 지점에 놓여있다.

물론 개인적 측면과 사회적 측면의 문제가 엄격히 분리되어 있는 것은 아니다. 둘은 서로 밀접하게 연결되어 있는데 논의의 편의를 위해서 나누어 놓은 것에 불과하다. 개인과 사회를 분리해서 생각하는 것은 옳지도 않고 바람직하지도 않다. 비록 편의상 둘을 분리해서 논의하지만 서로 상관지어서 생각해 보는 것이 좋다. 그러므로 베르터의 자살에 대한 개인적 측면의 논의와 사회적 측면의 논의가 상당 부분 중복됨은 피할 수 없다. 아울러 이 쟁점은 앞의 두 쟁점을 포괄하고 있기에 앞 부분의 논의와 상당 부분 중복될 수밖에 없다.

(2) 개인적 측면에서 베르터의 자살의 의미

먼저, 개인적 측면에서 베르터의 자살의 의미를 살펴보자. 개인적 측면에서는 정신의 병(우울증)과 절망이 자살의 이유가 될 수 있다. 한마디로 그는 죽음에 이르는 병에 걸려 있다는 것이다.

관점에 따라 개인적 측면에서 그의 자살에 대해 부정적으로 보는 시각과 긍정적으로 변호해 주는 시각이 있다. 먼저 부정적 시각을 살펴보고 다음으로 변호해주는 시각을 살펴보자.

부정적인 시각은 베르터를 죽음에 대한 동경을 지닌 우울증을 앓고 있는 병적인 인물로 보거나 극단적 주관주의(혹은 자기중심주의)에 빠져 결국은 파멸하고 마는 인물로 보는 것이다.

베르터가 자살하는 이유가 전적으로 로테의 사랑을 얻지 못했기 때문이라고 볼 수는 없다. 베르터의 자살 가능성은 로테를 만나기 전부터 그의 삶의 감정 중에서 한 가지의 요소로 존재하고 있었다. 약혼자가 있는 로테에 대한 불가능한 사랑은 베르터가 자살하게 된 결정적인 동기라기보다는 단지 베르터가 갖고 있는 죽음에 대한 동경이 변조되어 나타난 것일 뿐이며 죽음에 이르는 과정에 불과하다고 볼 수 있다. 괴테가 고백하고 있듯이 "베르터의 청춘의 꽃은 이미 처음부터 치명적인 벌레에 찔린 것처럼 보인다." 다시 말해서 베르터는 어느 정도 자신의 운명을 예감하고 있었다. 그 이유는 베르터에게 처음으로 자살이라는 생각이 떠오른 것은 책의 마지막 부분에 가서가 아니기 때문이다. 소설 전반에 걸쳐 죽음에 대한 언급이 반복적으로 등장한다. 『베르터』에서 반복적으로 등장하는 모티프들은 '죽음', '한계', '자연', '마음',

'감정', '종교', '사랑', '문학', '예술', '아이들' 등이 있는데, 여기서 가장 중요한 모티프는 죽음에 대한 동경의 모티프이다. 특히 자살과 관련한 암시적인 표현들이 곳곳에 등장하고 있다.

베르터의 지나친 주관주의[20]와 내면으로의 도피도 죽음의 원인이 된다. 베르터는 정열에 휩쓸려 이성적으로 생각하지 못한다. 그는 로테를 주관적으로 이상화하는데 이런 태도는 죽음의 원인이 된다. 베르터는 현상을 이성을 갖고 객관적인 시각으로 보지 못한다.

베르터는 그가 신성하게 생각했던 로테 역시 현실적 인간임을 느끼게 된 사건을 계기로 자살에 대한 강한 충동을 느끼게 된다. 그는 마치 종교와 같은 역할을 했던 로테에 대한 숭배가 육체적 욕망으로 변함으로써 더 이상 로테를 정신적으로 이상화할 수 없게 된다. 처음에 베르터는 로테에 대해서 "그녀는 내게 신성한 존재이다. 그녀 앞에서 모든 욕망은 침묵한다."라고 말하지만, 후반에 이르러서는 "나는 벌써 몇 백 번이나 자칫 그녀의 목에 매달릴 뻔했다. 이처럼 사랑스러운 사람을 보고 있지만 손을 뻗칠 수가 없을 때 어떤 심정이 되는지는 신만이 알 것"이라고 로테에 대한 자신의 육체적인 욕망을 인정한다.

소설 속 현실에 등장하는 로테가 베르터가 상상하는 완벽하게 이상적 존재가 아니라는 점과 베르터 역시 로테를 더 이상 순수하게 이상화하지 못했기 때문에 로테 이상화는 완성될 수 없다. 그 결과 베르터는 자신에게 있어서 마지막 구원자라고 생각했던 로테를 통해서 구원

---

20) 세상을 있는 그대로 객관적으로 보는 것이 아니라 그 자신의 마음의 눈으로 이상화해서 바라보는 경향을 말한다. 결국 세상은 그의 이상에 미치지 못한다. 로테의 경우가 그 대표적인 경우이다. 이러한 주관주의적 이상화는 부조리한 현실을 비판하고 이에 대한 반항과 저항의 몸짓이 될 수도 있지만 쉽게 방랑과 도피로 변형될 수도 있다. 지나친 주관주의는 현실에 대한 개혁으로 나가지 못하는 경우 쉽게 그 자신의 내면으로 도피하게 한다.

받지 못하고 자살하게 된다.

베르터는 인생이라는 감옥으로부터 벗어날 수 있는 가능성의 하나로 내면세계로의 도피를 제시한다. 하지만 그것은 죽기 아흐레 전에 쓴 1772년 12월 14일자 편지의 에로틱한 꿈의 장면을 통해 파괴된다. 그는 이제 자신의 모순된 열정이 더 이상 보상받을 수도 정화될 수도 없다는 사실을 알고는 자살을 결심한다. 그에게 인생은 감옥 이상의 아무것도 아니다. 그는 끊임없이 방랑하고 자신의 내면세계로 도피하는 경향을 보이는데 그 마지막 도피처가 자살인 셈이다.

그의 불행은 그의 마음속에 스며든 삶의 권태가 자연을 향유하는 능력을 빼앗고 그로 인해 자연스러운 삶의 리듬이 파괴된 데서 기인한다. 그의 자연에 대한 감정은 환희와 환멸을 거듭하는데 똑같은 대상에 대한 양극단적인 반응은 의학적으로는 신경증증후군이라고 볼 수 있다. 베르터는 신경증으로 삶을 권태롭게 생각하고 이를 견디지 못한다. 그는 정처 없는 방랑과 도피를 일삼는다.[21] 베르터는 사람은 본성적으로 우울증에 걸릴 수 있지만 활동으로 극복할 수 있다고 역설하지만 그는 후일 직업을 포함한 모든 활동에 대한 회의에 빠지게 되고 우울증으로 괴로워한다. 그는 삶의 권태를 극복할 수 없었다.

그래서 베르터가 걷는 길은 언제나 새로운 시작과 도피로 점철되어 있다. 소설의 첫 편지는 "떠나온 것이 얼마나 기쁜지 모르겠다!"라는

---

20) 베르터의 편력 과정을 살펴보면 ① 베르터는 처음에 집을 떠나 새로운 환경을 맞이한다. 그의 첫 도피처는 자연과 로테이다. ② 그러나 로테와의 관계가 견딜 수 없는 것이 되자, 그는 자연조차도 자신 앞에서 문을 닫아버린 듯한 소외감을 느끼고 로테 곁을 떠나 다시금 출발점인 현실세계로 되돌아간다. ③ 공사관에서의 정치적인 활동이 실패로 돌아가자 그는 전보다 더 비참한 방랑자 신세로 로테에게 돌아온다. ④ 그러나 로테는 이미 남의 아내가 되어 있었고 질투와 고독이 베르터를 죽음으로 몰아간다. 자살은 현세에서 이루지 못한 소망을 저 세상에서 이루고자 하는 마지막 시도이자 도피이다.

외침으로 시작되며, 제2부의 첫 마디는 "우리는 어제 이곳에 도착했다."는 말이다. 그에게 도착하는 것과 떠나는 것은 큰 차이가 없다. 그는 어느 곳에도 머물지 못하는 불안한 방랑자이다. 사랑과 직업 활동에서 보여주는 도피 성향과 유일한 마음만을 부르짖는 나르시시즘(주관주의)은 결국에 죽음에 이르는 병으로 마감되는 퇴행현상이라고 볼 수 있다.

베르터는 자신이 지켜온 순수한 삶과 사랑의 이상을 위해 자신을 단죄하는 역설을 만들어낸다. 그는 물에 비친 자신의 초라해져가는 얼굴을 들여다보며 자살을 꿈꾸는 나르키소스처럼 느껴진다.

베르터의 자살은 극단적 주관주의로 말미암아 병적으로까지 보이기도 하지만, 결코 부정적인 자기 파괴로만 여길 수 없는 측면도 있다. 그의 자살은 격앙된 흥분 상태나 꿈같이 몽롱한 도취 상태에서 이루어진 것이 아니다. 그의 자살은 어디까지나 아무 두려운 것, 거리낄 것 없이 담담하게 스스로 정한 자기희생의 결단이며 확고한 신념처럼 보이기도 한다.

베르터의 자살을 긍정적으로 보는 관점은 자유와 자아실현을 위한 베르터의 무한한 욕망과 무한성을 향한 동경이 마침내 죽음을 가져왔다고 보는 해석이다. 모든 인위적인 제한을 거부하고 자연에 따른 자아실현과 영원한 자유를 추구하는 베르터는 현실의 벽에 부딪히자 죽음을 택한다. 하지만 그의 자살은 현실에서의 도피가 아니라 죽음을 통해서라도 영원한 자유를 얻으려는 적극적 행동의 결과로 볼 수 있다. 베르터는 죽음을 삶이라는 감옥을 언제고 떠날 수 있는 달콤한 자유의 감정이라고 보기 때문이다.

베르터의 자살은 오직 낭만적인 절망에서 비롯된 것은 아니다. 그에게 자살의 가능성은 삶의 감정에 있어서 기본요소이다. 외부적 요인들 때문이 아니라 오직 인간존재의 한계 가운데 발생하는 번민이 그를 자살 이념으로 몰고 간 것이다. 그의 절망은 그가 어떤 구속(속박)도 참지 못하는 것에서 비롯된다. 이는 로테를 만나기 이전부터 그의 내면에 자리 잡고 있었다. 그는 무한한 자유를 추구하고 이를 억압하는 것을 참지 못한다. 무한한 자유의 추구는 인간적 한계를 넘어서는 것이다.

인간적 한계에 절망해서 자살한 그의 행위는 부정적으로 보면 현실로부터의 도피이고, 긍정적으로 보면 죽음으로써 인간적 한계를 극복하려 했다고 생각할 수 있다.

(3) 로테와 사랑의 측면에서 베르터의 자살의 의미

다음으로 로테와의 사랑과 자살의 문제를 살펴보자. 긍정적으로 보면 베르터의 자살은 죽음을 통해서 사랑을 완성하는 행위이며 로테를 위한 희생적 행위가 될 수 있다. 하지만, 그의 자살을 부정적인 시각으로 보면 자신만을 생각하고 로테를 생각하지 않은 이기적 행위가 될 것이다.

먼저 베르터의 자살은 자기희생적 행위이다. 그는 죽기 바로 직전에 레싱의 『에밀리아 갈로티』를 읽는다. 이 작품은 사회적 간계와 그녀 자신의 욕망으로 인해 절망해서 자신의 아버지에게 죽여 달라고 애원한 젊은 여인 에밀리아 갈로티의 비극적인 이야기이다. 베르터는 에밀리아와 그녀의 아버지 오도아르도의 역할을 동시에 자신의 역할 속으로 이입한다. 이렇게 의도된 베르터의 역할은 그가 죽은 뒤 그의 죽음을 처음으로 발견한 사람들에게 책상 위에 펼쳐진 채 놓여있는 책을 통해서 즉시 명백해진다. 이로써 그의 자살은 순간적 격정으로 인해 행해진 행동이 아니라 의도적으로 행해진 행위로 이해될 수 있다.

베르터는 죽음을 통해 자신의 걷잡을 수 없는 열정이 야기할 예측 불가능한 결과로부터 자신과 다른 사람들, 즉 로테와 알베르트를 구하고자 했다. 자기가 진심으로 아끼던 아름다운 인간성의 소유자들이 평안과 아름답고 값진 생활을 오래오래 누리도록 하고자 스스로 삶을 끊는다. 자기가 죽은 후에도 남들이 항상 자신의 인간성과 풍모를 추억하며 사랑할 수 있는 성실과 신뢰의 인간관계가 여전히 지속될 것을 베르터는 믿고 또 요청하고 있다. 그러므로 그의 자살은 그 자신의 신념에 의한 지극히 이타적인 행위로 해석될 수 있다.

또한 베르터의 자살은 그의 사랑을 완성하는 행위가 될 수 있다. 베르터는 죽음으로써 세상 혹은 로테와 단절하려고 하는 것이 아니라 다시 하나가 되려고 한다. 그는 너무나 짧았던 완전한 사랑의 체험을 영원하게 만들고자 했다. 인간들이 자기의 이기를 위해 만들어 놓은 많은 것 때문에 이루어질 수 없는 로테와의 사랑을 내세에서 이루고자 한다.

베르터의 죽음은 출구가 보이지 않는 절망에서 나온 행위라고 볼 수도 있다. 하지만 동시에 그의 죽음은 지상에서 이룰 수 없는 사랑을 저승에서 완성하고자 하는 강렬한 소망의 표현이기도 하다. 베르터는 로테를 너무도 사랑하기에 비록 지상에서는 그녀의 남편이 될 수 없지만 저승에서는 영원히 함께 있을 수 있으리라 생각한다. 베르터는 불멸의 사랑을 확인하기 위한 최후의 수단으로 죽음을 택한다. 베르터에게 사랑은 고귀하고 숭고하며 거의 절대적인 것이기에 죽음을 통해서라도 사랑을 완성하고자 한 것이다. 그러므로 그의 사랑은 죽음조차 뛰어넘은 절대적으로 아름다운 사랑이다.

그러나 베르터의 자살을 사랑의 완성으로 보기 힘들다는 주장도 있다. 죽음을 통해서 사랑이 완성될 수 있는 것인지도 의문이다.

베르터는 이것이냐 저것이냐의 결단 앞에서 남자답게 행동하지 못하고 운명적인 정열에 끌려 다니며 또한 죽기 직전을 빼고는 자신의 행동이 로테의 가정에 끼칠지도 모를 나쁜 영향에 대해서 아무런 가책도 갖지 않는다. 그러므로 그의 사랑은 지극히 이기적인 사랑이다. 그의 자살은 희생이 아니며 죽음에 이르는 병으로서의 절망이며 현실 도피일 뿐이다.

(4) 사회적인 측면에서 베르터 자살의 의미

마지막으로 사회적 측면에서 배르터의 자살에 대해 살펴보자. 이 측면에서 보면 사회의 부조리가 베르터의 자살의 이유인데, 이는 다시 봉건사회의 문제와 시민사회의 문제로 나누어 생각해 볼 수 있다.

베르터는 진보적 시민의 개성 발전을 저해하는 당시 사회와 충돌하고 자신의 주관적 상상과 자연에 몰두하여 봉건적 귀족 사회를 거부한다. 그는 진보적 사유로 봉건사회를 비판하며 자신의 이상을 지향하지만 그의 진보적 생각은 당시의 봉건 절대왕정체제에서 받아들여질 수 없었다. 그는 사회로부터 거부되어 오히려 고립된다.

상승하는 시민계층에 대하여 당시의 봉건적 귀족사회의 압력에 베르터는 절망한다. 그의 절망은 그를 자연과 민중에게로 이끈다. 베르터에게 있어 사랑은 삶과 행위를 이끄는 힘이다. 베르터에게는 로테에 대한 사랑이 핵심에 자리 잡고 있지만 그 외에도 그는 자연과 민중 특히 어린이를 사랑하며 모든 관습과 편견에 맞서서 순수하게 살려고 한다. 베르터는 소박하고 자연스러운 민중에게서 인간적 일체감을 느낀다.

베르터는 서민을 멀리하여 경시하는 귀족 계급을 비꼬며 신분에 대한 사회적 편견에 맞서 서민계층에게 친절하며 호의적인 태도를 보인다. 귀족이 아닌 교양도 없고 거친 그 계급의 사람들 사이에서 가장 순수한 인간의 모습을 발견한다. 그러나 베르터는 그들 모두가 평등하지도 않고 평등해질 수도 없다는 것을 알고 있으며 이런 제약은 바로 불합리한 사회구조로부터 발생함을 깨닫는다.

사회적 불평등에 대한 인식은 그의 사랑과 세계를 향한 정열을 자기 내부로 향하게 한다. 그에게 있어서 외적 억압으로부터 고유한 자신을 지키는 것은 자신의 풍부한 내면세계로 몰입하는 것을 의미한다. 사회에서 장벽을 느낀 그는 내면세계로 몰입한다. 이 극단적인 내면세계로의 몰입은 감옥같은 세상으로부터의 탈출을 꿈꾸게 한다.

베르터는 봉건사회뿐만 아니라 시민사회에 대해서도 비판적이다. 시민사회는 당시의 사회적 상황에서 아직 완전한 모습을 갖추진 못했지만 서서히 뿌리를 내리고 있었다. 시민사회와 그의 충돌은 그의 절망을 더욱 깊게 한다.

베르터는 자유로운 개성이 말살되는 개인주의적인 시민사회에 적응할 수 없었으며, 행정 관료들의 편협함, 옹졸함 그리고 경쟁의식에 사로잡혀 있는 그들의 계급욕구를 비판한다. 그는 일에 매여 있는 시민의 모습을 몰개성적인 것으로 여기며 인간 개성을 무의미한 경쟁과 전문화에 복종시키는 사회적 직무를 혐오한다. 자유로운 개성의 발전과는 너무나 대조적인 시민생활에 베르터는 어울려 섞일 수 없었으며 시민의 편협한 계급의식은 그를 더욱 깊은 절망에 빠지게 한다.

시민 사회의 관습과 의무에 사로잡혀 있는 것은 로테도 마찬가지다. 봉건사회에서 B양과 공작과의 관계가 신분의 장벽으로 파괴되고 말았듯이 로테와의 관계도 시민적 생활·도덕·규범에 가로막혀 실패로 돌아간다. 결국 그는 고립될 수밖에 없었고 자신에게 가해진 사회의 장벽으로 인해 자살한다. 사회변혁을 꾀할 수 없는 상황에서 자기실현과 현실극복의 의지가 벽에 부딪혀 그는 결국 파멸로 내몰린다. 그의 파멸은 현실의 압력에 끝까지 저항하지 못한 도피의 성격을 띠므로 부정적으로 볼 수 있다. 그러나 긍정적으로 보면 자살은 현실의 압력에 굴복하지 않을 수 있었던 유일한 방법일 수도 있다. 모든 이상을 포기하고 세상이 요구하는 대로 따르기보다는 굴욕스럽지 않은 자살을 택한 것으로 볼 수 있기 때문이다.

베르터는 사회질서에 맞서 저항하지만 이것이 넘어설 수 없는 장벽임을 알고 절망한다. 경직된 기존의 사회를 거부하고 베르터는 사회적 억압에서 스스로를 해방하기 위해 자살에서 최종적인 해결책을 찾는데, 이 때 그의 자살은 그의 자유와 이상이 현실에서 좌절됨을 뜻한다. 결국 그의 죽음은 권위적인 귀족사회와 편협하고 몰개성한 시민사회에 의해 강요된 것으로 이해할 수 있다.

그렇다면 베르터의 자살은 강력한 사회적 저항으로 받아들여질 수 있다. 그는 죽음으로써 사회적 제약에서 벗어나 자유를 찾는다. 봉건적 귀족과 새로운 시민 사회 모두에 절망한 그가 보여주는 마지막 저항이 그의 자살이다. 그는 자살로써 사회의 억압을 비판하는 것이다. 그의 자살은 감옥과 같은 사회로부터의 해방을 위한 의지적인 행위이다.

베르터의 죽음은 개인적이고 사회적인 모순들을 자기의지에 의해 해결하려는 최후의 수단이었고 그래서 그의 죽음은 더욱 비극적이다. 베르터는 자신의 휴머니즘적인 혁명적 이상을 결코 포기하려 들지 않았기 때문에 그에게는 타협이란 있을 수 없었다. 베르터는 시민사회의 발전과정에서 휴머니즘적이고 영웅적인 혁명 전 시기의 인물이다. 그래서 그 이후의 타락하고 변질된 그리고 자기만의 이익을 얻기 위해 집착하는 시민과는 달리 그 어떤 것에도 미련을 두지 않고 스스로 목숨을 바치는 진보적이고 이상적인 시민의 자기표현으로 자살하는 것이다.

그의 개인적인 비극은 자신의 열정을 사회에 적용, 사회적 제도에 자기 자신을 생산적으로 일치시키려는 노력을 좌절당한 자발적인 젊은이의 비극인 『에밀리아 갈로티』에서와 같이 사회적 비극에 뿌리박고 있다. 임종 시 레싱의 작품을 지시함은 베르터가 행하는 18세기 독일의 사회적·정치적 상황에 대한 비판적 대응으로 이해될 수 있다.

문제는 베르터가 현실에서 자기 이념을 실현하기 위해 노력하지 않아 실제 현실과의 모든 관계를 상실하게 된다는 점이다. 그 자신의 주관 속에 존재하는 이상적인 세계는 베르터로 하여금 현실 속 깊은 절망의 순간들을 어느 정도 견뎌낼 수 있게 하는 역할을 함으로써 의미를 지닌다. 문제는 이 세계가 현재보다 더 나은 세계의 광채를 제시해준다는 의미에서 더 나은 새로운 세계의 창조를 위한 모범적 성격을 지니는 것이 아니라는 점이다. 이상적 내면세계는 베르터에게 있어서 단지 바람직하지 않는 현실에 반대되는 상을 제시하며 동시에 '끓어오르는 피'를 진정시키고 지금의 현실을 견딜 수 있게 만든다. 즉 현실에 대한 개혁적인 성격을 지니는 것이 아니라 관조적이고 명상적인 가치만을 지닌다. 이것은 퇴행이고 도피이다. 그의 내면적 주관성의 세계는 베르터에게 현실을 견디는 일종의 마약과 같은 역할을 한다. 물론 이러한 환각효과도 현실에서의 좌절을 근본적으로 막을 수는 없었지만 말이다. 베르터는 결국 현실적 삶의 무능력으로 인해 파멸의 길로 향하게 된다.

레싱의 비극 『에밀리아 갈로티』에서 아버지가 부정한 귀족에게 복수하기 위해 왕자에게 칼을 들이대는 것이 아니라 피해자이기도 한 그의 소중한 딸 에밀리아에게 들이대듯이 베르터도 복잡한 사회적 관계 혹은 사회제도나 관습에 직접적으로 대항하는 것이 아니라 스스로 총을 쏘아 자살한다. 그 어느 경우에도 혁명은 생각할 수 없는 상황이었고, 갈등의 해결은 공적인 차원에서가 아니라 개인적 차원에서 해결된다.

베르터의 시체가 두 그루의 보리수나무가 있는 묘지 한구석으로 옮겨졌을 때 "성직자는 한 사람도 따라가지 않았다"라는 문장으로 소설이 끝난다. 베르터가 이런 식의 종교적 저주를 받았던 이유는 그가 단지 자살자이기 때문이 아니라, 어쩌면 맹목적인 사랑, 유토피아 지향, 신분이탈에 함몰되어 자기 자신 외에는 아무 것에도 연결되지 않는 자였기 때문인지도 모른다.

베르터는 사랑에서건 사회생활에서건 자신의 갈망에 호응해 주는 수신자를 찾지 못한다. 이미 '베르터'(강의 섬)라는 이름에서 괴테는 주인공 베르터가 지닌 끊임없는 고립감을 시사하고 있는데, 이런 고립 감이 그를 자살하게 하는 것이다. 그의 고립은 자신을 억압하는 세상 으로부터의 도피(내면으로 도피)에서 발생한다. 그리고 그의 자살은 지나친 주관주의로 말미암아서 이미 그의 삶 속에서 내면화되어 있었 던 것이다.

이상의 논의를 바탕으로 베르터의 자살관에 대한 쟁점을 정리하면 다음과 같다.

베르터는 인간적인 한계를 극복하려 한 이상적 영웅의 모습인가, 아 니면 현실에서 자신의 내면으로 끊임없이 도피하는 우울증 환자의 모 습인가.

그의 자살은 현실 부적응자의 현실로부터의 부도덕한 도피이며 사 회의 문제를 공공의 영역에서 해결할 능력을 갖추지 못한 개인의 자기 파괴 행위인가, 아니면 현실의 억압에 맞서 정신의 자유로움을 추구한 최후의 저항인가. 그의 자살은 현실의 압력에 굴복하지 않을 수 있었 던 유일한 수단이었으며 자살은 그 자신의 신념에 의한 의지적 행위이 고 그는 죽음으로써 인간적 한계를 극복하려 했던 것은 아닌가.

그가 내면에 지니고 있는 이상적인 세계상(여인상)은 현실의 부조리를 인식하고 개선하는데 기여하는가, 아니면 현실로부터 그 자신의 내면세계로 도피하게 하는가.

그의 자살은 로테를 위한 희생적 행위이며 죽음으로써 불멸의 사랑을 완성하는 행위인가, 아니면 정열에 이끌려 로테를 전혀 생각하지 않는 무책임한 행위이며 로테와의 사랑에 절망한 이기적인 도피에 불과한가.

그의 자살은 도피인가, 현실의 극복인가. 제1부의 8월 12일자 편지에서 베르터와 알베르트는 자살에 대해 첨예하게 대립하는 가운데 이성적 사고의 소유자인 알베르트는 열정에 휩쓸린 사람을 술주정뱅이나 정신병자로 치부해 버린다. 그는 자살 행위를 인간의 나약함으로 간주하며 자살을 옹호하는 베르터에게 역설이라고 항변한다. 베르터는 이런 이성적 인간들을 비웃으며 인간의 육체적 한계와 마찬가지로 정신적인 한계도 죽음에 이르는 병의 동기가 될 수 있으며 인간의 이성은 열정과 한계에 무력하다고 말한다.

베르터의 자살은 알베르트의 말처럼 인간의 나약함에 불과한가, 정신의 자유로움과 진실한 사랑을 추구한 개인의 열정과 정신적 한계의 결과로서 빚어진 영웅의 비극적 행위인가.

문학작품 및 참고문헌

- 요한 볼프강 폰 괴테(임홍배 옮김), 『젊은 베르터의 고뇌』, 창비, 2012.
- 요한 볼프강 폰 괴테(정현규 옮김), 『젊은 베르터의 고통』, 을유문화사, 2012.
- 요한 볼프강 폰 괴테(안장혁 옮김), 『젊은 베르테르의 슬픔』, 문학동네, 2015.
- 요한 볼프강 폰 괴테(김용민 옮김), 『젊은 베르터의 고뇌』, 시공사, 2014.
- 요한 볼프강 폰 괴테(김재혁 옮김), 『젊은 베르테르의 슬픔』, 펭귄클래식코리아, 2010.
- 요한 볼프강 폰 괴테(박찬기 옮김), 『젊은 베르테르의 슬픔』, 민음사, 2013.

- R.프리덴탈(곽복록 옮김), 『괴테: 생애와 시대』, 평민사, 1985.
- 카를 비에토로(김홍진 옮김), 『젊은 괴테』, 숭실대학교출판부, 2009.
- 안삼환, 『괴테, 토마스 만 그리고 이청준』, 세창출판사, 2014.
- 임홍배, 『괴테가 탐사한 근대』, 창작과비평사, 2014.
- 안진태, 『베르테르의 영혼과 자연』, 열린책들, 1996.
- 한국 괴테 협회 편, 『괴테 연구』, 문학과지성사, 1983.
- 박찬기 편, 『괴테와 괴테문학의 의의』, 서문당, 1991.
- 박찬기 편, 『괴테와 독일고전주의』, 고려대학교출판부, 1988.
- 안진태, 『괴테 문학 강의』, 열린책들, 2015.

- 박은주, 「『젊은 베르터의 고뇌』에 나타난 사랑의 담론」, 충남대학교 석사논문, 2001.
- 이지연, 「괴테의 『젊은 베르터의 슬픔』에 나타나는 로테의 이미지 연구」,
    서울대학교 석사논문, 2005.
- 하성일, 「괴테의 『젊은 베르테르의 슬픔』에 나타난 이성과 감성의 대립연구」,
    경상대학교 석사논문, 2001.
- 송휘재, 「괴테의 작품 『젊은 베르터의 고뇌』 속에 나타난 천재적 주관주의」,
    건국대학교 석사논문, 1990.
- 황정원, 「괴테의 『젊은 베르터의 슬픔』에 나타난 서술 구조와 인물의 유형」,
    서울대학교 석사논문, 2000.

- 정두홍, 『인문과학논문집: 「괴테의 初期問學 硏究 II」』, 서원대학교 인문과학연구, 1993.
- 정두홍, 『서원대학 논문집: 「『젊은 베르테르의 슬픔』의 수용에 관한 연구」』,
    서원대학교, 1989.
- 한복희, 『독일어문학: 「문학 속의 문학—독자로서의 베르터」』, 한국독일어문학회, 2000.

제4장

가즈오 이시구로

『파묻힌 거인』

케리그의 죽음은
사람들[22]에게 좋은 일이다.

┃ 소설의 배경과 줄거리

이 소설의 배경은 아주 오래 전 영국(브리튼)이다. 앵글로색슨족[23]이 아직 정착하기 전이므로 잉글랜드가 아닌 브리튼이다. 로마인들의 지배가 끝나고 로마인들은 철수했지만 앵글로색슨족이 아직 정착하기 이전의 시기를 배경으로 한다. 앵글로색슨족은 작은 그룹이었고 기본적으로

---

22) 여기서 사람들은 액슬과 비어트리스 부부, 가웨인 경, 색슨족(위스턴)으로 한정한다.

23) 앵글로색슨인(Anglo-Saxons)은 앵글인과 색슨인과 주트인을 아울러 일컫는 명칭이다. / 5세기 무렵 앵글인, 주트인, 색슨인은 덴마크 제도, 독일 북부에 살았다. 앵글인은 영국 동쪽 중부, 색슨인은 영국 동쪽 남부, 주트인은 영국 동쪽 최남부에 처음 정착하였다. 후에 이들 앵글, 주트, 색슨이 사는 땅을 잉글랜드라고 하였으며 이들을 가리켜 앵글로색슨인이라고 하였다. 명칭에는 빠져 있으나 주트인도 들어간다. / 앵글인(Angle)은 본래 발틱해 인접 지역에서 나타났으며, 4~5세기 무렵에 덴마크 제도, 독일 북부 슐레스비히홀슈타인 주로 옮겨가 살았고, 이 지역에 '앵글'이라는 지명이 남아 있다. 앵글인은 이 지역에서 덴마크 제도 북부에 살던 주트인과 남쪽에 있는 색슨인과 교섭하였다. / 색슨인(Saxon)은 고대 게르만족의 한 무리로 그들은 현재 독일인 니더작센과 베스트팔렌 지역에 살았던 종족이다. 그 가운데 일부가 영국으로 함께 이주하였으며, 앵글인과 함께 잉글랜드를 구성하였다. / 주트인(Jutes, 유트인)은 덴마크 제도 북부에 살았으며, 5세기 영국 최남부 색슨 왕국 아래에 들어왔다. 앵글로색슨인에 포함되었고 잉글랜드를 구성하였다. 주트인은 스칸디나비아의 데인인, 스베아인과 유사한 게르만계 민족이다. / 앵글로색슨인은 잉글랜드뿐만 아니라 영국 제도(브리튼섬과 부속도서), 아일랜드, 아이슬란드에도 살고 있다. 아일랜드 인구 가운데 최소 30%는 앵글로색슨계에 속한다고 한다.(특히 잉글랜드계와 스코틀랜드계가 식민 이주한 북아일랜드 지역에서 현저하다.) 따라서 이들은 앵글로 아이리쉬, 앵글로 스코트 등으로 정체성을 구분하고, 또한 앵글로 아메리칸이란 말도 사용하는데 대체로 색슨이라는 표현은 생략한다. 〈위키백과〉

소수민족이었다. 브리튼에는 로마의 지배 아래 살던 원주민들[24]이 있었다. 끔찍한 내전이 끝을 보이고 있었지만 브리튼 원주민과 앵글로색슨족 간의 긴장이 지배하던 때였다.

색슨족은 게르만 민족의 하나로 5~6세기경 독일의 북부를 점령하고, 그 일부가 브리튼 섬에 침입하여 앵글로족과 함께 색슨 왕국을 건설하면서 영국의 기초를 이루었다. 이 작품의 배경이 되는 시기는 로마인이 브리튼 섬에서 철수한 뒤 색슨족이 들어와 정착지를 세우고 정복과 생존을 위한 전쟁을 벌인 이후이다.

『파묻힌 거인』은 역사 속에서 사라진 브리튼족의 이야기를 담은 것으로 망각의 안개가 내린 고대 잉글랜드의 평원을 무대로 기억을 찾아가는 이야기이다. 시대적 배경은 대략 위와 같지만 작품의 시대적 배경은 전반적으로 모호한 채로 남아 있다. 작품의 배경은 마치 이 작품 속의 안개에 가려있는 듯한 느낌마저 든다. 가즈오 이시구로의 작품 속 배경은 대체로 이처럼 다소 모호하게 그려져 있다. 그 이유는 그가 특정한 시대보다는 보편적인 인간의 심리에 더욱 많은 관심을 갖고 있고, 독자들이 그것에 집중하기를 바라기 때문이다.

브리튼에서는 과거가 사라져버렸다. 사람들의 기억은 잠이 깬 뒤 몇 초만 지나도 뒤죽박죽 얽혀버리는 꿈처럼 혼란스러웠고, 겨우 어제나 그제 있었던 일이나 사람인데도 사람들은 모두 잊어버린다. 그들의 기

---

24) 브리튼인(Britons)은 브리튼 제도에 살던 켈트족으로, 초기 중세시대까지 살았던 민족이다. 5세기 이후에 그들은 프랑스의 브르타뉴 지역까지 이주했으며, 픽트족과도 친분 관계를 유지했다. 서기 43년에 로마 제국이 브리타니아를 정복하여 그들의 문화에 동화되었으나, 5세기경에는 앵글로색슨족이 침입하여 그들의 지배를 받게 되었다. 그들 중 일부는 웨일스나 콘월 지역에 유입되었다.

억이 사라지는 것이다.

사람들이 과거를 잊어버린 것은 아서 왕이 마법사 멀린을 시켜서 케리그라는 암용에게 마법을 걸어놓았기 때문이다. 마법에 걸린 케리그가 내뿜는 입김이 안개처럼 땅을 뒤덮고 사람들의 기억을 빼앗아간다. 아서 왕이 그렇게 한 이유는 브리튼족과 색슨족 사이에 존재하는 서로에 대한 증오와 분노의 기억을 지워서 브리튼에 평화가 정착되기를 바랐기 때문이다.

브리튼족과 색슨족은 액슬(액슬럼, 액슬러스)의 노력으로 '무고한 사람을 위한 법'에 합의했었다. 이 법은 전쟁 중에 무고한 여자와 아이와 노인은 해치지 않는다는 것, 즉 이들을 보호하기 위한 법이다. 이 법은 한동안 잘 지켜졌고, 이런 합의를 끌어내기 위해 노력한 액슬은 평화의 사도로 불렸다.

하지만 아서 왕은 색슨족과 최후의 전투에서 부녀자, 아이, 노인 등 무고한 사람은 죽이지 않기로 한 합의를 깨고 그들을 학살했다. 심지어 갓난아기까지 모두 죽였다. 액슬 자신은 학살에 반대하고 참여하지 않았지만 결과적으로 평화의 기사에서 거짓말쟁이에 잔인한 학살자가 되었다.

아서 왕이 그렇게 한 이유는 평화를 정착시키기 위해 달리 방도가 없었기 때문이다. 전쟁에서 살아남은 색슨족의 남자아이들이 전사가 되고, 여자아이들이 전사가 될 아이들을 잉태하는 한 살육의 악순환은 계속될 것이기 때문이다. 색슨족의 복수를 향한 욕망이 계속되는 한 전쟁은 멈추지 않을 것이다. 아서 왕은 영구적인 평화를 정착시키기 위한 결정적인 승리를 바랐다. 아서 왕은 색슨족을 학살했다. 이 일을 계기로 액슬은 아서 왕을 비난하고 그의 곁을 떠났다.

아서 왕은 색슨족을 학살한 이후에 살육의 악순환을 끊고 평화를 정착시키기 위해 대담한 조치를 취한다. 색슨족이 브리튼족에 대한 증오와 분노를 갖지 못하도록 하기 위해서이다. 이 조치는 케리그라는 암용에게 마법을 걸어 용의 입김으로 사람들의 기억을 지워버리는 것이다. 아서 왕은 색슨족과의 전쟁이 한창 일 때 마법사 멀린과 가웨인 경을 비롯한 4명의 전사들을 보내 암용한테 마법을 건다. 암용이 입김을 뿜어내는 한 사람들은 과거를 제대로 기억하지 못한다.

이후에 아서 왕은 가웨인 경에게 암용을 보호하도록 명을 내린다. 만약, 케리그가 죽으면 사람들의 기억이 되돌아올 것이기 때문이다. 가웨인 경은 색슨족 마을 인근의 산 위에 있는 수도원의 수도사들과 케리그를 보호하고 있다. 아서 왕은 죽었지만 가웨인 경은 자신의 임무에 충실한 암용의 보호자 역할을 한다. 가웨인 경은 겉으로는 암용을 찾아서 죽이려고 하는 사람으로 세상에 소문이 나 있지만 실제로는 사람들 몰래 암용을 보호하고 있다. 이를 통해 가웨인 경은 아서 왕이 이룩한 평화를 보존하고 싶어 한다.

| 논제에 따른 쟁점

> "그저 불편한 과거를 잊고 삶을 살아가는 것이 나은 걸까요?
> 우리가 뒤를 돌아보고 과거를 직면하는 것이 정말 필요하다면요?" [……]
> "한 사회가 문제가 많은 과거를 뒤로 하고 새로이 나아가는 것이 더 나은 일일까요?
> 아니면 사회가 과거에 한 일들을 깊숙이 파고들어 직면하는 것이 나은 일일까요?"
>
> - 가즈오 이시구로

쟁점 ❶ 개인의 기억: 비어트리스와 액슬(사랑)

액슬과 비어트리스 부부는 서로를 깊이 사랑하며 서로에게 헌신하지만 자신들의 과거에 대해서는 기억하는 것이 없다. 마을을 뒤덮은 망각의 안개가 이들 부부뿐 아니라 마을 사람 모두의 기억을 앗아가고 있기 때문이다. 이 안개는 사람들에게서 좋은 기억도, 나쁜 기억도, 잃어버린 아이에 대한 기억도, 오랜 원한과 상처에 대한 기억도 모두 가져가버렸다. 안개는 한 시간 전의 일인데도 마치 오래된 과거의 어느 날 아침 일처럼 쉽게 잊어버리게 만든다.

어느 날, 안개로 자욱한 기억 저편에서 비어트리스는 문득 자신들에게 다 큰 아들이 있다는 것을 떠올리고 아들을 찾아 대평원 동쪽으로 떠나기로 결심한다. 그들의 여행은 그들이 과거의 기억을 되찾는 여정이다. 과거의 기억을 되찾는 일은 그들에게 좋은 일일까, 그렇지 않을까.

비어트리스는 여행 전(짙은색 누더기 차림의 여자)과 여행 중(토끼를 죽이고 있는 노파, 뱃사공)에 '이상한 섬'에 대한 이야기를 듣는다. 그 섬은 아늑한 숲과 개울로 가득 차 있다. 많은 사람들이 그 섬으로 건너갔지만 그곳의 사람들은 홀로 고립되어 있다. 각각의 사람에게는 아무도 보이지 않고 누구의 말도 들리지 않는다. 거기에 들어간 사람은 절대로 다른 영혼을 보지 못한다. 사람들은 홀로 풀밭과 나무 사이를 거닌다. 가끔 달빛이 환한 밤이나 폭우가 쏟아지려고 할 때면 그곳에 함께 머무는 동료 거주자들의 존재를 느끼기도 한다. 하지만 대부분의 기간 동안 모든 여행자들은 마치 자기만이 그 섬의 유일한 거주자인 것처럼 행동한다. 그 섬의 모든 영혼들은 고립되어 고독하게 돌아다닌다.

하지만 이 섬에서 함께 살도록 허용된 사람들도 있다. 그들은 영원히 이 섬에서 함께 팔짱을 끼고서 그 숲과 조용한 바닷가를 돌아다닌다. 이는 매우 드문 일이다. 두 사람 사이의 사랑의 유대가 매우 강한 경우에만 가능하다. 남달리 강한 사랑으로 평생을 함께 해온 남자와 여자는 그 섬에 가서도 따로 떨어져서 걸어 다니지 않아도 된다. 그들은 예전에 평생토록 그랬던 것처럼 그곳에서도 함께 지내는 기쁨을 누릴 수 있다. 섬으로 사람들을 태워주는 뱃사공은 남편과 아내, 심지어는 결혼하지 않은 연인이라도 두 사람이 배를 타고 건너가려고 기다리는 걸 보면 두 사람의 사랑의 유대를 꼼꼼하게 확인한다. 두 사람의 유대가 함께 섬으로 건너갈 만큼 강한지 알아보는 것이다. 이는 뱃사공의 의무이다.

이를 확인하기 위해서 뱃사공은 사랑의 유대가 강하다고 주장하는 두 사람이 있으면 그들에게 가장 소중한 기억을 보여 달라고 말한다.

한 사람에게 물어본 다음, 다른 사람에게 같은 걸 묻는다. 가장 소중한 기억을 이야기할 때는 진실을 숨기는 게 힘들기에 이를 통해서 두 사람의 유대의 정도를 알 수 있다는 것이다. 뱃사공은 오랫동안 이어져 온 지속적인 사랑, 그런 걸 보는 경우는 정말 드문데, 그런 사랑을 보게 되면 너무나 기쁜 마음으로 두 사람을 함께 배에 태워 간다고 말한다.

결국, 두 사람이 섬으로 건너가서 영원히 함께 하기 위해서는 함께 나눈 과거를 기억해야 한다. 함께 나눈 과거를 기억하지 못한다면 가장 소중한 기억을 말할 수조차 없기 때문이다.

액슬과 영원히 함께 하고 싶은 비어트리스는 과거를 기억하고 싶어 한다. 가장 소중한 기억을 말할 수 있어야 하기 때문이다. 문제는 과거의 기억은 좋은 기억도 있겠지만 그렇지 않은 기억도 있다는 사실이다. 소중한 기억도 있겠지만 사라져야 좋은 기억도 있다.

남편인 액슬과 달리 그녀는 적극적으로 안개의 원인을 찾아서 그것을 없애고 싶어 한다. 그녀는 좋은 일이든 나쁜 일이든 그들이 함께 나눈 일을 기억하기 위해 할 수 있는 모든 걸 다해야 한다고 생각한다. 그녀는 안개를 조금이라도 이해할 수 있다면 자신의 삶이 많이 달라질 수 있다고 여긴다.

액슬과 비어트리스는 산꼭대기에 있는 수도원에서 망각을 일으키는 안개의 원인이 암용임을 조너스 신부에게 듣는다. 수도사들이 오랫동안 이 암용 케리그를 보호해 왔음을 알게 된다. 암용을 제거하면 안개가 사라질 것이며 사람들의 기억도 돌아올 것임을 알게 된다. 케리그가 내뿜는 입김이 이 땅을 온통 뒤덮고 사람들의 기억을 빼앗아 가고 있음을 알게 된다. 비어트리스는 자신이 안개라고 부른 것의 진실을 알게 되어 행복해 한다. 그들의 앞길이 열렸다고 기뻐한다.

조너스 신부는 기뻐하는 비어트리스에게 "그런데 부인, 당신은 이 안개에서 벗어나고 싶어 한다고 확신하나요? 우리가 알지 못하게 감춰져 있는 편이 더 좋은 것도 있지 않을까요?"라고 묻는다. 이에 비어트리스는 자신들이 함께 했던 행복한 순간들을 되찾고 싶으며 그런 것들을 빼앗긴다는 것은 밤중에 도둑이 들어와 소중한 것을 빼앗아 간 것과 같다고 대답한다. 그녀의 대답을 듣고 조너스 신부는 안개는 좋은 기억뿐만 아니라 나쁜 기억까지 모두 덮고 있는데 나쁜 기억이 두렵지 않느냐고 다시 묻는다. 이 질문에 비어트리스는 나쁜 기억도 되살아나겠지만 그건 자신들이 함께 했던 삶이기에 받아들여야 하며, 현재 자신들이 서로에게 느끼는 감정으로 판단하면 기억을 되찾는 것이 자신들에게 어떤 위험도 되지 않을 것임을 확신한다고 대답한다. 그녀는 자신들의 삶이 어떤 모습이었더라도 그것은 소중한 것이며 그것을 함께 기억하겠다고 대답한다.

물론 비어트리스가 암용이 죽고 난 후 일어날 일에 대해 두려움이 전혀 없는 것은 아니다. 그녀도 자신들의 기억이 돌아왔을 때 그들 앞에 펼쳐질 상황에 대한 두려움이 있다. 그럼에도 그녀는 지난 세월의 기억을 되찾고 싶어 한다. 과거에 대한 기억이 없다면 그들이 어쩌다 하룻밤 같이 묵게 된 낯선 사람들처럼 될 수 있다고 생각하기 때문이다. 비어트리스는 자신들이 함께 걸어온 길이 어둠의 길이었는지 부드러운 햇빛의 길이었는지 허심탄회하게 돌아보자고 액슬에게 말한다.

비어트리스와 액슬은 그들의 과거를 두려움 속에서도 찾기를 소망한다. 그러면서 그들은 과거의 기억이 무엇이든 현재 자신들이 느끼는 서로에 대한 감정을 잊지 않겠다고 다짐한다. 그들이 되찾은 과거가 비록 실망스러운 것이라도 서로를 멀리 하지 않겠다고 약속한다.

결국 색슨족 전사 위스턴에 의해 케리그는 죽는다. 비어트리스와 액슬은 과거의 기억을 되찾는다. 위스턴은 비어트리스와 액슬에게 자신의 색슨족 왕이 곧 공격을 할 것이므로 가능한 서쪽으로 멀리 피하라고 당부한다. 액슬과 비어트리스는 이상한 섬에 다다르고 뱃사공을 만난다. 그들은 함께 섬으로 건너가고 싶어 한다.

뱃사공은 서로에 대해 헌신적인 비어트리스와 액슬에게 두 사람이 섬에서 함께 할 수 있는 자격이 있다는 건 의심의 여지가 없다고 말하면서 자신의 의무 때문에 어쩔 수 없이 질문을 하겠다고 말한다. 뱃사공은 비어트리스와 액슬에게 가장 소중한 기억을 묻는다. 그들은 시장에서 계란을 사 가지고 오던 날의 기억을 행복하게 떠올린다.

마지막으로 뱃사공은 함께 살아오면서 특히 마음 아팠던 기억을 묻는다. 이 이야기로 그들의 과거가 고스란히 드러난다. 그들의 가장 아픈 기억은 아들에 관한 것이다. 비어트리스는 한두 달 다른 남자와 부정을 저질렀다. 비어트리스는 액슬을 배신했다. 이 문제로 액슬과 비어트리스는 다투었다. 이들이 다투는 모습을 본 아들은 다시 돌아오지 않겠다는 맹세를 하고 집을 나가버린다. 액슬은 아들이 며칠 있으면 돌아올 것이라고 생각했다. 하지만 액슬과 비어트리스가 다시 행복하게 재결합했을 때에도 아들은 돌아오지 못했다. 아들이 간 지역을 전염병이 휩쓸었고 아들은 전염병에 걸려 죽었다.

비어트리스는 죽은 아들의 무덤에 가고 싶어 한다. 하지만 액슬은 비어트리스가 아들 무덤에 가지 못하게 막는다. 비어트리스는 아들이 쉬고 있는 곳에 액슬과 함께 가기를 원했지만 그는 결코 그것을 받아들이지 않는다. 그것은 비어트리스에게 매우 잔인한 짓이었다. 액슬이 비어트리스가 아들의 무덤에 가지 못하게 막은 이유는 그 자신의 어리석음과 자존심 때문이었다. 아내가 아들의 무덤에 가지 못하게 막음으로써 액슬은 아내에게 벌을 주고 싶었던 것이다. 그는 브리튼족과 색슨족 사이에 무고한 사람을 보호하는 법을 추진한 사람이지만 정작 자신의 아내와 아들에게는 옹졸하고 증오에 찬 행동을 했던 것이다. 아내의 배신과 아내와 아들에 대한 액슬의 증오에 찬 행동은 암용의 안개 때문에 기억에서 잊혀졌던 것이다.

결국 액슬과 비어트리스는 함께 배를 타고 섬에 가지 못한다. 뱃사공은 조그만 배에 두 사람을 태우고 바다를 건너기는 어렵다는 현실적 문제를 들어 액슬을 태울 수 없다고 말하면서 바닷가에서 조금만 기다리라고 말한다.

액슬과 비어트리스가 그들의 과거를 되찾은 일은 그들에게 좋은 일일까. 그들은 행복했던 기억도 되찾았지만 가슴 아픈 기억도 되찾았다. 과거를 기억하는 일이 우리들에게 얼마만큼 중요한 일일까. 과거를 기억하지 못한다면 우리가 어떤 존재인지를 알 수 있을까. 과거를 기억할 수 없다면 액슬과 비어트리스의 사랑도 사라지는 것일까. 과거의 기억이 사라진다면 그들의 사랑은 공허한 것이 아닐까. 기억 없는 사랑은 어쩌면 현재의 순간을 소비하는 사랑일 뿐인 것은 아닐까. 비록 과거 속에 아픈 기억이 있어도 그 아픔도 삶의 일부이므로 받아들여야 하는 것은 아닐까.

아니면, 아픈 기억은 잊는 것이 더 바람직한 일이 아닐까. 차라리 현재의 서로에 대한 헌신과 사랑에 만족하면서 과거를 영원히 잊는 것이 나았던 것은 아닐까. 그들의 기억 속에는 아내의 불륜, 아들의 죽음, 남편의 잔인한 배신(아들의 무덤에 가지 못하게 함)이란 매우 슬픈 기억이 있다. 현재 서로에 대한 그들의 헌신적인 모습은 액슬의 말처럼 용의 안개가 아픈 기억을 빼앗아 갔기 때문에 가능했던 것인지도 모른다. 만약 그들이 아픈 기억을 잊지 않았다면 지금처럼 다정하고 서로에 대해 헌신적인 모습을 보일 수 있었을까. 그들의 과거의 상처는 망각 속에서 아물었던 게 아닐까. 그렇다면 영원히 망각 속에 그들의 기억을 묻어두어야 했던 것은 아닐까. 슬픈 과거의 기억이 결국 그들을 갈라놓는 것은 아닐까.

문제는 우리가 좋은 일은 기억하고 나쁜 일은 잊는 것처럼 선별적으로 기억할 수는 없다는 것이다. 기억과 망각이 인간의 삶에 모두 필요함은 당연하다. 문제는 아픈 기억이다. 액슬과 비어트리스는 굉장히 가슴 아픈 기억을 되찾았는데, 그럼에도 불구하고 그들의 기억이 돌아온 것은 결과적으로 그들에게 좋은 일이었을까, 그렇지 않을까.

쟁점 ❷ 개인과 집단 사이의 기억: 가웨인 경(평화)

가웨인 경은 아서 왕의 조카로 아서 왕 시절부터 활동하던 늙은 기사이다. 사람들은 그가 오래전 위대한 아서 왕에게서 케리그를 죽이라는 명을 받았다고 알고 있다. 하지만 사실은 그 반대이다. 가웨인 경은 아서 왕의 명을 받아서 용의 보호자 역할을 하고 있다. 그는 겉으로는 용을 찾아서 죽이겠다고 소문을 퍼뜨리지만 사실 용을 보호하고 있었던 것이다.

아서 왕은 색슨족과의 전쟁에서 무고한 사람들을 보호하는 법을 지키지 않았다. 브리튼족과 색슨족은 싸울 때 무고한 아이, 부녀자, 노인을 죽이지 않겠다고 협약했지만 아서 왕은 약속을 지키지 않았다. 학살의 명분은 영구적인 평화를 이루겠다는 것이다. 아이들과 그들을 돌보는 부녀자와 노인들을 살려둘 경우, 그들이 커서 다시 가족의 복수를 하려고 할 것이고, 그러면 전쟁은 한없이 계속될 것이다. 아서 왕은 한 번의 위대한 승리로 이 복수의 연결고리를 끊어서 항구적인 평화를 이루고 싶어 했다. 하지만 모든 색슨족을 죽일 수는 없는 일이다. 아서 왕은 사람들이 전쟁과 학살에 대해 기억하지 못하도록 특별한 조치를 한다. 그것은 마법사 멀린을 시켜 케리그라는 암용에게 마법을 걸어서 사람들이 과거를 기억하지 못하게 한 것이다.

가웨인 경이 암용을 보호하는 이유는 브리튼족이 색슨족과의 전쟁에서 무고한 사람을 죽이지 않겠다고 한 약속을 어기고 학살한 일을 사람들이 기억하지 못하게 하기 위해서이다. 그래서 증오와 복수의 기억이 되돌아오지 못하게 하려는 것이다. 그는 아서 왕이 이루었다고 생각하는 항구적인 평화를 유지하기 위해서 암용을 보호하고 있다.

가웨인 경은 아서 왕의 고뇌 어린 결단이 브리튼에 항구적인 평화를 가져왔다고 믿는다. 자신이 암용을 보호함으로써 이 땅의 영구적인 평화에 기여하고 있다고 믿는다. 하지만 그는 자신이 아이들을 학살했다는 기억에서 자유롭지 못하다. 비록 평화를 위한 대의명분을 내세우고 있지만 그는 자신이 학살자가 아닌지 자문한다. 그래서 그는 해골이나 뼈에 대한 이야기가 나오면 흥분하여 민감하게 반응한다.

수도원의 지하통로(묘지)에서 오래전에 죽은 작은 아이들의 해골을 보았다고 비어트리스와 액슬이 말할 때 가웨인 경은 몹시 흥분하며 자기는 못 봤다고 주장한다. 그러면서 그는 액슬에게 "액슬 씨, 당신이 거기 있었소? 위대한 아서 왕 옆에 서 있었소? 난 거기 있었다고 자랑스럽게 말할 수 있소. 그는 용맹하기도 하지만 자비로운 지휘관이었소."라고 말한다. 이 다소 엉뚱해 보이는 대답은 그가 학살의 기억에서 자유롭지 못하며, 아서 왕에 대한 믿음으로 학살을 합리화하고 있다는 것을 말한다. 그는 아서 왕을 용맹하고 공정하고 지혜로운 위대한 왕으로 우상화하면서 자신의 행위를 정당화하려 한다.

하지만 그도 어마어마하게 많은 뼈를 보고 그것을 부인하지는 못한다. 그러면서 그는 이것들은 지금 그냥 뼈일 뿐이며 특별한 의미는 없다고 말한다. 그는 우리 땅 밑에는 오래전에 일어난 살육의 잔해들이 남아 있으며 자신은 이제 이런 모습에 지쳤다고도 말한다. 이어지는 "이 해골들을 봐요, 액슬. 너무 많아요! 이 짐승이 정말 이 많은 사람을 죽였을까요?"라는 비어트리스의 말에 그는 피곤한 듯이 자신이 이 사람들을 살해했다는 것이냐고 묻는다. 아서 왕의 기사 한 명이 혼자서 그 많은 사람을 죽일 수 있겠느냐고도 묻는다. 비어트리스가 그에게 묻지도 않았는데 그가 보이는 이 엉뚱한 반응을 보면, 아무도 그에게 학살자라고 말하지 않았지만 그는 무의식적으로 자신을 학살자라고 여기는지도 모른다. 그는 아서 왕과 자신의 행위를 하느님이 기뻐하실 줄 알았다고도 말한다. 이 말 속에는 하느님은 학살을 기뻐하지 않는다는 의미가 포함되어 있다. 즉, 자신이 옳은 일을 했다고 믿고 싶어

하지만 그렇지 않을 수도 있음을 그는 이미 알고 있다. 이 많은 해골들이 정녕 아기들의 뼈인가라는 비어트리스의 물음에 그가 자신은 남자들, 악귀들, 용들과 싸웠다고 엉뚱한 대답을 하는 것은 학살의 기억을 부정하고 싶기 때문이며 자신의 행위가 정당함을 인정 받고 싶기 때문이다.

그는 처음에 해골이 없다고 부인했으며, 다음에 자신은 영웅이지 학살자가 아니라고 대답했다가 마지막에는 정말 해골이 많음을 인정한다. 그러면서 "굳이 내려다보지 않아도 발을 디딜 때마다 키득거리며 웃는 소리가 들렸다"고 말한다. 그 웃음소리는 그에게 자신이 한 일이 정의롭지 않다고 말하며 그를 비웃는 소리처럼 느껴진다.

그의 앞에 나타나는 산 사람인지 죽은 사람인지 알 수 없는 시커먼 과부들도 마찬가지다. 가웨인 경은 사람들의 기억을 지우기 위해 암용을 보호하고 있는 일이 옳은 일임을 믿고 싶지만 확신하지는 못한다. 그는 자신의 임무를 위해서 가정과 안락한 삶을 포기했다. 그럼에도 과부들은 그를 사기꾼 기사라고 모욕한다. 시커먼 옷을 입은 과부들이 그를 비난하는 이유는 그가 암용을 죽이지 못했기 때문에 그들이 사랑하는 사람과의 기억을 잃어버려서 함께 섬에 갈 수 없기 때문이다. 과부들은 하늘 아래를 헤매고 다닌다. 그녀들은 이 모든 책임이 암용을 죽이지 못한 가웨인 경 때문이라고 말한다. 이는 그가 암용을 보호하고 있는 일이 옳지 않을 수도 있음을 드러내는 무의식의 표현이라고 볼 수 있다. 그가 할 수 있는 일은 과부들의 비난을 견디는 것 뿐이다.

가웨인 경은 아서 왕이 평화를 정착시키기 위해 달리 방도가 없어 어쩔 수 없이 무거운 마음으로 명령을 내렸을 것이라고 믿고 있다. 가웨인 경은 학살 기억의 제거가 평화를 위한 불가피한 조치였다고 생각한다. 이런 조치들로 인해서 이 땅이 평화로운 곳이 될 것이라고 생각한다. 하지만 액슬은 이런 아서 왕과 가웨인 경의 생각에 동의하지 않았다. 액슬은 학살로 인해 증오의 악순환은 오히려 철로 된 단단한 고리로 바뀌었고, 더 많은 사람들이 죽을 것이라고 말한다.

가웨인 경은 영구적인 평화를 위해서 학살이 필요했다고 생각하지만 그 일을 하느님이 좋아하지 않았을 것이라고 생각한다. 그 자신의 내면에 있는 도덕적 양심은 끊임없이 자신을 평화의 사도가 아니라 학살자였던 것은 아닐까하고 되묻는다. 그는 아서 왕의 조치를 "치료 과정이 고통스럽더라도 사람의 목숨을 구하는 치료사의 천막에서 들려오는 울음소리"에 비유하면서도 과거 아서 왕의 조치에 항의하며 아서 왕의 면전에서 심한 말을 퍼붓고 있는 액슬의 말에 공감하는 점도 있었다. 액슬이 아서 왕에게 심한 말을 하는 동안 그 자신의 마음 한쪽은 액슬의 말에 동조하고 있었다. 그러면서 가웨인 경은 액슬을 자신의 손으로 죽이는 일이 생기지 않기를 빌었다.

가웨인 경은 안개가 과거의 기억을 빼앗아 간 것에 대해서는 전혀 안타까워하지 않지만 그는 하느님을 배신한 일(학살)에 대해서는 안타까워한다. 그는 '무고한 사람을 위한 법'이 하느님에게 가까워질 수 있는 대단한 법이었음을 인정하면서 그 법의 효력은 이미 끝나가고 있었다고 생각한다. 설령 아서 왕의 조치가 잘못되었다고 하더라도 그 자신은 당시 젊은 기사였을 뿐이며, 매년 해가 가면서 아서 왕이 옳았음이 증명되고 있다고 말한다. 그의 계속되는 자기합리화(변명)는 오히려 자신이 한 일이 옳음을 확신하고 있지 못하다는 반증으로 들린다.

그는 평화가 깨질 것에 대한 두려움과 죄의식 사이에서 갈등한다. 그러면서도 자신에게 주어진 사명에 충실하다. 암용 케리그를 죽이려는 색슨족 전사인 위스턴에 맞서 끝까지 싸우다가 죽음을 맞는다. 아서 왕과 자신들이 이루어 놓은 평화를 망치려는 자와 끝까지 맞선다.

그럼, 케리그의 죽음이 가웨인 경에게도 좋은 일이 될 수 있을지 생각해 보자. 암용의 죽음은 가웨인 경이 자신의 직분을 다하지 못했음을 의미하지만 그가 자신의 어두운 기억을 더 이상 억압하지 않아도 됨을 의미하기도 한다. 아무도 알아주지 않는 자신의 힘겨운 임무에서 벗어나는 일이기도 하다.

위에서 살펴보았듯이 그는 아서 왕과 더불어 브리튼의 항구적인 평화를 위해서 학살을 하고, 암용에게 마법을 걸어서 사람들의 기억을 사라지게 했다. 그렇지만 그는 자신이 학살자일지도 모른다는 생각을 늘 무의식 속에 갖고 있고, 그것에 죄책감을 느끼고 있음을 알 수 있다. 그는 용을 지키기 위해서 최선을 다했고 그 결과 죽음을 맞게 되지만 죽음은 그를 학살의 기억으로부터 해방시킨 것은 아닐까.

그가 수도원에서 위스턴이 브레누스의 병사들에게 죽지 않은 것을 다행이라고 생각하며 기쁨을 느낀 이유는 무엇일까. 위스턴은 암용을 죽이기 위해서 온 전사이다. 가웨인 경은 암용의 보호자로서 그의 죽음을 반가워해야 하지 않았을까. 그 자신이 뛰어난 전사이기 때문에 뛰어난 전사인 위스턴과 한 번 겨루어 보고 싶었던 것일까, 아니면 그는 암용의 보호자로서 그 자신의 임무를 다하면서도 마음으로는 암용이 죽어야 한다고 생각한 것은 아닐까.

쟁점 ❸ 집단의 기억: 위스턴의 색슨족(정의)

　위스턴은 색슨족의 전사이다. 그는 어릴 때 전쟁 시기에 브리튼족에게 엄마를 빼앗겼다. 브리튼족은 그를 철옹성 같은 요새로 데려가 스무 명 남짓 되는 소년들과 함께 브리튼족 군대의 전사가 되는 훈련을 받게 했다. 그는 그 시절의 동료들을 형제처럼 사랑했지만 브리튼족의 귀족 자제인 브레누스에 의해서 그와 동료들 사이의 거리는 멀어진다. 브레누스에 의해서 위스턴이 색슨족임을 안 동료들은 그것을 이유로 그를 괴롭혔다. 심지어 그와 한때 가장 가까웠던 아이들마저 합세하여 그를 따돌렸다. 그의 음식에 침을 뱉거나, 서둘러 훈련을 나가야 할 때 그의 옷을 숨기곤 했다. 그는 동료들의 행위에서 그가 브리튼족이 아닌 색슨족임을 뼈저리게 느낀다. 그러면서 그는 자신이 동료들을 형제처럼 사랑한 것을 부끄러워한다.

　위스턴은 그를 가장 괴롭혔던 브레누스에게 영원히 잊지 못할 자존심에 상처를 입히고 요새를 떠난다. 그의 친척들은 오래 전에 브리튼족에게 살육을 당했기에 그는 자신의 용기와 최근에 익힌 기량만을 믿고 정처 없이 길을 떠난다.

　위스턴은 자신의 색슨족 왕으로부터 암용 케리그를 죽이라는 임무를 받는다. 그는 이상한 주문에 걸려들지 않는 능력이 있다. 소택지에서 놀라운 힘을 지닌 짐승들에 의해서 동료들이 기절하거나 꿈속을 헤맬 때도 그는 거의 흔들리지 않았다. 그래서 암용의 입김으로부터도 어느 정도 자유롭다. 그는 브리튼 지역으로 잠입한다. 색슨족의 왕은 위스턴을 시켜 케리그를 죽여서 학살의 기억을 일깨우려고 한다. 색슨족의 분노를 일깨워 정복 전쟁을 시작하려고 한다. 현재의 평화를 깨트려 새로운 전생을 시작하려 한다. 암용 케리그를 죽여서 과거의 기억을 깨우는 일은 정복 전쟁을 위한 길을 닦는 일이다.

물론 색슨족만이 전쟁을 시작하려고 한 것은 아니다. 브리튼족의 브레누스가 색슨족과 전쟁을 벌일 것이라는 소문이 파다했기 때문이다. 위스턴의 고국에는 브레누스가 스칸디나비아 인을 데려와 용을 길들이고 있다는 소문도 들렸다. 용의 힘을 이용하여 색슨족을 공격하려한다는 것이다. 이런 소문들로 볼 때 위스턴이 암용을 죽이지 않았더라도 어쩌면 전쟁은 불가피했는지도 모른다. 색슨족이 전쟁을 시작하지 않았다면 아마 브리튼 족에서 시작했을 것이다. 누가 먼저 전쟁을 시작할 것인가는 중요한 문제가 아니다. 두 부족 모두 전쟁을 준비하고 있었기 때문이다.

위스턴은 케리그를 죽이기 위해서 먼저 용의 위치를 파악해야 했다. 용은 가웨인 경과 수도사들에 의해서 은신처에서 보호 받고 있었기 때문이다. 위스턴은 그가 구해준 에드윈이라는 색슨족의 소년을 이용하여 암용을 찾는다. 에드윈은 용에게 물린 상처가 있고, 그 상처로 말미암아 암용이랑 교미하고 싶은 욕구가 끓어오른다. 그의 냄새를 맡은 암용들은 소년을 찾아 올 것이다. 에드윈도 용에게 물린 상처로 인해 암용을 찾아 나설 것이다. 에드윈은 위스턴을 케리그에게로 이끌어줄 길잡이가 되어준다. 에드윈의 인도로 위스턴은 가웨인 경을 거인의 무덤에서 만난다.

거인의 무덤에서 만난 두 사람은 액슬과 비어트리스와 함께 용의 은

신처로 간다. 그들은 용의 은신처에서 결투를 벌이려고 한다. 용을 보호하려는 사람과 용을 죽이려는 사람의 결투이다. 결투 전에 가웨인 경은 위스턴에게 마지막 부탁을 한다. 지금은 너무 늙은 용을 제 수명이 다할 때까지 살다가 죽게 놔둘 수는 없겠냐고 말이다. 가웨인 경은 용의 입김이 예전 같지 않지만 용이 숨을 쉬고 있는 동안은 멀린이 걸어 놓은 주문의 효과가 유효하므로 케리그가 조금만 더 자기 일을 할 수 있도록 해 달라고 부탁하다. 용은 기껏해야 앞으로 한 두 계절 밖에 살 수 없을 것이고, 그 정도면 오래된 상처를 영구히 치유하고 영원한 평화가 정착될 수 있다고 말한다. 케리그에게 자비를 베풀어 이 땅이 망각 속에서 쉴 수 있도록 해 달라고 부탁한다.

가웨인 경은 위스턴에게 자신들이 강자든 약자든 가리지 않고 많은 사람을 학살했다는 것을 인정하다. 아서 왕과 자신이 한 일에 대해 하느님이 미소를 보내지 않을 수도 있지만 자신들이 행한 일로 이 땅에서 전쟁이 사라졌다고 말한다. 가웨인 경은 위스턴에게 케리그의 입김이 끊긴다면 이 땅 곳곳에서 어떤 기억들이 깨어날지 생각해보라고 말한다. 가웨인 경은 학살은 오래된 과거의 일이고, 지금의 젊은 사람들은 과거에 있었던 일이 대해서 아무것도 모르는데, 이대로 사람들이 계속 평화롭게 지낼 수 있도록 암용을 내버려둬 달라고 위스턴에게 부탁한다.

하지만 위스턴은 가웨인 경의 부탁을 들어주지 않는다. 그는 아서 왕을 증오한다. 그는 잘못된 일이 그냥 잊힌 채 벌을 받지 않는 것은 옳지 않다고 말한다. 위스턴은 이 땅에는 아직 구더기가 많이 남아 있는데 어떻게 오래된 상처가 나을 수 있겠냐고 가웨인에게 반문한다.

그러면서 학살과 마법사의 술수 위에 세워진 평화는 영원히 유지될 수는 없다고 말한다. 위스턴은 학살로 죽은 시신들은 하얀 뼈로 묻힌 채 사람들이 파내주기를 간절히 바라고 있다고 말하면서 가웨인 경의 청을 거절한다. 위스턴은 숨겨온 일을 밝히고 과거와 직면해야 한다고 생각한다.

위스턴은 브리튼족에게 친족들이 학살당한 일을 복수하고 싶어 한다. 그러기 위해서는 우선 케리그를 죽여서 과거에 브리튼족에게 색슨족이 학살당한 기억을 일깨워야 한다. 그는 브리튼족의 학살에 대한 복수를 하는 것이 정의라고 생각한다. 케리그를 죽이는 일은 그가 정의를 실행하기 위한 출발점이 된다. 그러므로 그는 결코 가웨인의 청을 들어줄 수 없다. 그것은 그가 생각하는 정의를 방치하는 일이 되기 때문이다.

두 사람의 결투에서 가웨인은 패배하고 죽는다. 위스턴은 케리그를 죽인다. 곧 정복 전쟁이 시작될 것이다. 액슬은 위스턴에게 용의 죽음은 토지와 정복을 향한 새로운 욕망과 해묵은 불만을 일깨워 피의 살육을 가져올 것이며, 이 땅 곳곳에 오래된 증오들이 되살아 날 것이라고 말한다. 액슬은 이로 인해 이 땅에 어떤 일이 벌어질지 아무도 모른다고 불안해한다.

이에 대해 위스턴은 액슬에게 고이 잘 묻혀 있던 거인이 이제 깨어나고 있다고 말한다. 거인이 일어나면 브리튼족과 색슨족 사이의 우호적인 유대는 어린 여자아이들이 한날 작은 꽃줄기로 만든 매듭에 불과했다는 게 증명될 것이라고 말한다. 남자들은 밤마다 이웃 마을의 집을 불태우고, 새벽이면 나무에 아이들의 목이 매달리고, 며칠 동안 강을 떠내려 오느라 퉁퉁 불어터진 시체들로 강에는 악취가 진동할 거라고 말한다. 군대가 이동하는 동안에도 복수를 향한 갈망과 분노로 병사들이 점점 늘어날 것이며, 브리튼족은 자신들을 향해 굴러오는 불덩이를 피해 도망가거나 죽는 길 밖에 없다고 말한다. 또, 위스턴은 이 지역 저 지역이 새로운 땅, 색슨족의 땅이 되고 아무도 돌보는 이 없이 언덕을 돌아다니는 양 떼처럼 당신네 종족이 이곳에 살았던 시간의 흔적들을 더 이상 볼 수 없게 될 거라고 액슬에게 말한다. 그러면서 액슬과 비어트리스에게 가능한 서쪽으로 멀리 피하라고 충고한다.

색슨족의 입장에서는 위스턴이 암용을 죽여 학살의 기억을 일깨우는 것이 좋은 일일까. 여기서 색슨족은 왕을 비롯한 지배계급을 일컫는 것이 아니라 색슨족의 일반 백성(민중)을 말한다. 그들은 과거 자신의 종족이 학살당한 사실을 알고 그것에 대해서 분노하고 복수를 할 수 있어서 좋아할까.

아니면, 새로운 전쟁으로 인해 고통스러워할까. 색슨족의 왕은 종족의 학살에 대한 복수라는 명분을 앞세우고 있지만, 실제로는 자신의 탐욕을 추구하고 땅과 피를 향한 갈망을 채우기 위한 것일 수도 있다. 이 전쟁에서 누가 이기든 두 종족 백성들은 많을 피를 흘릴 수밖에 없을 것이다. 그럼에도 불구하고 암용을 죽인 일은 색슨족에게 바람직하고 정의로운 일일까.

마지막으로 한 가지만 덧붙이자. 케리그의 죽음 이후에 발생할 상황은 충분히 비극적이지만 그렇다고 해서 전혀 희망이 없는 것은 아니다. 이런 희망의 징조를 위스턴은 보여준다.

액슬이 기억을 잃어버리기 전, 아서 왕의 밑에서 평화의 사도로서 무고한 사람을 보호하는 법을 만들기 위해서 색슨족의 마을을 찾아다 닐 때, 어린 위스턴은 액슬을 경이의 대상으로 보았다. 위스턴은 용을 죽인 후에 액슬과 헤어지기 전에 마지막으로 한 가지를 그에게 물어본 다. 자신이 어린 시절에 알던 그 친절한 브리튼족이 그인지, 예전에 지 혜로운 왕자처럼 자신의 마을 돌아다니면서 전쟁의 손길이 무고한 사 람들에게 미치지 않도록 할 방법을 생각하게 만들던 사람이 그(액 슬)인지를 묻는다.

액슬은 자신은 기억을 잃어서 용의 입김이 만든 안개 속에서만 그를 알 수 있기 때문에 자신이 그라고 확실하게 말할 수는 없지만, 자신이 위스턴 마음속의 뭔가를 건드린다면 그 사람이 내가 아니었다고 여길 이유도 없다고 말한다. 그러면서 액슬은 위스턴이 기억하는 그 사람이 위스턴이 복수하려는 이들 중 한 사람인가를 묻는다. 만약 그렇다면 자신에게 복수하라고 말한다.

하지만 위스턴은 그 사람은 자신이 예전에 흠모했던 사람이라고 말 한다. 그 사람이 배반에 관여한 역할로 혹독한 벌을 받기를 바랐던 때 도 있었지만 지금은 그가 어떤 교활한 의도 없이 자기 친족과 우리 친 족 모두가 잘 되기를 바라는 마음으로 행동했을 거라고 생각한다고 말 한다. 그리고 그를 다시 만난다면 이제 평화가 오래갈 수 없다는 걸 알 지만 그래도 평화롭게 살라고 말해줄 거라고 말한다.

또, 위스턴이 브리튼족과의 전쟁을 기뻐하지는 않는다는 사실을 알 수 있다. 그 자신의 말에 의하면 그가 브리튼족과 오래 함께 생활했기 때문에 그렇다는 것이다. 자신도 그럴 수만 있다면 기뻐하고 싶지만 브리튼족과 너무 오랜 세월을 함께 지낸 탓에 마음이 약해져서 애를 써보아도 마음 한편은 증오의 불꽃을 외면하게 된다고 말한다. 이 때문에 자신은 약해졌다고 말하면서 창피해 한다. 그러면서 자신의 손으로 직접 훈련시킨 사람(용에게 물린 아이인 에드윈을 말함), 자신보다 훨씬 깨끗한 의지를 가진 사람을 곧 자신의 자리에 대신 앉히려 한다. 전사의 영혼을 지닌 에드윈은 결코 유약한 정서들을 용인하지 않도록 훈련시키려 한다. 그렇게 훈련 받은 에드윈은 브리튼족에게 어떤 자비도 보여주지 않을 것이라고 생각한다. 하지만 에드윈에게서도 희망의 징조를 볼 수 있다.

에드윈의 엄마도 브리튼족이 끌고 갔다. 위스턴의 엄마는 전쟁 시기에 끌려갔지만 에드윈의 엄마는 평화로운 시기에 끌려갔다. 에드윈은 엄마를 데려간 브리튼족 사람들에게 복수하고 엄마를 되찾아오고 싶어 한다. 에드윈은 엄마를 붙잡고 있는 사람들과 대결할 수 있도록 위스턴에게 도움을 구한다. 위스턴은 에드윈을 도와주는 대신에 소년에게 한 가지 약속해 줄 것을 요구한다. 만약 자신이 죽고 에드윈이 살아남게 된다면 부상을 당해 죽거나 세월의 무게로 인해 죽는 날까지 브리튼족에 대한 증오심을 간직해 달라는 것이다. 위스턴은 모든 브리튼족을 증오할 것을 에드윈에게 요구한다. 자신들에게 친절을 보여준 브리튼족, 존경하고 싶고 심지어는 사랑하고 싶은 브리튼족까지를 포함하여 모든 브리튼족에 대한 증오를 간직할 것을 약속해달라고 요구한다. 아서 왕 밑에 있는 브리튼족이 친족들들 살해했고 심지어 자신과 에드윈의 엄마를 끌고 갔기 때문에 브리튼족의 혈통을 가진 모든 남자와 여자와 아이들을 미워해야 할 의무가 자신들에게 있다고 말한다. 에드윈은 위스턴에게 이를 기꺼이 약속한다.

그런데 위스턴이 용을 죽이고 나서 에드윈이 묶여 있는 곳(위스턴은 에드윈을 묶어 두고 용의 은신처로 갔다.)에 도착한 액슬과 비어트리스 부부는 에드윈을 자신이 있는 곳으로 보내달라는 위스턴의 말을 전달하기 전에 에드윈에게 한 가지 부탁을 한다. 앞으로 살아가면서 자신들을 기억해 달라는 것이었다. 액슬 부부는 소년에게 "네가 아직 소년이었을 때 느꼈던 이 우정과 우리를 기억해" 달라고 부탁한다. 에드윈은 이 말을 듣는 동안 전사에게 했던 약속이 생각났지만 분명 위스턴은 이들 다정한 브리튼족 부부까지를 증오의 대상에 포함시킨 것은 아닐 것이라고 생각한다. 여기서 우리는 학살의 기억이 되살아난다 해도 어떤 희망의 징조를 볼 수 있다.

문학작품 및 참고문헌

- 가즈오 이시구로(하윤숙 옮김), 『파묻힌 거인』, 시공사, 2015.

제5장

이언 매큐언

『속죄』

우리는 브리오니의 죄를 용서할 수 있다.

I 논제에 따른 쟁점

쟁점 ❶ 죄 : 인식의 한계(실수, 오인)와 거짓 그리고 공모

브리오니는 인식의 한계로 인해서 죄 없는 로비를 롤라의 성폭행범으로 확신했던 것일까, 아니면 그녀는 거짓(사실이 아닌 것을 사실처럼 의도적으로 꾸밈)을 말한 것일까. 로비에 대한 브리오니의 모함은 단순한 실수일까, 아니면 악의적인 의도가 있었던 것일까. 그리고 이 사건에서 우리가 로비에 대한 브리오니의 행위를 판단할 때, 열세 살이라는 그녀의 나이는 어느 정도의 중요성을 가지는 것일까.

이 작품의 비극은 브리오니가 파출부의 아들 로비와 언니인 세실리아의 관계를 자기중심적인 눈으로 바라보고 사촌 롤라의 성폭행범으로 로비를 지목하게 되면서 시작된다.

어린 브리오니는 계급(로비는 파출부의 아들)과 질서(정리정돈)에 대한 집착과 지나치게 미성숙하고 과도한 상상력을 가지고 있어 허구와 실제의 경계를 구분하지 못한다. 브리오니는 모든 것을 자기중심적으로만 본다. 그녀는 타인의 관점에서 생각하고 타인을 이해하려 하지 않는다. 이런 인식의 한계로 말미암아 그녀는 결정적인 실수를 한다. 그녀는 로비를 악당이자 성폭행범으로 만든다.

브리오니가 로비를 범죄자로 확정하기까지 네 사건이 중요한 역할을 한다. 분수대 사건, 편지 사건, 서재 사건, 그리고 롤라가 성폭행 당한 사건이다. 세실리아가 깨진 꽃병 조각을 줍기 위해 옷을 벗고 분수대에 들어갔던 사건, 실수로 잘못 전해진 성적 욕망이 노골적으로 표현된 로비의 편지, 서재에서의 성행위 장면, 그리고 롤라가 누군가로부터 성폭행을 당하는 사건을 모두 브리오니가 우연히 목격하면서 로비는 그녀의 마음속에서 악당의 역할을 맡게 된다. 위의 첫 세 사건은 모두 로비와 세실리아 사이의 성적 긴장감(둘은 사랑하는 사이임)으로 인해 벌어진 자연스러운 행동이었으나 열세 살의 브리오니에게 그 행위는 언니를 모욕하고 위협을 가하는 행위로 비춰진다.

로비와 세실리아의 관계에 대한 브리오니의 이런 인식은 그녀의 무지와 오해에서 비롯된다. 브리오니의 무지와 오해는 외부적 요인과 그녀의 내적 요인이 겹쳐서 생긴다. 이 때문에 브리오니는 네 개의 사건을 모두 객관적으로 해석할 수 없었다.

분수대 사건은 밝은 대낮에 일어났지만 그녀로부터 거리가 멀리 떨어져 있었다. 브리오니는 로비와 세실리아의 대화를 들을 수 없었고, 상황의 핵심에 있던 꽃병이 분수대 벽에 가려져 있어서 현장에 대한 올바른 인식이 불가능했다. 또한 성폭행 사건은 주변사물의 형체를 제

속죄
170 / 171

대로 인식할 수 없을 만큼 어두웠을 때 일어났다.

내부적으로 보면 어린 브리오니는 남녀 간의 성과 성적 긴장감에 대한 지식이 거의 없다. 분수대 사건과 편지 사건 그리고 서재 사건은 브리오니의 대상 자체에 대한 인지적 경험의 부족에서 그 원인을 찾을 수 있다. 이런 브리오니의 무지가 원인이 되어 1935년 여름날 오후에 실수를 하게 한다. 분수대 장면에서 로비가 세실리아를 위협하고 있다고 브리오니가 상상하던 상황은 두 남녀가 미묘한 사랑의 감정을 주고받던 상황이었다. 둘은 서로를 사랑하지만 서로의 마음을 알 수 없는 상태에서 서로를 향한 말과 행동이 엇나간 형태로 표현되고 있는 상황이었다. 세실리아와 로비의 성적 욕망은 열세 살 브리오니로서는 알 수가 없는 영역이다.

브리오니가 로비를 간강범으로 지목한 데에는 계급적 편견도 작용한 것으로 보인다. 자신들과 다른 파출부의 아들이라는 로비의 낮은 신분도 브리오니의 오판에 영향을 주었을 것이다. 브리오니는 비천한 파출부와 얼굴도 모르는 아버지 사이에서 태어난 하층계급 출신의 로비를 순결한 언니를 타락시킬 사악한 남자이고, 가족의 질서와 평화를 위협하는 불온한 존재로 생각했을 것이다. 따라서 로비의 사악함을 확신한 브리오니는 탈리스 가문의 순수성과 고결한 전통을 지켜야 할 책임감으로 무장하게 된다. 편지 사건은 이런 브리오니의 생각을 강화시킨다. 브리오니는 로비가 세실리아에게 보낸 편지를 읽고 로비에 의해 가정의 질서가 위협 받고 있다고, 브리오니 자신이 세실리아 언니를 돕지 않으면 가족 모두가 고통을 당할 것이라고 느낀다.

사춘기에 막 들어선 브리오니에게 로비는 자신의 언니와 이해하기 힘든 성적 긴장관계를 만들어가는 위험한 인물이며 브리오니를 제외한 탈리스 저택의 구성원들에게는 신분질서를 교란하는 별종과 같은 존재이다. 결국 그녀의 이런 인식이 롤라의 성폭행범으로 로비를 지목하게 만든다.

열세 살이면 뭘 해도 용서받을 수 있는 나이일까. 브리오니는 자신의 발언을 번복할 기회가 있었다. 그럼에도 그녀는 발언을 뒤집을 경우에 생길 파장을 염려해 로비가 범인이 아닐 수 있다는 것을 알면서도(그녀의 생각에도 그것은 '반반'이었다) 자신의 주장을 밀어붙여 관철시켰다.

롤라의 성폭행 사건에서 브리오니가 정확하게 확인한 것은 어떤 남자와 롤라가 함께 있었다는 사실, 그 남자의 키가 로비와 비슷하다는 사실, 그 남자가 롤라를 성폭행했다는 사실이다. 그 남자가 로비라고 내세울 만한 객관적인 증거는 아무 것도 없었다.

브리오니는 성폭행 당해 주저앉아 있는 롤라에게 다가가 가해자가 누구인지 물었다. 하지만 브리오니의 질문은 '사실'에 대한 것이 아니라 '확인'이었다. 브리오니에게는 이미 범인이 누구인지 답이 정해져 있었다. 그녀는 롤라가 자신이 생각해 둔 답을 얘기하길 기다린 것뿐이다. 롤라에게 다가가기 전에 브리오니가 실제로 본 것은 검은 형체뿐이었지만 그녀는 롤라에게 자신이 보았다고 말한다. 확신에 찬 브리오니의 질문에 겁을 먹은 롤라는 그저 고개를 끄덕일 뿐이었다. 브리오니는 자신의 주장에 힘을 얻기 위해 잠깐 동안 롤라가 그의 이름(로비)을 소리 내어 말해주었으면 한다. 롤라가 진짜 범인이 누구인지 생각하며 말하려고 하는 찰나가 있었지만 이는 브리오니에 의해 무시된다. 롤라는 아마 진짜 범인이 누구인지 알고 있었을 것이다. 그러나 롤라는 확신에 찬 브리오니 앞에서 진실 대신 "네가 봤잖아"라는 말로 대신한다. 결국 브리오니는 자신이 로비를 보았다고 확신한다.

세실리아와 로비의 생각 속에서 거론되는 브리오니는 좋은 아이, 착한 아이로 묘사되지 않는다. 로비에게 보낸 세실리아의 편지 속에서 브리오니는 몽상가이고 어리석고 병적으로 흥분해 있던 어린 여자아이로 묘사된다. 브리오니를 회상하는 부분에서 로비는 "모든 어린애가 거짓말로 한 남자를 감옥에 보내지는 않는다. 모든 어린애가 그렇게 고의적이고 악의적인 태도로, 시간이 지나도 단 한 번도 흔들리지 않고 자신의 생각에 회의를 갖지 않을 만큼 지독할 수는 없다"고 생각한다.

브리오니는 경찰에게 롤라의 성폭행범으로 로비를 지목한다. 그러나 이 증언은 거짓이었다. 브리오니가 본 것은 다른 인물이었다. 적어도 브리오니는 그 남자가 로비가 아니라는 것을 알고 있었다. 그럼에도 브리오니는 의사를 꺾지 않고 로비를 봤다고 증언하고 이를 철회하려 하지 않았다. 브리오니는 왜 거짓 증언을 했던 것일까. 그녀는 왜 거짓 증언에 그렇게나 열정적이었을까. 이것은 로비에게도 수수께끼였다.

진정한 이유는 소설 후반이 되어야 알 수 있다. 성폭행 사건에서 세실리아는 철저히 로비 편을 든다. 그런 세실리아의 모습을 브리오니가 두 눈으로 본 이상 그녀는 위증으로 로비를 위기에 빠뜨릴 필요가 없

었다. 브리오니가 위증한 것은 그녀도 로비를 좋아했기 때문이다.[25]
후반부가 전개되면서 브리오니가 로비를 좋아했다는 게 밝혀진다. 그
녀의 허위 증언은 세실리아에 대한 질투와 무엇보다 자기 마음을 알아
주지 않았던 로비에 대한 복수심 때문이다. 언니를 지키려 했다는 것
은 자기 행위를 정당화해 질투나 복수심을 은폐하려는 변명일 뿐이다.
본인은 언니를 지키기 위한 선행이라고 스스로를 합리화하지만 그녀
의 위증은 연애 감정에 뿌리를 둔 질투나 원한이다. 그녀의 위증은 로
비를 남몰래 짝사랑했던 어린 소녀로서 언니와 그를 향한 질투와 복수
심에서 비롯된 악의적인 것이었다.

　우리가 이 쟁점에서 살펴봐야 할 또 다른 문제가 있다. 브리오니가
로비를 롤라의 성폭행범으로 지목한 것이 인식의 한계였든 거짓이었
든 간에 여기에는 분명한 공모자가 있다는 사실이다. 브리오니만이 로
비에게 죄를 지은 것은 아니다.
　로비가 성폭행범으로 확정되기까지 브리오니의 생각을 견고히 해준
어른들이 있었다. 그들은 열세 살짜리 소녀의 불확실한 증언 뒤에 숨
어 로비의 삶을 만신창이로 만들었다. 그들은 자신들이 잃어버린 쌍둥
이 형제를 찾아서 데리고 온 로비에게 고마워하기는커녕 어린아이의
말만 믿고 그를 경찰에 넘겼다. 세실리아가 어린 여자아이를 부추겨서
증언하게 하고 그 증언을 번복할 여지를 주지 않았던 속물적이고 비열
한 어른들을 용서할 수 없다고 하는 말은 이를 분명히 해준다. 브리오

---

25) 물론 브리오니는 이를 인정하지 않을 것이다. 하지만 그녀의 무의식 속에는 사랑의 감정이
　　잠재되어 있었다고 볼 수도 있다.

니의 진술 과정에서 롤라는 말할 것도 없고 탈리스 부부 그리고 경찰들도 사건의 공모자임이 드러난다.

롤라는 범인이 누구냐는 브리오니의 질문에 확실한 대답을 하지 않는다. 롤라의 대답은 로비가 범죄자라는 확실성은 부인하지만 그 가능성은 열어둔다. 이는 결국 로비가 범인이라는 브리오니의 확신에 힘을 실어주는 계기가 된다. 결국 롤라는 자기 확신에 빠져 본인 대신 열정적으로 진술하는 브리오니 뒤에 숨어 진실에 눈감아 버린다. 롤라는 불쌍한 피해자 역할만 할 뿐 브리오니에게 책임을 떠넘긴 채 진실 해명을 위한 적극적인 노력을 하지 않는다. 롤라가 성폭행 범인이 누구인지 정확하게 알고 있었는지 여부에 대해서는 명확한 언급이 없다. 하지만 그녀가 로비가 아닌 실제 범인을 목격했을 가능성은 매우 크다. 결국 롤라는 진실을 외면한 채 침묵을 유지한다. 로비의 혐의를 벗겨줄 유일한 객관적인 증거인 롤라의 증언은 사라진 채 브리오니의 주관적인 증언이 진실로 둔갑한다. 롤라는 마셜을 처벌하기보다는 초콜릿 사업으로 부자가 된 그를 인생의 기회로 삼는다. 그녀의 위선적인 행동은 아무런 죄가 없던 로비를 파멸로 이끈다.

탈리스 부부 또한 로비의 파멸에 공모자임을 알 수 있다. 탈리스 부부는 정황을 고려하지 않은 채 납득할 만한 객관적 증거가 아닌 브리오니의 주관적 진술에 동조한다. 탈리스가 사람들은 파출부의 아들 로비를 겉으로는 잘 대해주지만 이는 위장일 뿐 사실 그를 철저하게 배척한다. 상류 계층의 이런 이중적 태도는 케임브리지 대학을 졸업하고 장래 의사를 꿈꾸는 하층계급 로비의 비상을 가로막는다. 그들은 로비의 인생 개척을 위한 적극적 의지를 자신들의 신분과 권위에 대한 도전으로 인식한다.

잭은 로비에게 금전적으로 아낌없는 지원을 한다. 그는 로비의 어린 시절부터 성인이 되어 의대를 가게 되기까지 학비 일체를 제공한다. 겉으로는 매우 관대하고 선의에서 우러나온 행동으로 보이지만 사실 로비는 잭에게 있어 계급타파 정책을 실현할 수 있게 만드는 취미 대상이자 도구에 불과하다. 즉, 로비에 대한 금전적 자비는 잭이 추구하는 정치적 명분을 공고히 하는 것 이상으로 보기 힘들다.

아내 에밀리 탈리스는 남편의 이와 같은 허울뿐인 선행을 못마땅하게 생각하며 그만하면 됐다는 태도로 일관한다. 그녀의 입장에서 로비에 대한 후원은 그녀가 속한 탈리스 계급을 위협하는 행위이자 앞으로 그 계급을 이어나갈 자녀들에 대한 부당한 침해인 것이다. 계급의식에 맹목적인 집착을 보이는 에밀리는 로비가 케임브리지 대학 수석이라는 사실이 불편하다. 그녀에게 하층계급 출신 로비의 비상은 탈리스 저택의 질서를 어지럽히는 행위이다. 그래서 브리오니가 로비를 롤라의 성폭행범으로 지목했을 때, 브리오니의 증언에 의심스러운 면이 있다는 것을 알면서도 그녀는 탈리스 가의 안위와 질서를 지키기 위해 로비를 범인으로 몰아간다.

하층 계급 로비가 상류사회의 롤라를 성폭행한 사건은 좁은 의미로는 브리오니의 말끔하게 정돈된 세계를 무너뜨리는 사건이지만, 넓은 의미로는 기존의 안정된 영국 사회의 계급세계와 위계질서를 흩뜨리는 사건으로 탈리스가 사람들에게 받아들여졌을 것이다.

또한 브리오니의 불분명한 진술 이외에 어떤 증거도 없지만 그를 성폭행범으로 쉽게 단정 짓고 처벌하는 공권력도 공모자이기는 마찬가지다. 사건을 조사하는 경찰들도 그날 밤 사건의 공모자임을 알 수 있다. 브리오니가 로비가 범인이라는 자신의 확신에 불안감을 느끼며 경찰들에게 부연 설명을 하려해도 그들은 다른 가능성을 차단해 버린다. 경찰들은 적극적인 수사 의지를 보이지 않은 채 유일한 정보원인 브리오니의 진술에만 의지한다. 그녀의 최초 증언이 바뀌는 것을 원하지 않았던 그들은 '보았다'라는 말이 사실은 실제로 무엇을 본 것이기보다는 '알았다'라는 의미라는 것을 설명하고 싶어 하는 브리오니를 볼 때마다 냉정한 태도를 유지한다. 경찰들은 브리오니가 자신의 증언에 대해 흔들리는 태도를 보일 때마다 최초의 진술을 상기시킨다. 그들은 브리오니가 자신이 틀릴 수도 있고, 자신이 타인에게 피해를 입힐지도 모른다는 희미하게 느껴지는 위험을 떠올리지 않게 해 준다. 자신의 진술에 흔들리는 브리오니에 대한 경찰들의 냉정한 태도는 그녀의 확신에 힘을 실어주는 계기가 된다. 경찰들은 로비의 하층계급 신분에 근거하여 파출부의 아들 로비를 범인으로 결론내린 채 수사하고 있었음을 짐작할 수 있다. 결국 경찰들의 방관적 태도는 로비의 감옥행에 기여한다.

롤라의 성폭행 사건에서 폴 마셜이 범인으로 의심될만한 정황 증거가 있었다. 그는 저녁 식사를 하기 전 잭슨과 피에르에게 괴롭힘을 당해서 상처가 생겼다는 롤라처럼 얼굴에 긁힌 상처가 있었고, 롤라를 성폭행한 진범이므로 롤라가 성폭행 당한 시간에 사건 현장에 없었음이 증명되는 근거가 없었다. 편견 없이 진실을 알고자 노력했다면 진범을 밝힐 수 있었다. 하지만 그들은 애초부터 진범이 누구인지에 대해서는 관심이 없었기 때문에 로비는 롤라의 성폭행 사건과 관련된 어떤 증거도 없이 브리오니의 증언만으로 진범으로 확정된다. 그들이 정말 범인을 잡고 싶었다면 성폭행 사건과는 하등 상관없는 로비의 편지를 성폭행의 증거로 인정하는 비이성적인 판단을 내리지도 그를 성욕과다증으로 진단하지도 않았을 것이다. 어린 브리오니는 별개인 두 사건을 자신의 상상 속에서 연관 지을 수 있었지만 중요한 것은 에밀리를 비롯한 분별 있는 어른들과 영국 사회의 법 시스템마저 로비의 편지를 롤라의 성폭행 사건의 증거로 생각했다는 것이다. 그들은 이미 로비로 범인이 정해진 상황에 맞춰 증거를 해석하고 자신들이 원했던 결론에 도달했음을 알 수 있다. 이는 계급 프레임이 어떻게 사회적 차원에서 왜곡된 시각을 조장하고 있는지를 잘 보여준다.

결국 로비는 진실을 은폐하는 롤라, 위선적인 탈리스 부부, 방관적 수사태도를 보이는 경찰들이 브리오니의 잘못된 증언을 정당화시키는 행위를 통해서 감옥에 가게 된다. 로비에게 누명을 씌운 것은 파출부의 아들을 범인으로 하는 이야기를 만들어 손쉽게 사건을 마무리하고 싶어 했던 탈리스가의 사람들, 경찰, 법원 등 계급적 편견에 사로잡힌 영국 사회 전체였다고도 할 수 있다. 꼭 브리오니의 잘못만은 아니다.

쟁점 ❷ 속죄1: 간호사로서의 속죄 (간호사와 군인)

우리가 다룰 두 번째 쟁점은 브리오니가 대학 진학을 포기하고 간호사가 되어 자신의 죄를 속죄하는 행위의 의미(가치)에 대한 것이다. 그녀가 행하는 속죄의 진정성을 따져보고 그것이 우리가 그녀를 용서하는 데 기여할 수 있는가를 생각해 보는 일이다. 물론 이때 우리는 전쟁터에서 로비가 겪고 있는 상황을 함께 고려해 볼 것이다.

브리오니가 로비를 롤라의 성폭범으로 지목하면서 로비, 세실리아, 브리오니의 삶은 그들이 예상치 못한 방향으로 흘러간다. 의대에 진학하여 의사가 되려했던 로비는 성폭행범으로 체포되어 감옥에 가게 된다. 로비는 전쟁의 발발과 함께 군에 자원입대하는 조건으로 3년 반의 수감생활을 마치고 프랑스에 영국 원정대로 파견된다. 세실리아는 로비가 그 날 저택에 있던 탈리스가 사람들의 모함에 의해 감옥에 수감되자 가족들에게 환멸을 느낀다. 세실리아는 가족과 인연을 끊고 런던 병원의 산부인과 병동에서 간호사로 일한다. 브리오니는 대학 진학을 포기한다. 그녀는 자신의 잘못에 대해 참회하는 마음으로 간호사가 된다.

브리오니가 간호사가 되기로 결심한 배경에는 로비에 대한 속죄의 의미가 담겨있다. 열여덟 살이 된 브리오니는 간호사가 되어, 생사를 장담할 수 없는 전쟁터에 로비를 보낸 장본인이 자신이라는 생각에 사로잡혀 병동 안에서 부상병들을 돌보며 죄책감을 떨치려 노력한다. 그녀는 병원에 실려오는 군인들을 보살피며 이 군인들 중에 로비가 있을지도 모른다고 생각한다. 당시 그녀는 자신의 잘못된 증언 때문에 로비가 감옥에 수감되었다는 것, 입대 조건으로 석방되어 프랑스로 파병되었다는 사실을 알고 있었다. 그녀가 다른 어떤 곳도 아닌 야전 병원에서 군인들을 돌보는 것은 감옥에 가고, 전쟁터에서 죽음을 맞았을지도 모르는 로비에게 속죄하고자 했기 때문이다.

브리오니는 구속과 규칙, 복종과 잡일 그리고 비난에 대한 끝임 없는 두려움으로 가득 찬 병원에서 혹독한 시간을 보낸다. 그녀는 병동

교대 근무 속에서도 하루 세 시간씩 공부를 해야 했으며 잠잘 시간조차 부족한 빡빡한 일정을 보낸다. 온갖 내용물을 비워내는 환자 변기 청소, 병실 바닥 쓸기, 음식 준비, 잔심부름 등을 하며 고된 일과를 보낸다. 그녀는 몸을 지치고 고단하게 함으로써 자신을 따라다니는 죄책감에서 벗어나고자 몸부림치지만 그날 밤의 일은 범죄의 기억으로 그녀를 평생 동안 따라다닌다.

죄의 기억으로부터 벗어나기 위해 고단한 병원 생활을 하면서 브리오니는 점차 자기중심적인 과도한 상상력과 환상 그리고 자만심에 벗어나 타인을 이해하고 배려하는 사람으로 바뀌어 간다. 물론 병원 생활 초기에 그녀는 여전히 자기중심적인 사람이었다. 간호사 생활 중에도 그녀는 병원 사람들을 소재로 단편소설을 쓰고 있다. 그러면서 그녀는 자신이 겉으로는 수련 간호사로 살아가지만 사실은 변장을 한 위대한 작가라는 긍지를 지니고 있다. 그녀는 자신이 '의료계의 초서'라는 자만심을 여전히 가지고 있다. 명령에 절대복종하고 육신을 괴롭히면서 정신적인 자책감을 잊으려고만 한 것이다. 브리오니는 진정 자신이 하는 고행의 의미를 깨닫지 못하고 있다. 그녀가 간호사가 된 것은 괴로운 기억으로부터 벗어나고자 하는 현실 도피적인 측면이 다분하다.

그러나 수련생활을 시작한 지가 언제였는지 기억조차 나지 않던 어느 날, 브리오니는 수련 간호사의 업무를 수행하면서 타인의 아픔에 공감하며 그들의 부름에 응답하게 된다. 브리오니는 비로소 간호의 진정한 의미를 깨닫고 예전과는 다른 모습을 보여준다. 그녀는 다급한 구조의 손길을 내미는 부상병들과 대면하는 과정에서 남자가 우는 모습을 보게 된다. 다리는 절단되어 없고, 찢겨나간 살 위로 뼈가 비어져 나오고, 내장이나 눈알이 밖으로 드러나 보이는 환자를 보게 된다. 물론 이는 이전에도 보았던 장면들이기도 하다. 하지만 그날만큼은 브리오니에게 이런 사실이 새삼스럽게 다가온다. 그녀는 인간은 누구나 물질적 존재이며 쉽게 파괴되지만 쉽게 회복되지는 않는 존재라는 것, 인간은 약하고 상처받기 쉬운 존재라는 것을 진정으로 실감하게 된다.

그녀의 깨달음은 프랑스 병사 뤽 코르네와의 만남에서 절정에 이른다. 뤽은 브리오니와 동갑나기의 프랑스 군인이다. 뤽은 브리오니와의 첫 대면에서 그녀를 여자 친구로 오인하는 등 정신착란 증세를 보인다. 브리오니는 그를 사랑하느냐는 뤽의 질문에 그렇다고 대답하며 뤽이 그녀에게 탈리스라고 부르자 "탈리스가 아니에요. 브리오니, 브리오니가 내 이름이에요"라고 말한다. 이 장면은 이름을 부르는 것에 대한 엄격한 병동의 규칙을 어긴 것이다. 그녀는 기꺼이 뤽의 연인이 되어 준다. 죽어가는 뤽에게 위안을 주고자 그의 연인을 자처했던 브리오니는 비로소 타인의 마음속으로 들어가는 방법, 즉 자기중심주의를 벗어나 공감적 상상력을 지니게 된다. 병사 뤽 코르네의 임종을 지키는 장면은 브리오니가 자신보다는 타인을 배려하고 타인의 고통에 이해와 공감을 보이는 도덕적인 성장을 이루는 중요한 전환점이 된다. 그녀는 이 경험을 통해 타인의 아픔과 고통을 함께 느끼고 보듬어줄 수 있는 성숙한 인간으로 성장하게 된다.

브리오니의 공감적 상상력은 전쟁터 어딘가에 있을 로비에게로 옮겨간다. 브리오니는 자신의 잘못된 판단과 증언으로 파괴된 로비의 고통을 상상할 수 있게 된다. 그녀는 로비를 생각하면서 부상병들의 고통을 진정으로 아파하고 그들의 고통 앞에서 겸허해진다. 그녀에게 예전에는 힘들고 혐오스럽게만 느껴졌던 변기세척이 더 이상 역겹지 않게 된다. 그녀는 병동에서 부상병들을 치료하고 그들을 위로할 때마다 로비를 떠올린다. 그녀는 로비가 지금 자신의 앞에 있는 병사들처럼 어딘가 부상을 입고 고통 받고 있으리라 생각한다. 그래서 그녀는 부상병들을 그저 환자로만 보지 못한다. 병사들의 상처를 부드럽게 치료하고, 그들의 손을 잡아 주며 마침내 자신의 팔에 안아 재우는 브리오니의 모습에는 수련 간호사 그 이상의 다정함이 보인다. 지금까지 병사들을 그저 환자로만 대해왔던 브리오니는 이제 그들이 로비라고 상상하며 더없이 자애로운 마음으로 그들에게 다가가는 것이다.

브리오니는 타인을 돌보는 간호사로서의 여정을 시작하면서 이제 자기중심적 시선이 아닌 타자 중심적인 시선으로 세계를 바라보게 된다. 이것은 그녀에게 있어서 이타적 삶으로의 전환을 의미한다. 브리오니는 간호사 업무를 수행하면서 타인에 대한 배려와 열린 의식을 갖게 된다. 즉, 그녀 자신만의 편견과 이기심이 가득한 내부의 갇힌 세계에서 외부 세계로, 타인에 대한 공감이 결핍된 자의식만으로 밀폐된 세계에서 타자를 향한 공감이 존재하는 세계로 발을 내딛는다.

브리오니의 죄는 자신만의 인식 틀에 갇혀 저지른 자기애적인 실수라고 볼 수 있다. 이 점을 고려하면, 제2차 세계대전 중에 간호사로 참전하여 사회를 위해 헌신적인 삶을 사는 것은 폐쇄적인 자아를 벗어나 사회의 일원으로서 역할을 한다는 점에서 의미가 있다. 또한 자신의 꿈을 두고 간호사의 삶을 선택한 것은 희생을 전제하고 있으며, 타인에 대한 사랑을 실천하는 행위이고, 자기애의 틀을 벗어나 이타적인 사랑을 보여주었다는 점에서 의미를 지닌다. 이런 과정은 그녀 자신의 잘못에 대해 진정한 속죄를 준비하는 과정이라고 볼 수 있다.

　　우리가 브리오니의 속죄의 진정성을 인정하더라도 그것이 로비에게는 아무런 의미도 없는 것은 아닐까. 로비의 입장에서 브리오니가 간호사가 되어 속죄하는 행위는 브리오니가 괴로움에서 벗어나기 위한 자기만족을 위한 행위에 불과한 것은 아닐까. 피해자인 로비에게 어떤 도움도 되지 않는 브리오니의 행위를 바탕으로 우리는 그녀를 용서할 수 있을까.

　　브리오니의 거짓말 때문에 전쟁터에 간 로비의 상황은 그 시대의 보통 청년들의 모습과 다를 바 없이 묘사된다. 그들은 전쟁이 남기고 간 흔적들을 훑는다. 나뭇가지에 걸린 어린 아이의 다리, 터져버린 폭탄 때문에 아이를 안고 흔적 없이 증발해 버린 엄마, 시체가 되어 즐비하게 누워있는 아이들처럼 전쟁이 남긴 세계는 비현실적일 만큼 비참하다.

　　그가 혹독한 전쟁터에서 견딜 수 있는 것은 세실리아를 만날 희망이 있기 때문이다. 로비는 이런 희망으로 견뎌내지만 전쟁터에서 그의 삶은 너무나도 참혹하다. 물 한 모금을 마시지 못해 목마름 속에 괴로워하는 로비의 고통스런 모습이 생생하게 드러난다. 로비는 육체적으로 몹시 견디기 어려운 시간을 보내면서 건강이 악화되고 참혹한 전쟁 속에서 세실리아와의 재회도 어렵다는 것을 알게 된다. 그는 정신적으로도 지쳐있다.

　　전쟁터에서 로비는 브리오니에게 설욕하는 꿈을 꾸기도 하고, 브리오니를 총검으로 찌르는 상상도 하는 것으로 묘사되어 있다. 로비는 브리오니를 용서하지 않았고 앞으로도 절대 용서하지 않을 것이고, 그 것이야말로 브리오니에게 진 빚을 두고두고 되갚아 줄 수 있는 길이라 고 생각한다. 로비의 분노는 브리오니를 결코 용서하지 않을 것이다.

로비는 전쟁의 참혹한 실상을 겪으면서도 영국으로 돌아가 세실리 아와 재회하는 순간만을 꿈꾼다. 그러던 중 됭케르크 긴급대피 전투에 참전한 로비는 1940년 6월 1일 프랑스의 브레이 듄스에서 패혈증으 로 죽는다. 언니 세실리아는 간호사로 일하던 중 같은 해 9월 런던 대 공습 때 밸엄 지하철역 폭격으로 죽게 된다. 신분 차이라는 장애를 넘 고 참혹한 전쟁을 극복하는 사랑을 추구했던 로비와 세실리아는 결국 비극적인 운명을 맞게 된다.

쟁점 ❸ 속죄2: 소설 쓰기를 통한 속죄의 진정성과 실천 윤리의 부재

마지막 쟁점에 대해 살펴보자. 소설의 제3부에서 브리오니는 자신 의 범죄를 깨닫고 그녀만의 속죄를 행하는 과정을 보여준다. 그녀가 속죄하는 방법은 두 가지다. 하나는 간호사로서 타인을 위한 삶을 사 는 것이며 또 하나는 글로써 속죄를 하는 것이다.

이 소설은 놀라운 반전을 보여준다. 반전은 3부의 마지막에서 시작 되어 4부로 이어진다. 1999년 런던이라는 부제가 붙은 『속죄』의 마지 막 장에서는 1930년대 후반부터 제2차 세계대전이 한창이던 시절의 이야기가 끝나고, 갑자기 현재 시점으로 건너뛰어 60여년이 지난 배경으로 바뀐다. 일흔 일곱 살 노년의 소설가 브리오니가 등장해 자신의 마지막 작품 『속죄』에 관해 언급한다. 이를 통해 3부까지의 소설이 사실은 브리오니가 회고적으로 써내려간 소설 속 소설이었다는 사실이 밝혀진다. 결국 이 소설은 일흔 일곱 살의 여류 소설가 브리오니가 자신이 열세 살에 저지른 잘못을 속죄하는 형식을 띠고 있는 것이다.

이 소설의 제4장에는 70대 여류 소설가로서 작품의 진짜 결말을 밝히는 브리오니의 모습이 나온다. 독자들은 1~3부가 브리오니가 쓴 소설임을 알게 되면서 소설 속 결말이 아닌 사건의 진짜 결말을 알게 된다.

위의 설명처럼 이 소설의 1~3부까지는 거의 회상을 기록한 것이다. 즉, 그것은 사실을 있는 그대로 적은 것이라고 볼 수 있다. 하지만 사실과 다른 점이 딱 한 가지가 있다. 이 한 가지만이 허구이다. 어디가 허구일까. 브리오니가 완성한 소설의 결말에서 로비와 세실리아는 보도에서 서로 바싹 다가붙어 지하철을 타기 위해 사라져가는 브리오니를 바라본다. 그러나 현실에서 로비 터너는 1940년 6월에 영국으로 돌아오지 못하고 프랑스 해안에서 병사했다. 그로부터 3개월 후에 세실리아도 런던의 지하철역에서 폭격으로 사망했다. 브리오니의 작품 속 해피엔딩과 달리 로비와 세실리아는 전쟁 중 사망하여 사랑을 이루지 못했고, 브리오니는 언니를 찾아가 그들에게 사과를 하지도 못했다. 소설이 사실과 일치하는 것은 롤라의 결혼식 장면까지이다.

하지만 브리오니는 현실에서 불가능한 두 연인의 사랑을 소설 속에서는 해피엔딩으로 마무리한다. 왜 브리오니는 결말을 사실과 다르게 썼을까. 사실과 반대되는 이러한 서술은 선한 일일까. 즉, 이 거짓말은 두 사람에 대한 선행일까. 실제로는 만나지 못하고 죽어간 두 사람을 적어도 소설 속에서는 맺어지게 함으로써 두 사람에게 선행을 베푼 것일까. 그리고 무엇보다 이런 허구로 속죄할 수 있는 것일까. 아니면, 이런 결말은 과거를 미화하여 자신의 고통을 줄이려는 브리오니의 자기 기만적 행위에 불과한 것일까.

브리오니의 소설 쓰기를 통한 속죄를 바라는 보는 상반된 관점이 있을 수 있다. 속죄의 진정성을 믿고 그녀를 용서할 수 있다는 입장과 소설 형식을 빈 허구로서의 속죄는 어떤 현실도 바꾸지 못하는 자기만족적 행위에 불과하기 때문에 용서할 수 없다는 입장이 그것이다.

먼저 브리오니의 속죄의 진정성을 믿고 용서할 수 있다는 입장부터 살펴보자.

① 브리오니는 열세 살 때 있었던 사건 이후로 한 순간도 그것으로부터 놓여난 적이 없었다. 더욱이 로비와 세실리아가 5년이 흐른 후 차례로 세상을 떠나면서 그녀의 삶은 거기에 더 단단히 붙잡히게 되었다. 다른 사람 같으면 그로부터 몇 십 년이 흘렀다면 이제는 좋든 싫든 그것을 과거의 사건으로 돌리고 현재를 살아갔을 것이다. 당시 로비를 지옥의 구렁텅이로 몰아넣은 다른 사람들은 잘만 살아갔다. 롤라와 폴 마셜은 피해자와 가해자였음에도 불구하고 결혼해서 호사스럽게 살아갔다. 이런 사람들과 비교하면 혈관성 치매가 찾아올 때까지 자신의 죄를 속죄하면서 살아온 브리오니는 용서해줘도 되지 않을까. 우리라면 어땠을까. 우리가 브리오니처럼 누군가를 배반했다면 평생에 걸쳐 그것을 속죄하며 살 수 있을까. 그렇다면 브리오니의 속죄는 우리가

모범으로 삼아야 하는 윤리적 행위가 아닐까.

② 브리오니는 59년 동안 속죄를 위해 노력한 끝에 마지막 작품을 완성할 수 있었다. 분명히 그녀의 글쓰기는 현실에서 아무것도 바꿀 수 없다. 하지만 적어도 브리오니는 글 속에서나마 자신의 죄를 돌아보고, 뉘우치고, 자신이 아픔을 준 사람들을 작품 속에서 되살리고 그들에게 사과한다. 자신의 죄와 그로 인한 고통을 밝히지 못했던 브리오니는 마침내 그녀의 마지막 작품에서 그것을 공개적으로 이야기하고 밖으로 표출시키면서 속죄로써 글을 쓴다. 출판을 목적으로 브리오니가 속죄를 위한 소설을 쓴 것은 자신에게 아무런 득이 되지 않는 자신의 범죄를 공개적으로 드러내는 일이다. 속죄를 위한 브리오니의 이런 실천은 윤리적 책임을 수반한다.

③ 브리오니는 59년간 죄책감에 시달리며 남은 생애를 오로지 속죄를 위한 글쓰기에 전념한다. 브리오니는 자신의 잘못을 바로잡기 위해서 참회하는 마음으로 소설을 쓴다. 글쓰기는 그녀가 죄를 참회하고 용서를 구하는 방법이다. 그녀에게 있어 글쓰기는 자신의 과거로 돌아가 본인이 저질렀던 엄청난 사건들과 그 속에 감춰져 있었던 진실과 대면하는 일이다. 이런 작업들은 그녀에게 견디기 힘든 시간이었을 것이다.

그녀는 속죄의 서사를 통해 사라진 남녀에게 생명을 부여하고 자신의 거짓말에 대해 책임지려 한다. 속죄의 글쓰기는 자신의 첫 단편소설인 「분수대 옆의 두 사람」이후 평생을 걸쳐 반복하며 이루어진다. 그녀는 로비와 세실리아의 입장에 감정이입하여 그들의 아픔을 매우 사실적으로 그려낼 뿐만 아니라 상상을 통해서 로비와 언니가 함께 살고 있는 집에 찾아가 그들에게 용서를 구하고 그들에게 용서받지 못하는 자신의 모습을 그려낸다.

그녀는 자신의 범죄를 되돌릴 수 없고, 결코 용서받을 수 없으며 시도가 전부라는 사실을 알고 있을 것이다. 하지만 그렇다고 해서 속죄를 위한 노력을 포기해야 할까. 그녀는 자신이 용서받거나 자신의 잘못을 없었던 것으로 되돌리기 위해서가 아니라, 억울하게 목숨을 잃은 로비와 세실리아를 위해서 그들의 사랑과 진실이 책이라는 형태로 영원히 남도록 만들기 위해서 그랬을 것이다. 엄밀히 말해 그녀의 결말은 거짓이다. 또 하나의 왜곡된 이야기인 것이다. 하지만 브리오니의 속죄의 글쓰기는 로비와 세실리아에게 행복을 되돌려줄 수는 없지만 타인의 고통을 상상하려는 시도 자체에 의미가 있다. 브리오니가 로비의 분노에 찬 목소리와 끝내 자신을 용서하지 않는 모습을 재현해냈다는 사실은 그녀의 속죄가 진정성이 있음을 의미하는 것은 아닐까. 브리오니는 소설에서 세실리아와 로비가 자신을 용서하는 장면을 삽입할 수도 있었고 사실을 미화할 수도 있었지만 그렇게 하지 않았다.

다음으로 브리오니의 소설 쓰기를 통한 속죄는 진정성이 없으므로 용서할 수 없다는 입장을 살펴보자.

① 브리오니가 소설의 형식을 빌려 자신의 죄의식을 고백한 건 의심의 여지가 없는 사실이지만, 그녀는 마음속에 있는 짐을 여러 번에 걸쳐 말로 풀어냄으로써 그것을 털어 낸 셈이 되는 것은 아닐까. 그렇다면 궁극적으로 그녀의 글쓰기도 자기중심적인 행위가 아닐까. 속죄는 타인을 위한 행위이면서 동시에 자신의 죄책감을 덜기 위한 행위이다.

속죄의 글쓰기에는 자신의 죄책감을 털어내고 자신이 보지 못한 더 나은 과거를 찾기 위해 과거를 계속 수정하는 기만적인 의도가 숨어있는 것은 아닐까.

브리오니는 연인들을 살려두고 마지막에 다시 만나게 한 것은 나약함이나 도피하고 싶은 마음이 아니라 마지막으로 베푼 친절이었으며 그들에게 행복을 준 것이라고 주장한다. 그들이 사랑을 이루지 못하고 결국 사망했다는 사실을 있는 그대로 그리는 것은 냉혹한 사실주의이자 무자비한 일이기 때문에 그들에게 그런 짓을 할 수는 없었다는 것이다. 하지만 여기서 주목할 점은 사실을 그리는 것이 무자비하다고 느끼는 주체이다. 로비와 세실리아는 이미 오래 전에 사망했으므로 작품의 결말이 어떻든 그들에게는 어떤 영향도 없다. 하지만 죄를 저지른 가해자이자 현재를 살아가고 있는 브리오니는 아니다. 작품을 사실 그대로 끝맺는 것은 로비와 세실리아보다도 브리오니 자신에게 무자비한 결말이었을 것이다. 59년 전 이미 현실에서 그들에게 고통을 제공했던 브리오니가 가상의 세계에서 또 다시 그들에게 고통을 주는 것은 그녀 자신을 향한 가혹 행위라고 볼 수 있다.

속죄는 잘못을 인정하는 행위이지만 동시에 자신의 죄책감을 덜기 위한 욕망이 속죄에 투영되어 있다는 사실은 그녀의 속죄가 지니는 진정성을 의심하게 만든다. 그녀는 속죄의 서사를 중단하지 않은 채 글을 쓰면서 자신에게 부재한 행복한 과거를 새롭게 만들어 과거의 빈 공간을 메우는 시도를 하고 있다.

② 속죄는 가해자가 잘못을 뉘우치고 자신의 과오를 인정하는 일이다. 속죄를 위해서는 가해자의 양심에 따른 사죄와 자신이 저지른 죄

에 대해 용서를 구하며 정의를 바로잡는 일이 필수적이다. 가끔 피해자의 용서와 화해를 통해 속죄 행위가 이루어지는 경우도 있다. 그러나 어떤 속죄 행위로도 바로잡을 수 없는 일도 존재한다.

세실리아와 로비는 이 세상에 존재하지 않는다. 그렇기 때문에 글쓰기를 통한 그녀의 고백은 일방적일 수밖에 없다. 브리오니의 소설이 상정하는 고백의 청자는 죽은 세실리아와 로비이기에 용서의 상호작용이 불가능한 상태이다. 세상의 어느 누구도 시간을 되돌릴 수 없다는 점에서 진정한 의미의 속죄는 불가능하다. 이미 과거의 일이 되어버린 사건을 없었던 것으로 만들 수는 없다. 자신의 속죄에 대해 용서를 해 줄 피해자가 이 세상에 존재하지 않는데 과연 진정한 속죄가 이루어질 수 있을까. 브리오니가 어떤 마음으로 어떤 속죄 행위를 했고, 속죄 행위를 하는 데 걸린 시간과 노력이 무엇이든 실수는 돌이킬 수 없는 것이라는 점에서 속죄는 무의미하다.

③ 에필로그에서 노년의 브리오니가 보여주는 책임의 부재는 그녀의 서사가 지닌 진정성을 의심하게 만든다. 속죄의 글쓰기가 현실에서 어떤 변화를 가져올 수 있을까. 그녀의 작품 속에서 로비는 무사히 영국으로 귀환해 세실리아와 결합하고, 브리오니는 세실리아를 찾아가 로비와 세실리아에게 사과한다. 하지만 사실 그녀는 용기가 없어 세실리아를 찾아 가지 못했고, 그녀가 망설이다가 사과의 기회를 놓친 그해 세실리아와 로비가 모두 사망함으로써 그녀는 영영 속죄의 기회를 잃어버렸던 것이다. 그녀가 글을 썼다고 해서 피해자와 가해자의 삶이 실질적으로 달라지는 것은 아무것도 없다.

브리오니의 속죄가 가지는 가장 큰 한계는 그녀가 실천의 윤리를 보여주지 못했다는 점이다. 그녀는 소설을 통해서 로비와 세실리아에게 공감과 배려를 보여주었다고 볼 수도 있지만 현실의 어떤 부분도 바꾸기 위해 노력하지 않았다. 롤라의 결혼식에 다녀오던 날 그녀는 두 가지 결심을 하는데 하나는 부모님께 편지를 쓰고 진술서를 작성하는 일 그리고 다른 하나는 속죄의 글을 쓰는 일이다. 후자는 이루어졌지만 자신의 증언을 바꾸는 진술서는 작성되지 않았다. 그녀는 로비의 범죄현장을 보았다는 자신의 진술을 바꿔야 한다는 사실을 깨닫고 진실을 부모님께 알리고 공식적인 진술서를 바꾸기로 결심했지만 실제 행동은 하지 않았다.

브리오니의 상상의 서사만으로는 이야기 밖의 현실을 바꾸지 못하며 공식적 기록상으로 로비는 여전히 성폭행범이다. 브리오니가 과거에 머물러 있는 사이 현실의 폴 마셜은 막대한 부를 축적하고 귀족 작위까지 얻은 성공한 기업가가 되었으며 롤라는 그와의 과거를 기억의 한편으로 밀어둔 상태로 그의 거짓말에 동참하고 있다. 브리오니는 그들의 실명을 넣어 작품을 완성했지만 독자들은 자신들의 명예를 지키기 위해 어떤 대가도 마다않는 마셜 부부가 그 책의 출간을 방해하리라는 것을 쉽게 짐작할 수 있다. 브리오니는 자신과 마셜 부부가 모두 사망하기 전까지는 자신의 작품을 출간할 수 없다는 사실을 알고 있다. 속죄를 위해 브리오니가 정말로 한 행동은 무엇일까. 그녀는 자신과 실제 성폭행범의 사망 뒤에야 출판될 소설을 쓴 것 뿐이다. 게다가 브리오니는 혈관성 치매를 앓고 있다. 치매 증상은 점점 더 심해져 그녀의 기억을 갉아먹을 것이고 그녀의 생각과 행동의 범위는 점점 줄어들 것이다. 브리오니의 병은 그녀의 속죄 행위가 현재에도 아무런 실질적 역할을 하지 못하지만 미래에도 달라질 것은 없음을 암시한다고 볼 수 있다.

물론 소설을 쓰는 행위 자체가 소설가에게 하나의 실천일 수 있다. 하지만 속죄의 이야기 자체의 진정성이 부각될수록 소설 밖의 현실은 전혀 변함이 없다는 측면에서 그녀의 속죄는 분명한 한계를 갖는다. 그녀의 속죄는 소설 속에서는 존재하지만 소설 바깥에서는 존재하지 않는다. 소설은 실재의 삶에서 누군가가 빼앗긴 것을 되돌려주지 못하고 그녀의 글은 참담한 현실을 바꾸지 못한다. 중요한 것은 소설을 통한 속죄가 아니라 현실을 바꿀 수 있는 실천의 윤리가 아닐까.

문학작품 및 참고문헌

– 이언 매큐언(한정아 옮김), 『속죄』, 문학동네, 2003.

– 왕은철, 『트라우마와 문학, 그 침묵의 소리들』, 현대문학, 2017.
– 오사와 마사치(김효진 옮김), 『책의 힘』, 오월의봄, 2015.
– 이동진·김중혁, 『우리가 사랑한 소설들: 빨간책방에서 함께 읽고 나눈 이야기』, 예담, 2014.

– 이영애, 「이언 매큐언의 『속죄』와 자기 고백적 서사」, 전북대학교 석사논문, 2016.
– 김종미, 「이언 매큐언의 『속죄』에 나타난 인식의 한계와 속죄의 의미」, 전남대학교 석사논문, 2014.
– 김기석, 「『남아있는 나날』과 『속죄』에 나타난 과거의 재현과 윤리」, 서울대학교 석사논문, 2015.
– 김정순, 「이언 매큐언과 서사의 윤리학: 『암스테르담』, 『속죄』, 그리고 『토요일』을 중심으로」,
　　　　충남대학교 박사논문, 2012.
– 허가은, 「매큐언(Ian McEwan)의 『속죄』(Atonement): 폭력 행사와 극복의 서사」,
　　　　고려대학교 석사논문, 2014.
– 최혜영, 「이언 맥큐언의 『속죄』에 나타난 트라우마 고찰과 속죄의 진정성」, 전북대학교 석사논문, 2016.
– 조윤정, 「폐쇄적 서사의 극복: 이언 매큐언(Ian McEwan)의 『인내하는 사랑』(Enduring Love)과
　　　　『속죄』(Atonement)를 중심으로」, 성균관대학교 석사논문, 2013.
– 허윤정, 「공감적 상상력과 상상의 글쓰기를 통한 인간성 회복: 이언 매큐언의 『속죄』를 중심으로」,
　　　　경성대학교 석사논문, 2012.

제6장

엔도 슈사쿠

『침묵』

로드리고 신부의 선교는 실패했다.[26)]

┃ 논제에 따른 쟁점

쟁점 ❶ 배교의 동기 : 유용의식(有用意識)²⁷⁾과 우월의식 그리고 연민

　　로드리고 신부의 배교는 유용의식(有用意識)과 우월의식에 신(믿음)에 대한 회의가 결합되어 이루어진 자기중심적 신앙의 결과일까. 아니면 유용의식이 약자들에 대한 연민과 결합되어 이루어진 이타적 신앙의 결과일까. 자기중심적 신앙의 결과 그가 배교했다면 그것은 자신의 신앙을 버린 행위일까. 그가 자신의 나약함을 인정하면서 약한 자들에 대한 연민을 바탕으로 배교한 것이라면, 이는 또 다른 형태의

---

26) 이 논제는 "로드리고 신부는 신에 대한 믿음을 버렸다."란 논제로 바꾸어 토론할 수도 있다.

27) 타자에게 쓸모 있는 존재가 되어야 한다는 생각을 말한다. 여기서 '쓸모 있음'은 단순히 도움을 주는 존재를 넘어서 책임을 져야한다는 의식이 강하게 내포되어 있다. 타자에 대한 책임감으로 그 자신을 희생할 수도 있다는 생각이 포함되어 있다. 이 의식의 바탕에는 타자에 대한 우월의식과 연민의 마음이 깔려 있다. 유용의식의 개념은 이화진(「『沈默』 연구: 로도리고를 통해 본 기독교 토착화 문제를 중심으로」, 조선대학교 석사논문, 2004.)의 논문에서 가져온 것이다.

신앙을 발견한 것으로 신에 대한 그의 믿음은 변함이 없는 것일까.

로드리고는 선교 동기면에서 볼 때 가톨릭 사제로서 인격적 부분에 문제가 있다. 그 문제는 일본과 일본인에 대한 우월의식과 유용의식의 문제로 나누어 볼 수 있다. 로드리고가 가지고 있는 이 같은 문제는 그의 선교가 실패했다는 판단을 내릴 때 중요한 근거가 된다.

로드리고의 인격적 결함은 작품 곳곳에서 발견된다. 로드리고의 일본과 일본인에 대한 우월의식은 사랑과 겸손의 종교인 그리스도교 사제로서의 인격과 자질의 결함을 보여주고 있다. 로드리고에게는 포교를 나서는 그리스도교 사제로서 배교에 이르는 것이 어쩌면 자연스럽다는 인상마저 줄 수 있는 미성숙한 부분들이 여러 차례 보인다.

먼저 포교의 목적지인 일본과 일본인에 대한 우월의식(優越意識)부터 살펴보자. 그의 우월의식은 당시의 다른 유럽인들과 다를 바 없는 공통된 의식이었지만 선교를 나서는 그리스도교 사제에게는 정당화될 수 없는 부분이다. 그리스도교는 이런 우월의식이나 교만을 금기시하고 겸손과 자기 낮춤을 표방하는 사랑의 종교이기 때문이다. 선교사는 무엇보다도 자기 민족과 문화에 대한 우월감을 버리고 선교지 사람들에 대한 따뜻한 이해로 마음을 채워야 한다.

로드리고는 일본인들의 운명을 구제할 수 있는 길은 오르지 자신들의 가르침이라고 주장한다. 이는 로드리고의 극대화된 우월의식의 표현이다. 그의 우월의식은 특히 기치지로를 대하는 태도를 통해서 잘 드러난다. 자신이 믿는 그리스도교 신앙에 의지해서 로드리고는 기치지로에게 의지의 박약함과 조그만 폭력에도 몸을 떠는 두려움을 고칠 수 있는 것은 다름 아닌 신앙의 힘이라고 말함으로써 자신의 우월의식을 드러낸다.

로드리고 안의 우월의식은 영웅심으로도 표출된다. 로드리고는 자신의 체포가 많은 순교자들이나 그리스도처럼 비극적이고 영웅적이지 않은 것에 환멸을 느낀다. 우월의식과 영웅심은 로드리고가 가지고 있는 '종교적 허상'[28]의 하나이다. 사제는 자신보다 신도들에게 더 많은 관심을 갖고 그들의 필요를 생각하며 그들을 위한 삶을 살아야 한다. 그러나 로드리고는 표면적으로 봤을 때 신도를 대변하는 듯 보이지만 그의 내면의 중심은 그 자신에게 향해 있음을 알 수 있다. 그의 신앙은 자기중심적인 면이 많다. 그의 영웅심은 신(神) 중심의 신앙이 아닌 자기중심적 신앙이 겉으로 드러난 것이다. 신도들의 시선을 느낄수록 자신이 마치 영웅이 된 듯 착각하고 그 기분에 도취되어 자신이 여전히 강자라는 사실에 만족하는 것이다. 강자의 입장에서 기치지로와 같은 약자를 보았을 때 그가 느끼는 감정은 혐오감이다.

로드리고의 강자로서의 우월의식은 그의 유용의식(有用意識)과 결합되어 그가 배교하게 한다. 강자로서의 그는 약자들에게 도움을 주고 싶지만 그렇게 하지 못하는 상황에 처한다. 그는 신에게 도움을 청하지만 신은 침묵할 뿐이다. 약자를 도와야 한다는 유용의식이 강한 그에게 신의 침묵은 이해할 수 없는 일이다. 결국 로드리고는 고통 받는 신도들의 목숨을 구하기 위해 배교를 결심하고 페레이라가 말한 지금

---

28) 종교적 허상이란 동양을 열등이라 멋대로 규정짓고 상대적으로 자신들을 우월하다고 여기는 서구인들의 자기중심적 의식구조의 총체라고 할 수 있다.

까지 아무도 하지 않았던 가장 괴로운 사랑의 행위를 하기 위해 후미에[29] 앞에 서게 된다.

로드리고는 결국 신도들의 목숨을 위해서 자신의 신앙을 버렸다. 이런 극도의 자기희생을 우리는 아무런 의심 없이 순수한 사랑이라고 말할 수 있을까. 페레이라가 그리스도의 사랑을 빌미로 로드리고를 회유하고 설득하기는 했지만 정작 로드리고에게서는 신도들에 대한 사랑의 감정과 표현은 찾아보기 어렵다. 그는 신도들의 상황에 대해 우월감에 기반한 연민의 마음을 보일 뿐이며 신도들보다 오히려 그 자신의 신앙에 더욱 관심이 있어 보인다. 이런 자기중심적 신앙이 유용의식과 결합되어 그는 배교한다. 로드리고의 배교는 사랑에 의한 행위이기보다는 오히려 사제로서의 유용의식 때문이라고 봐야 한다. 신도들에게 유용한 존재가 되기 위해서 그는 신에 대한 복종과 헌신을 버린 것이다.

그는 자신의 유용의식을 "우리들 사제는 다만 인간을 위해, 봉사하기 위해 오로지 이 세상에 태어난 가련한 족속입니다만, 그 봉사가 이루어지지 않는 사제만큼 고독하고 비참한 존재는 없습니다."라는 말로 표현한다. 그는 사제란 지상의 어둠을 헤매는 인간을 격려하고 용기를 북돋아주는 인간이라고 생각한다. 그가 일본인의 선교에서 느끼는 감정은 자신이 유용하다는 희열이다. 이 지구 끝의 나라 일본에서 자신이 유용한 존재라는 것이 그를 버티게 하는 힘이다. 자신을 지탱해주

---

29) 후미에(踏絵): 에도(江戶)시대에 가톨릭을 금하고, 그리스도 교도들을 색출하기 위해서 막부가 고안해낸 제도. 널쪽에다 예수와 마리아상을 새겨놓고, 신자로 생각되는 사람들이 밟고 지나가도록 하게 하여 그리스도교가 아님을 증명시켰다고 한다. 나가사키 등지에서 1628년부터 1857년까지 행해졌다고 전해진다.

는 힘이며 자신의 존재를 확인시켜 주었던 유용의식이 자신 때문에 고통당하며 죽어 가는 신도들을 외면할 수 없게 했다. 페레이라는 타인에게 유용한 존재이고 싶어 하는 로드리고의 약점을 잘 알고 있다. 로드리고의 유용의식은 불행하게도 자기중심적인 신앙으로 귀결된다. 페레이라는 이를 이용해서 로드리고가 배교하도록 유혹한다. 끝까지 누군가에게 쓸모 있는 존재이기를 희망하는 사제 로드리고는 후미에를 밟고 배교를 하게 된다.

사제는 인간을 위해 봉사하기 위해 태어났다는 로드리고의 말이 틀린 것은 아니지만 사제는 인간에 앞서 신을 섬기는 사람이다. 신을 섬기는 자가 자신의 유용의식을 지나치게 앞세우는 것은 위험하다. 이는 신의 침묵을 대하는 로드리고의 태도에서 알 수 있다. 그는 신의 침묵에 의문을 제기하고 절망하며 격렬히 항의하다가 결국 신과 자신의 종교에 대해 회의를 느낀다. 이는 다분히 자기중심적 신앙의 결과이다. 자기중심적 신앙이란 강자의 위치에 있었기 때문에 당연시하며 약자에게 요구해 왔던 것, 예를 들어 지금까지 살펴본 우월의식, 약자에 대한 편견과 유용의식, 순교에 대한 영웅적 이미지 등 종교적 허상을 말한다. 로드리고가 나가사키 관헌의 마루방에 갇혔을 때의 '코고는 소리 장면'은 그의 자기중심적 신앙의 면모를 잘 보여준다.

죽음을 눈앞에 두고 마지막 밤을 보내는 로드리고의 귀에 파수꾼의 코고는 소리가 들린다. 그는 죽음을 각오했지만 깜깜한 어둠 속에서 죽음에 대한 공포는 그의 각오보다 더 큰 것이었다. 그는 파수꾼이 어떤 사람인지도 모르면서 간단히 무지한 자, 돼지 같은 열등한 존재로 규정한다. 더 나아가 그리스도를 살육한 죄인으로 치부하기까지 한다.

이는 자신의 죽음을 그리스도의 죽음처럼 거룩한 것으로 여기고 상대적으로 자신의 거룩한 고통에 무관심한 파수꾼을 죄인으로 비하함으로써 자신의 나약함을 속이려는 것이다. 그러나 실상은 달랐다. 코고는 소리는 파수꾼의 것이 아니었다. 자신으로 인해 구멍에 거꾸로 매달려 피를 흘리며 고통을 당하는 신도들의 신음소리였던 것이다. 로드리고는 죽음의 공포도 모르는 가축 같은 자가 오히려 그리스도와 같이 고통을 당하고 있었고 자신이 그들의 고통에 아무런 관심이 없었던 죄인임을 깨닫는다. 로드리고는 오로지 자신의 문제에만 관심이 집중되어 타인의 고통을 깨닫지 못했던 것이다.

로드리고는 표면상 타인 중심적 신앙을 지니고 있었다. 선교를 위해 위험을 무릅쓰고 머나먼 길을 자진해서 왔으며, 신도들의 비참한 모습에 연민을 느끼기도 하고, 선교를 위해 고통을 감수하고 죽음까지 결심하는 모습을 보이기 때문이다. 그러나 그의 내부에는 자기중심적 신앙이 자리 잡고 있음이 작품의 곳곳에 보인다. 도망치다 부락을 발견했을 때에도, 신도들 앞에서 이노우에와 논쟁을 할 때에도, 그의 관심은 신도 즉 타인이 아닌 자기 자신에게 있었다. 심지어 고토(五島)에서 신도들을 만나 사제로서의 역할을 수행할 때에도 그는 자기가 유용한 존재라는 자기만족에 젖어 있었다. 그는 하나님에 대한 사랑과 헌신보다는 그 자신이 일본인들에게 쓸모 있는 사람이 되고자 집착한 것이다. 그러므로 그의 유용의식이 좌절을 겪게 될 때 그의 배교는 필연적인 일이 된다. 그는 배교를 통해서라도 일본인 신도들에게 유용한 존재가 되고 싶어 할 것이기 때문이다.

로드리고는 박해받는 신도들을 도와주지 않고 순교를 요구하는 엄격한 신의 침묵이라는 벽에 부딪혀서 유용의식의 좌절을 경험한다. 스승 페레이라는 배교의 이유를 자신의 내부에서 찾기보다는 일본의 정신풍토(精神風土)라는 외부적 요인에 있음을 그에게 말한다. 그 말에 로드리고가 넘어갈 수밖에 없었던 것도 그의 강자로서의 우월의식과 유용의식에서 비롯되는 것이다. 그가 진정으로 신 앞에 겸손하고 헌신적인 사제였다면 신의 침묵의 문제를 그 자신의 내면에서 성찰했어야 한다. 신의 침묵에 격렬하게 저항하기보다는 자신의 내면에 있는 나약함을 인정하고 신에 대한 믿음을 더욱 굳건히 해야 했다.

하지만, 로드리고의 우월의식과 유용의식을 과도하게 부정적으로만 볼 것은 아니다. 왜냐하면 그가 가지고 있었던 우월의식은 로드리고 자신의 문제라기보다는 시대적 상황의 한계로 보아야 하기 때문이다. 그 당시의 대부분의 유럽인들은 동양인에 대한 우월의식을 가지고 있었다.

로드리고의 유용의식도 보는 관점에 따라 긍정적으로 해석될 수 있다. 문제는 우리가 로드리고의 유용의식을 어떻게 해석해야 하는가이다. 로드리고는 서구를 대변하는 인물로서 당시 선교사의 보편적 성질인 우월의식을 소유하고 있지만 한편으로는 연민이라는 감정도 동시에 지니고 있다. 물론 이 연민의 감정도 우월의식과 무관한 것은 아니다. 하지만 연민은 긍정적으로 보면 로드리고가 서구의 일반 사제들과는 다르게 주체적인 신앙(모성적 신앙)을 획득해 가는 바탕이 된다. 그의 유용의식은 우월의식과 결합되어 자기중심적 신앙으로 나아간 측면과 연민의 감정과 결합되어 타인 중심적 신앙으로 나아간 측면을 모두 갖고 있다.

작품의 후반으로 갈수록 로드리고의 우월의식은 점차 약화된다. 그는 점점 약자의 고통을 이해하게 되고 그 자신이 기치지로와 같은 약자임을 인식하게 된다. 강자의 우월의식으로 바라본 신도들에 대한 연민의 마음은 같은 약자로서 함께 느끼는 연민의 마음으로 동질화된다. 이는 인간 존재가 가지고 있는 근원적 한계 혹은 나약함으로 확장되어 신(神)도 사랑으로 그들과 고통을 함께 하고 있다는 인식으로 바뀐다.

그의 배교는 단순히 우월의식과 유용의식이 결합되어 침묵하는 신을 부정한 것이 아니다. 그의 배교는 신도들을 위한 진정한 연민의 마음에서 비롯되었으며 잃어가던 신앙을 회복해 가는 과정의 일환으로 볼 수 있다. 그의 유용의식은 일본인 신도들에 대한, 나아가서는 인간 존재에 대한 연민의 마음과 결합되어 신앙을 새롭게 회복하도록 이끄는 긍정적인 측면을 지닌다.

일본으로 향할 때 로드리고는 선교에 대한 사명과 신념으로 충만해 있었다. 그것은 1년이 넘는 고된 항해와 폭풍 속에서도 결코 위축되지 않았다. 그러나 일본에 도착한 후 비참한 신도들의 생활을 보며 신(神)이 이들에게 왜 이런 가혹한 시련을 주시는지 의문을 갖게 되고, 모키치와 이치조의 순교를 보며 신의 침묵을 고민하게 된다.

신도들의 순교는 로드리고가 오랫동안 생각해 온 영웅다운 비장한 최후가 아니었다. 이들은 어느 누구의 관심도 받지 못한 채 변함없는 단조로운 일상의 소리에 묻혀 사라졌을 뿐이다. 로드리고는 신도들의 죽음은 무의미하지 않으며 교회의 초석이 되고 영원한 복을 얻을 것이라는 그리스도교의 가르침을 떠올려 보지만 그것은 그에게 아무런 위안도 되지 못했다. 로드리고는 그동안 생각해 오던 막연한 순교에 대한 이상과 현실과의 괴리 속에서 혼란을 겪는다. 그는 영웅다운 최후를 상상해 왔지만 현실에서 본 농민의 순교는 초라하고 가련하기만 했다.

비참한 신도들의 생활만큼이나 초라한 그들의 순교, 그들의 죽음에 무관심한 일상의 소리, 부당한 현실을 그대로 방치하는 신의 침묵, 로드리고는 점점 신앙에 대한 회의에 빠지고 신에 대한 허무(虛無)를 체험하게 된다. 무엇보다 유용한 존재, 사제로서의 존재에 희열을 느껴 왔던 로드리고에게 하나의 존재가 사라져도 변하지 않는 세상, 단조롭고 섬뜩한 정적, 아무 것도 행하지 않는 신의 침묵은 존재의 부재(不在) 혹은 무용(無用)에 대한 슬프고도 격렬한 분노의 감정을 불러일으킨다.

신의 침묵(혹은 신의 부재)과 함께 그의 유용의식도 크게 흔들린다. 로드리고는 이교도 일본인들에게 포교하고자 하는 마음에 머나먼 땅 일본을 찾아왔다. 하지만 그는 현실적으로 그들을 돕기보다는 오히려 그들에게 무거운 짐이 되거나 그들의 생명을 위험에 빠지게 하고, 그들이 무서운 고문을 받게 되는 원인 제공을 하고 있음을 절실히 인식한다. 그는 자신이 신도들에게 쓸모 있는 존재이기보다는 짐이 되고 있는 현실을 깨닫고 혼란을 겪는다. 결국 그는 신의 부재를 의심하게 되고 그의 신앙은 회의에 빠진다.

로드리고가 나가사키 관헌의 깜깜한 마루방에 수감되어 있을 때 신도들은 고통을 이기지 못하여 배교하기를 원했지만 로드리고가 배교하지 않았기 때문에 그들이 구덩이 매달기 고문을 받고 있음을 그는 알게 된다. 몸부림치듯 누군가에게 유용한 존재로 남기를 갈망했던 로드리고는 신도들을 위해 아무 것도 할 수 없는 자신의 무력함에 대해 절망한다. 침묵하는 신과 무기력한 자신이 현실적으로 신도를 구할 수 있는 유일한 방법은 그의 배교 밖에는 없다. 배교는 자신의 인생에 오점을 남기는 일이며, 진리를 실천하고 사랑을 베풀어야 할 의무를 져버리는 일이고, 이교도(異敎徒)의 선교를 위해 낯선 땅 일본에 온 자신의 인생을 지탱해준 힘의 원천을 져버리는 행위이다.

그러나 신부의 배교를 강요하면서 신부가 보는 앞에서 신도들을 무자비하게 죽이는 일본 관리들, 죽어 가는 그들을 보면서 배교하겠다는 말을 차마 내뱉지 못하는 신부 로드리고, 과연 어떤 것이 참된 사랑의 행위이며 선의 행위인가. 배교할 것인가, 저들을 그냥 죽게 내버려 둘 것인가. 결국, 그는 배교를 선택한다. 고문에 대한 두려움 때문이 아니라 신도들에 대한 사랑과 연민의 행위로서 배교를 선택한다. 그는 고통 받는 신자들의 아픔을 외면할 수 없었다.

강자였던 로드리고 신부는 박해라는 일본적 상황에 직면하여 갈등과 대립을 거쳐 배교한 후, 가중되는 신에 대한 회의와 의심을 거쳐 약자로 전환된다. 로드리고는 배교를 행하는 순간까지 시종일관 신부로서 교회에서 배운 신앙을 지키려는 의식과 그러한 신앙을 가지고는 명확히 풀어나갈 수 없는 현실 사이에서 발생되는 의심, 회의, 두려움, 원망, 절망 등의 내적 감정 사이에서 갈등한다. 이러한 갈등 속에서 신앙에 대한 자기부정과 페레이라의 설득에 의해 배교하게 된다. 배교는 일찍이 강자 로드리고가 경험하지 못했던 약자, 패배자의 세계로 들어감을 의미하고, 자위와 변명에도 불구하고 교회에서 추방된 자로서의 자기연민과 자아의 손상문제 등의 새로운 갈등을 낳게 되지만 그는 자신이 멸시했던 약자 기치지로를 통해서 이를 극복해 간다.

기치지로가 작품의 모두(冒頭)에 로드리고의 길 안내자로 설정되어 있는 점을 주목해 보자. 기치지로는 『침묵』 속에서 단순한 길 안내자가 아니다. 로드리고는 처음 기치지로를 안내자로 하여 일본에 온다. 그 후에도 여전히 로드리고의 삶은 기치지로와의 밀접한 관계 속에 진행된다. 그것은 로드리고가 약자 기치지로의 안내를 받아 약자의 세계로 들어가는 여정이기도 했다. 로드리고는 기치지로와의 관계를 통해 차츰 자신의 약함을 인식하고 인정하게 되며, 자신이 약자가 되어 약자의 길을 걷게 되었을 때 비로소 그 길을 먼저 걸어갔던 약자 기치지로의 고뇌와 아픔을 온전히 이해하게 된다.

로드리고가 자신이 사제라는 자존심과 의무감이 없었다면 기치지로처럼 후미에를 밟았을지도 모른다고 고백하는 장면은 자신의 약자성을 깨닫게 되었다는 것을 의미하며 결국은 그 역시 기치지로처럼 후미에를 밟게 될 것이라는 사실을 암시하고 있다. 로드리고는 후미에를 밟고 배교자로 추락하면서 비로소 오랫동안 의문을 가졌던 그리스도가 유다에게 말한 성구(聖句)의 의미를 체득하게 되어 사랑의 신 그리스도를 만난다. 최후의 만찬에서 그리스도는 유다가 자신을 팔아넘길 것이라는 사실을 알아차리고 유다에게 "당신이 하려는 것을 어서 하시오"라고 말했다고 성서는 전하고 있다. 로드리고는 신학생 시절부터 오랫동안 이 성구의 진의가 무엇인지 고민하였다. 이 성구의 해석 여하에 따라 유다의 구원이 달려있기 때문이었다.

유다에 대한 그리스도의 말을 노여움의 표현이라고 해석한다면 유다는 영원히 구원받지 못하게 된다. 따라서 기치지로를 위시한 그리스도교 박해 하에서 어쩔 수 없이 배교한 많은 일본 신자들 역시 신에게 구원받지 못해 영원한 어둠 속에 갇혀 버리게 된다. 그러나 후미에 앞에서 로드리고는 그리스도와 내면의 대화를 통하여 증오의 말이 아니라 사랑의 말이라는 것을 깨닫는다.

그리스도의 말은 유다는 물론이고 로드리고와 같은 배교자들의 아픔을 이해하고 이들을 위하여 같이 고통 받는 그리스도의 애민의 정에 의하여 말해진 것임을 깨닫게 된다. 로드리고는 마침내 고통 받는 자와 함께 하는 사랑의 신 그리스도를 만나게 된다.

자, 그럼 쟁점으로 들어가자. 우리는 로드리고의 배교를 어떻게 받아들여야 하는가.

배교의 동기 문제와 동시에 또 한 가지 고찰해야 할 것은 배교 그 자체가 갖는 의미이다. 그리스도교는 철저하게 신(神) 중심의 종교이다. 이는 그리스도교에서 강조하는 두 가지의 사랑을 통해서도 알 수 있다. 하나는 아니, 그 먼저는 하나님에 대한 사랑이며 나중 하나가 인간(이웃)에 대한 사랑이다. 이러한 그리스도교의 신 중심적 종교라는 본질에 비추어 보면[30], 설령 로드리고의 배교 동기가 숭고한 사랑 그 자체였다고 해도 인간에 대한 사랑을 위해 신에 대한 사랑을 져버리는 행

---

30) 이 같은 주장에 대한 논거로는 그리스도교의 기본 율법서인 '십계명'을 비롯하여 여러 성경 구절을 들 수 있다. 우선, 〈구약성경 출애굽기 20장 3~17〉의 십계명은 1절부터 5절까지는 인간이 먼저 신(神)에 대해 가져야 할 경외심과 도리에 대한 계명이고, 나머지 6~10절까지의 계명이 인간이 인간에 대해서 가져야 할 규범과 계명의 내용이다. 그리스도교는 분명 신(神) 중심의 종교로 신에 대한 율법과 계명이 인간에 대한 그것보다 우선되고 있다.

위는 의(義)가 될 수는 없다.

그리스도교의 신이 사랑의 신인 것은 분명하지만 인간의 모든 것은 신의 영역 안에서 그의 사랑의 질서에 따라 이루어져야 한다. 이런 관점에서 볼 때 로드리고의 배교는 배교 그 이상도 그 이하도 아닌 배교일 뿐이며, 그 배교는 어떤 식으로도 그리스도교의 영역 안에서 의(義)가 될 수 없는 것이다. 성서는 "사람 앞에서 나를 부인하는 자는 하나님의 사자들 앞에서 부인함을 받으리라"고 말하고 있기 때문이다. 설령 로드리고의 배교가 극한의 자기희생을 바탕으로 한 사랑의 행위였다 하더라도, 그래서 로드리고가 인간에 대한 사랑을 이루었다고 할 수 있을지라도 그것은 엄연히 신에 대한 사랑의 포기를 의미하는 것이다.

로드리고의 고백처럼 그의 배교가 사람들은 이해할 수 없지만 아주 다른 형태로 그분을 사랑하고 있는 것이라면, 그리고 신도들을 위한 신을 닮은 사랑의 행위였다면 로드리고는 그의 배교의 행위에 대해 자유로워야 한다. 사람들은 그를 은근히 질타하고 비난할지라도 그 자신은 절대자인 그분 앞에서 자유해야 하는 것이다. 그런데 로드리고는 배교 후 잠 못 드는 밤을 이루며 힘들어 했다. 소신과 신념에 따른 정의로운 행동이었다면 로드리고는 뼈아픈 후회와 상념보다는 심신의 안정과 평안을 누리고 있어야 한다.

로드리고의 배교가 신에 대한 사랑의 포기였고, 그의 배교의 동기마저도 사랑으로서의 행위가 아닌 우월의식과 유용의식의 발로였다고 한다면, 로드리고는 그리스도교에 있어 그 본체라고도 할 수 있는 가장 중요한 두 가지 사실을—신(神) 중심의 종교인 그리스도교에서 신에 대한 사랑의 우선 순위를 포기한 것과 신도들을 위한 배교의 동기마저도 사랑이라기보다는 자기중심적인 신앙과 유용의식이라고 하는—한 꺼번에 간과함으로써 그리스도교의 본질을 벗어나 있는 것이다.

하지만 이와 다른 측면에서 보면 로드리고의 배교는 자신에 대한 희생과 신도들에 대한 연민과 사랑의 결과이며 새로운 신앙의 발견을 위한 필요조건이 된다.

처음에 로드리고는 비겁하고 나약한 인간의 대표적 인물이라 할 수 있는 기치지로에 대해서 자기 자신과 기치지로가 같은 신을 믿는 신도라는 사실을 인정하고 싶지 않았다. 그러나 자신이 강인한 신념의 소유자라는 우월의식이 남달랐던 로드리고는 자신이 가지고 있는 나약함과 직면하게 되면서 약자를 이해하게 되고 종교적 허상(우월의식, 영웅심, 순교)이 붕괴된다. 비로소 그는 자신의 내면에 존재하던 약함을 발견하게 된다. 그가 자신의 강한 표상 속에 숨겨둔 내면의 진실을 보게 된다. 자신이 미처 깨닫지 못하고 있었을 뿐 로드리고의 내면에도 기치지로와 같은 나약한 모습이 자리 잡고 있었던 것이다. 로드리고의 내면에 자리하고 있던 그의 종교적 허상은 자신이 욥처럼 강한 인간은 못 된다는 자신의 고백으로 결국에는 붕괴된다. 그는 이제 인간의 나약한 부분을 이해하고 자신에게도 그러한 점이 있다는 것을 인정하기에 이른다. 로드리고는 자신은 배교했지만 하나님은 자신이 결코 배교한 것이 아님을 안다는 고백을 함으로써 외형적인 배교 행위 그 자체는 인정한다. 그러나 여기서 중요한 것은 그가 성직자들이 교회에서 가르치고 있는 신(神)과 자기의 주님은 다르다고 알게 되는데, 이를 통해 그의 내면에 어떠한 변화가 일어났다는 것이다.

로드리고가 항상 가졌던 의문은 신이 존재한다면 어째서 인간이 죽음에 이르고 있음에도 신은 침묵하고 있는가라는 문제였다. 그러나 그는 고통 속에서 순교하는 나약한 인간의 모습을 통해 하느님은 침묵하고 있는 것이 아니며, 인간의 고통이 바로 신의 고통이라는 사실을 깨닫게 된다. 로드리고의 배교는 이러한 깨달음에 이르기 위한, 신에게 다가가기 위한 시련의 과정으로 볼 수 있다.

로드리고는 처음에 신부로서의 자신만을 인식하고 있었다. 그것은 강자로서의 자기 인식이었다. 그러나 배교를 통하여 그는 신부 이전에 그저 약한 한 인간일 뿐인 자신을 느끼고 인정한다. 이를 통해 약자를 사랑하는 신을 인식함으로써 일본에서의 최후의 가톨릭 신부, 즉 진정한 신부로서 거듭난 자신을 만난다. 일찍이 로드리고가 강자였을 때 침묵하던 신은 배교를 통해 약자, 패배자가 된 그에게 비로소 나는 침묵하고 있었던 것이 아니라 함께 괴로워하고 있었다고 말한다.

배교는 로드리고가 신의 사랑을 알기 위해서 필요했던 것이다. 이제 그에게 있어 배교는 저항과 혐오의 행위가 아니다. 신과 자신 그리고 타인에 대해서 완전히 새로운 의식과 감각을 소유하게 되는 전환점이 된 것이다. 이를 통해 새로 형성된 신앙의식은 로드리고가 처음 지니고 있었던 하나님이 하시는 일은 모두 선한 일이라는 신앙 의식과 다시 합일을 이루고 있다. 모든 것이 협력하여 선을 이룬다는 성서의 말처럼 신을 사랑하는 로드리고에게는 배교의 행위조차 선하게 작용하고 있으며, 신의 부르심을 받은 그의 인생에 있어서 배교는 반드시 필요한 필연의 사건이었다.

쟁점 ❷ 배교 : 부성적(父性的) 신과 모성적(母性的) 신

작품 『침묵』은 신(神)의 침묵인 동시에 신의 침묵을 이해하려는 등장인물의 인생관이자 신앙관을 그린 소설이다.

박해를 당하는 신도들에게 아무런 응답을 하지 않고 침묵을 지키고 있는 신에 대해서 의문을 품으면서 로드리고의 신앙은 뿌리부터 흔들린다. 마카오에서 보였던 선교 사명에 기꺼이 따르던 로드리고의 당당한 모습은 사라지고 괴로운 현실에서 사제로서는 도저히 상상할 수조차 없는 신의 존재마저도 의심하는 처지가 된다. 하지만 신의 존재에 대한 그의 의심과 신앙에 대한 회의는 신도들의 박해에 자신이 아무것도 할 수 없다는 무력감과 자신의 내면의 약함을 발견하게 되면서 새로운 국면으로 전개된다. 그 자신을 약자와 동일시하면서 그는 기치지로의 고통과 상처를 자신의 경험을 통해 완전히 이해하고, 그런 기치지로를 사랑하는 또 다른 차원의 신을 발견한다. 로드리고는 신의 침묵으로 인한 절망과 위기 끝에 자신만이 현실에 고통스러워하는 것이 아니라 예수도 그 고통을 함께 하고 있음을 자각한다.

우리는 여기서 로드리고의 새로운 주체로의 탄생을 어떻게 보아야 하는 지를 논의해 보고자 한다. 그의 새로운 탄생은 예수를 바라보는 그의 시각의 변화와 신이 과연 침묵을 깬 것인가의 문제와 연관되어 있다. 그의 변화된 예수상은 침묵을 깨고 로드리고에게 성화(聖畵)를 밟아도 된다고 말하였는데 이에 대해 많은 논란이 있다. 먼저 예수를 바라보는 시각의 문제를 살펴보고, 다음으로 신이 침묵을 깬 것인지의 문제를 살펴보자.

작자는 로드리고의 내면적 생활(예수에 대한 시각의 변화)을 그리스도의 얼굴 변화를 통하여 그리고 있다. 후미에 속의 예수의 얼굴은 로드리고가 포르투갈과 로마 그리고 마카오에서 수없이 상상한 위엄과 자랑스러움을 지닌 얼굴이나 아름답게 고통스러움을 견디는 얼굴 그리고 유혹을 물리치고 강한 의지의 힘이 넘쳐흐르는 얼굴이 아니었다. 로드리고가 밟으려고 한 후미에 속의 예수의 얼굴은 여위고 지나치게 지쳐 있는 얼굴이었다.

　로드리고가 마음에 품고 있던 그리스도 얼굴의 변화는 그의 그리스도상의 변화를 반영한다. 작품 중에 작가는 로드리고에게 자주 그리스도 얼굴을 떠올리게 하고 있다. 로드리고는 후미에를 밟을 때까지 열세 번이나 그리스도 얼굴을 떠올린다. 로드리고가 일본에 오면서부터 상상해 가는 그리스도 얼굴은 다양한 형태로 변화한다. 그가 일본에 오기 전 그리스도의 얼굴(구체적으로 마을 사람들이 순교당하기 전)은 자신의 전 생애를 통해 가장 아름답다고 생각해 온 것이자 인간의 이상과 꿈이 담긴 것과 같은 인간 세상에 존재하지 않는 하나의 정형화된 그리스도의 얼굴이었다. 동시에 이런 그리스도의 얼굴은 곧 로드리고의 종교적 믿음(신념)과 일치한다.

　그러나 그리스도의 얼굴은 그가 일본에 온 이후 이전의 모습과 상당한 차이를 보인다. 그 차이는 신성하고 깨끗한 그리고 씩씩하고 힘찬 일률적인 신의 얼굴에서 인간사의 갖가지 희로애락(喜怒哀樂)이 그대로 표정으로 나타난 인간의 얼굴로 바뀌고 있는 것이다. 상상으로 그려진 얼굴이 아니라 점차 현실 속에서 로드리고와 함께 공감하는 그리스도의 얼굴로 바뀐다. 이런 그리스도의 얼굴은 로드리고의 신념과 믿음이 기존의 권위적인 신을 거부하고 본래적이고 인간적인 신을 받아들이고자 하는 심리적인 변화를 나타낸다.

로드리고가 상상한 그리스도의 변화된 얼굴은 가톨릭에서 말하는 교의나 형식이 아닌 진실로 나약한 인간들을 구원으로 이끄는 신의 모습이라고 볼 수 있다. 작가는 이런 로드리고의 내면적 성찰을 그리스도의 얼굴 변화를 통하여 그리고 있는 것이다. 결국 로드리고는 자신의 그리스도는 교회에서 가르치는 엄격한 그리스도가 아니라 모든 인간의 잘못을 덮어주고 오히려 격려해 주는 존재, 잘못을 저지르는 자식 곁에서 늘 지켜 주는 어머니와도 같은 존재임을 깨닫게 된다.

로드리고는 신의 침묵을 거부하면서 일본인 신도들을 죽음이 아닌 삶으로 인도하기 위해 마침내 스스로 성화(聖畫)를 밟고 배교를 하게 된다. 그의 배교는 로드리고가 이전에 관념적으로 알았던 신에 대한 배교이면서 진정한 신, 인간의 본성을 이해하고 구원하는 인간적인 신을 향해 다가가는 첫걸음이라 할 수 있다.

로드리고는 오랫동안 구하고자 했던 신의 말씀을 마침내 듣는다. 그는 신이 밟아도 좋다고 하는 말씀을 듣고 배교한다. 이런 신의 말씀은 여태까지 로드리고가 신을 위해 순교하는 용기와 인내하는 강한 자를 통해 들은 것이 아니라 오히려 나약하고 겁 많은 자들을 구원하려는 순간 들리기 시작한 것이다. 그리고 배교 행위는 곧 나약한 인간의 구원을 위해서라면 나를 밟아도 좋다고 하는 신의 말씀이기에, 로드리고는 신의 말씀을 실천함으로써 구원받는 것과 동시에 신의 존재에 대한 믿음으로 느끼는 격렬한 기쁨을 경험하였던 것이다. 로드리고가 배교하는 순간 느낀 이 기쁨의 감정이야말로 여태까지의 고뇌하는 신이 아닌 말씀하는 신과의 만남에서 오는 기쁨이라고 생각할 수 있다.

이제 로드리고는 신부가 아닌 한 인간으로서 신의 존재에 대한 믿음에 더욱 확신을 가지게 된다. 로드리고는 위엄을 지닌, 아름답게 고통스러움을 견디는, 유혹을 물리친 강한 의지의 힘이 넘쳐흐르는 그리스도의 얼굴이 아닌 여위고 매우 지친 얼굴 속에서 앞으로 자신이 믿고 의지할 참다운 그리스도의 모습을 발견한다.

로드리고는 배교라는 행위를 나약함에서 오는 행위로부터 용기 있는 행위, 사랑의 행위로 전환시킨다. 그는 배교의 아픔을 통해 이 땅에서 하느님의 말씀을 전할 신부로서의 역할을 실천하고자 한다. 그 예로 나약하고 수없이 배교를 한 기치지로가 로드리고 앞에 나타나 자신의 죄를 용서해 달라고 말했을 때 그는 성직자 외에는 해줄 수 없는 고해성사를 한다. 이로써 로드리고는 침묵하는 신에서 말씀하신 신으로 인식을 전환함으로써 인간과 영원한 동반자로서의 그리스도상에 도달한다. 로드리고는 새롭게 인간적인 신을 인식함으로써 인간의 나약하고 고통에 찬 신음소리야말로 바로 신의 고통이고 신음소리였다는 사실을 깨닫는다.

로드리고의 신에 대한 관점의 변화는 신이 침묵을 깼다는 사실과 연관되어 있다. 이에 대해 살펴보자.

『침묵』의 가장 결정적인 점은 신이 침묵을 깼다는 점이고, 게다가 그 내용이 후미에를 밟도록 호소했다는 점이다. 『침묵』의 이런 점은 인간의 연약함에 공감하고 괴로움을 나누는 모성적 그리스도상이 큰 감동을 주어 순수 문학작품으로서는 보기 드물 정도로 베스트셀러가 되었다. 그러나 한편으로는 후미에 앞에 선 로드리고에게 그리스도가 배교를 촉구하는 듯이 여겨지는 "밟아라"는 표현 때문에 일부 그리스도교회에서는 금서 취급을 당하는 등의 비판을 받은 것도 사실이다.

로드리고는 자신이 겪은 고통의 과정에 침묵으로만 존재하던 신이 아닌 아픔과 고통을 함께 나누는 신, 그것 때문에 존재하는 신, 그런 의미에서 후미에의 순간 "밟아도 좋다"라고 말했던 신의 목소리를 듣는다. 하지만 "밟아도 좋다"라는 이 음성이 정말 그 기나긴 침묵을 깨뜨린 신의 음성이었는지 로드리고의 마음속에 내재했던 소리였는지는 알 수 없다. 대부분의 평자들은 그리스도가 시선을 통해 표출했던 음성의 형태로 '밟아라'라고 말했다고 생각한다. 하지만 이를 인정하지 않는 평자들도 많다. 그 목소리는 그리스도의 목소리가 아니라 로드리고의 내면에서 만들어진 목소리라는 것이다. 어쩌면 슬픈 듯한 눈을 하고 이쪽을 보고 있는 신의 눈빛과 "밟아도 좋다"라는 신의 음성은 로드리고 자신이 가지고 있던 신앙에 반(反)하는 행동을 하려는 자기 자신에게 요청된 자기 연민 혹은 환상(환청)이었는지도 모른다.

침묵을 깬 것은 어쩌면 침묵을 견디지 못한 로드리고 자신일지도 모른다. 후미에 앞에 선 로드리고에게 "밟아라"라는 음성이 들린 것인데, 그것은 자기 상실의 극한상황에 처한 로드리고의 내면에서 들려온 음성일 것이다. 그 음성의 씨앗은 사실 오래 전부터 로드리고의 내면에서 싹트고 있었다.

로드리고 일행이 일본에 몰래 숨어든 후 숨어 지내던 도모기 마을에서 관리들의 신도 색출이 시작되었을 때의 일이다. 마을 대표로 나가사키(長崎)에 출두하게 된 세 명의 신도 중 한 사람인 모키치는 자신이 후미에를 밟지 않으면 마을 사람 모두가 똑같이 취조를 받아야 한다고 말하며 이를 어찌해야 좋겠냐며 괴로워한다. 이 때 로드리고는 연민의 정이 가슴에 차올라 자신도 모르게 밟아도 좋다, 밟아도 좋다고 외친다. 사랑이 아니라 정욕과 마찬가지로 일종의 본능에 지나지 않는다고 그가 배워온 연민의 감정은 거부할 수 없을 만큼 강력한 힘으로 작용하여 로드리고의 신념과 이성 그리고 의지까지도 제어하고 있다. 가르페의 순교 장면에서도 로드리고는 마음속으로 가르페를 향해 배교해도 좋다고 외치고 있다. 그는 이어서 "나는 배교한다, 배교할 테니까"라고까지 외친다. 그 말은 이미 목구멍까지 나와 있었지만 로드리고는 이를 악물고 말이 소리가 되어 나오지 않도록 참았던 것이다. 그러나 이미 감정은 이성을 앞서고 있으며 로드리고는 자신도 모르게 배교에 대한 묵시적인 결정을 내리고 있음을 알 수 있다.

처음 모키치를 향해 후미에를 밟아도 좋다고 외쳤을 때, 그것이 신부로서는 해서는 안 될 말임을 로드리고 자신도 잘 알고 있었다. 그러나 이미 그의 내면에서는 "밟아라"라는 음성이 계속해서 희미하게 울려오고 있었던 것이며 마지막에는 자신을 향해 공명(共鳴)해 왔던 것이다. 그런데 만약 로드리고의 배교가 "밟아라"라는 신의 속삭임에 응했던 결과라고 한다면, 그 전에 한 가지 생각해 볼 것이 있다. 과연 로드리고가 신의 속삭임에 응했던 것인가 하는 문제, 즉 밟은 시기의 문제이다.

후미에 앞에 선 로드리고는 그리스도에게 말한다. 이 세상에서 가장 아름답고 고귀한 것으로 자신의 가슴 속에 살아있고 또한 영혼에 깊이 아로새겨져 있는 그리스도의 얼굴을 "저는 지금 이 발로 밟으려 합니다"라고 말이다. 이 때는 신의 음성이 들리기 전으로 로드리고는 이미 배교를 결정하고 있는 상태이다. 결국 로드리고는 신의 속삭임이 없었어도 후미에를 밟았을 것이다. 그가 배교했던 것은 그의 귀에 신의 속삭임이 들려서도 그 속삭임으로부터 커다란 사랑을 느꼈기 때문도 아니다. 배교의 결정은 온전히 로드리고의 몫이었다. 그리고 그의 내면 속에 이미 깊숙이 잠재되어 있었던 "밟아라"라는 음성은 분명 그가 배교에 이르는데 있어 강력한 요인으로 작용했을 것이다.

여기에서 우리가 한 가지 짚고 넘어가야 할 점은 "밟아라"라며 침묵을 깬 것은 과연 그리스도교 본연의 신인가라는 문제이다. 침묵을 깼던 것이 로드리고의 내면의 음성이든, 아니면 정말로 그리스도가 시선을 통해 표출했던 음성이든 간에 "밟아라"라고 권하는 신은 이미 성서의 신과는 다르다는 점이다.

성서의 신은 후미에 앞에 선 로드리고를 향해 그것을 밟고 배교하라고 결코 말하지 않는다. "이 동네에서 너희를 핍박하거든 저 동네로 피하라"고 말하는가 하면, 살아도 신을 위해 살고 죽어도 신을 위해 죽으라고 말한다. 또한 "의를 위하여 핍박을 받은 자는 복이 있나니 천국이 저희 것임이라"고 말하기도 한다. 그러니 밟지 말고 순교하라고 신을 위해 핍박받고 죽는 순교는 최고의 축복이라고 말하는 것이 성서인 것이다. 그런데도 작가는 밟으라고 말하는 자기만의 신(모성적 신)을 형상화하여 『침묵』의 세계에 등장시킨 것이다. 그러나 작품 속에서 그리스도는 끝까지 침묵했어야 하며 로드리고도 침묵하며 신에게 온전히 자신을 맡겼어야 했던 것은 아닐까.

이제 쟁점으로 들어가 보자. 로드리고의 신에 대한 관점의 변화를 긍정적으로 받아들여야 하는지, 아니면 부정적으로 받아들여야 하는지의 문제이다.

　로드리고의 내면에서 그리스도교는 부성적인 것에서 모성적인 것으로 변화한다. 비록 작가는 "그리스도교는 아버지의 종교만도 어머니의 종교만도 아니고 신약성서 그 자체다"라고 말하고 있지만 말이다. 작가는 종교를 '아버지의 종교'와 '어머니의 종교'로 구분하고 이를 각각 다음과 같이 정의하였다. 아버지의 종교란 인간의 악을 심판하고 벌하는 신으로 인간에게는 두려운 존재인데 반해, 어머니의 종교란 마치 어머니가 잘못을 범한 자식에게 대하듯 용서하고 함께 괴로워하는 신을 말한다.

　후미에를 밟은 후 로드리고는 자신의 신과 성직자들이 교회에서 가르치고 있는 신이 다르다고 고백한다. 로드리고가 주체적으로 획득한 신앙은 신학교에서 가르치는 의식적 이성적 행위가 아닌 연민이라는 자연적인 반사작용에서 출발하여 신을 배신하는 행위 즉 후미에를 밟음으로써 이루어진다. 로드리고는 자신의 약자성을 인식하고 난 후에야 비로소 진정한 신을 만나게 된다. 지난날 결코 기치지로를 받아들일 수 없었던 로드리고는 후미에를 밟는 순간에 죽고 다시 새로운 신앙인으로 태어난다. 그리스도를 배반한 유다와 같은 배신행위를 한 그들을 용서하는 자비롭고 사랑이 넘치는 모성적 그리스도와의 만남이 이루어진 것이다. 즉 약함 때문에 원죄를 갖고 태어난 인간이 근본적으로 원할 수밖에 없는 신의 모습이란 자신의 죄를 용서해주고 더불어 고통을 나누어 갖는 모성적 그리스도였다.

로드리고는 자신의 약자성을 인식하고 인간은 상황에 따라서 누구나 약자가 될 수 있다는 사실을 깨닫는다. 그는 약자이기에 무엇보다도 절실하게 자신들의 나약함을 용서하고 위로해 줄 존재를 갈망하게 된다. 약자들에게 필요한 것은 교회의 성직자들이 가르치는 엄격한 부성적 신이 아니라 약자를 사랑하는 어머니와도 같은 모성적 그리스도이다. 이 만남에 의해 로드리고는 기치지로뿐만이 아니라 약자로 전환된 자신의 자아에 대해서도 용납할 수 있게 된다. 이처럼 로드리고는 기치지로를 통해 자신의 힘으로는 어쩔 수 없는 천성적인 약함을 지닌 약자의 고통을 수용할 수 있게 되었으며, 그것은 자신의 경험을 기반으로 하여 그들과 공감해 나가는 과정을 통해 이루어졌다. 그리고 그 과정을 완성시켜 준 것은 어떤 약자라도 이해하고 용서하는 사랑 그 자체인 그리스도와의 극적인 만남이었던 것이다.

로드리고가 깨달은 하느님의 위대한 사랑은 언제나 신 앞에 복종하고 희생을 강요하는 것이 아니다. 신의 사랑은 인간이 비록 나약하고 고통과 두려움 속에 신의 존재를 의심하고 무서운 시련 앞에서 신을 저버리더라도 사랑으로 용서하고 인정하는 것이다. 로드리고는 배교라는 실존 안에서 비로소 용서하시는 신, 거슬러 반대하는 자유까지도 허락하시는 사랑의 신을 만날 수 있었던 것이다.

로드리고가 획득한 신앙은 신학교의 가르침을 초월하여 종교적 허상을 극복하는 가운데 연민을 그리스도교의 핵심인 사랑으로 승화시켜 주체적인 신앙으로 성장시켜 나간 것이라고 할 수 있다. 이제 로드리고는 서구에서 배운 하나님을 버리고, 신을 위한 인간의 순교(죽음)가 아닌 인간의 삶을 위한 인간적인 신을 선택함으로써 침묵하는 신에서 말씀하는 신을 받아들이고 있는 것이다.

이런 로드리고의 신관의 변화는 긍정적으로 보면, 작가 자신이 밝히고 있듯이 유럽의 교회가 생각하고 있는 것과는 달리 로드리고가 배교한 것이 아니라 이제까지와는 다른 형태로 신앙을 유지해가고 있음을 보여주는 것이다. 로드리고의 신의 존재에 대한 의문은 그리스도교를 부정하는 것이 아니라 그동안 의심 없이 수동적으로 받아들여 왔던 그리스도교의 가르침을 로드리고가 능동적으로 바라보게 됐음을 의미한다. 여기에서 붕괴되는 것은 그리스도교 자체가 아니라 그리스도교의 속성 가운데서 아버지적 종교성이다. 이는 로드리고와 기치지로로 하여금 배신자로서 죄책감을 느끼게 하고 자기비하와 자기혐오 속에서 떳떳하지 못한 삶을 살게 하는 요소이기도 하다. 모성적인 신은 자신을 배반한 자들이 겪는 아픔과 고통까지도 함께 나누는 그리스도의 모습이다. 말하자면 자식의 어떠한 악행도 탓하지 않고 오히려 자식의 아픔을 이해하고 늘 묵묵히 함께 해주는 어머니와 같은 존재로서의 그리스도인 것이다. 로드리고는 이런 그리스도와 만난다.

우리는 "나는 배교했다. 그러나 주여, 제가 배교했던 것이 아님을 당신만이 아십니다"라는 로드리고의 독백에서 그는 후미에를 밟았지만 그리스도교를 버렸던 것은 아님을 알 수 있다. 후미에의 예수와 대면함으로써 사랑과 용서를 상징하는 모성의 예수상을 새롭게 소유할 수 있었다는 점에서 그리스도교의 재발견이라 할 만하다.

로드리고가 일본 신도에게 후미에를 밟으라고 말하고 스스로도 후미에를 밟는 것은 고문 당하는 신도들을 살리고자 하는 순수한 사랑의 발로였다. 결국 자신의 구원을 포기한 채 신도들을 살리고자 후미에를 밟은 로드리고는 배교를 통해 자신이 이제껏 혐오해 오던 기치지로와 같은 약자를 받아들이고 진정한 사제의 마음으로 그에게 평화의 기도를 해줄 수 있게 된다. 이는 그가 가톨릭교회의 사제가 아니라 그리스도의 진정한 사제로 다시 태어났음을 의미한다.

로드리고는 죽음으로 순교하여 성인전에 영웅으로 기록되기보다는 박해 속에서 신음하는 신도들 그리고 어쩔 수 없이 후미에를 밟았으나 그 발의 아픔을 평생 간직하며 죄책감에 괴로워할 사람들과 아픔을 함께 나누며 살아가는 길을 택했다. 이런 삶이야말로 신앙과 신의 존재를 증명하는 순교라 할 수 있을 것이다. 이는 로드리고가 스스로 자신이 이 나라에서 지금도 최후의 기리시탄 사제라고 말할 수 있었던 이유이며, 우리가 로드리고에게 단순히 배교자라는 낙인을 찍을 수 없는 이유이기도 하다.

하지만 『침묵』이 세상에 발표된 후 이러한 모성적 그리스도상이 부성적 원리의 질서를 중요시하는 가톨릭의 교리에 배치된다는 평도 많았다. 로드리고의 신관이 변한 것은 신앙의 변질이며 다른 차원에서는 신앙의 퇴조와 괴멸(壞滅)로 간주되기도 한다. 로드리고는 그리스도교를 여성화 혹은 모성화했다. 이런 그리스도상은 로드리고의 개인적이고 주관적인 그리스도상에 지나지 않는다. 가톨릭 입장에서 로드리고의 그리스도상은 왜곡된 그리스도상이고, 교회의 그리스도상 및 일반 신도가 지닌 그리스도상에 대한 도전이다. 로드리고의 그리스도상은 결과적으로 가톨릭 입장에 대한 도전이다.

로드리고의 그리스도관은 모성이라는 면으로 지극히 편향되어 있다.

성서의 신은 사랑과 공의(公義)를 모두 포함한다. 로드리고의 신에게서는 사랑만 있지 공의(公義)의 측면이 배제되어 있다. 이는 엄격한 부성적 신에 대한 반발로 모성적 신의 측면만 강조된 결과라 하겠다. 그러나 성서의 신은 사랑과 용서를 베푸는 모성으로서의 신임에 틀림없지만 또한 공평하여 악은 징벌하는 부성으로서의 신이기도 하다.

『침묵』의 세계에서 가장 극적이며 감동적인 곳은 역시 주인공 로드리고가 후미에를 밟는 장면일 것이다. 그러나 이 장면에서 신은 로드리고가 만든 신에 불과하다는 것을 우리가 간과해서는 안 된다. 로드리고의 신에 대한 관점의 변화는 배교에 대한 자기합리화이거나 변명에 불과할 것일 수도 있다.

쟁점 ❸ 그리스도교의 일본적 토착화(土着化) : 실패와 성공

16세기부터 17세기는 서구 사람들이 신을 배반하는 것이 극히 힘든 시대였다. 그들은 신을 존경하고 숭상하는 것이야말로 인간으로서 가장 아름다운 행위이며 비록 현세의 육체적 고통과 괴로움이 있더라도 신에 대한 믿음으로 극복해야 한다는 정신적 가치를 우선하였다. 하지만 이런 서구의 종교관과 달리 일본에서는 유일신을 부정하는 이른바 범신론, 인간은 죽어서 모두 신이 된다는 사상을 가지고 있었다. 따라서 당시 서구의 문명이 일본에 수용되는 과정에서 일어나는 대립과 충돌은 피할 수 없는 것이었다. 서구의 일신론적 세계와 대비되는 일본의 범신론적 정신 풍토는 『침묵』의 중요한 주제를 구성하고 있다. 『침묵』은 이질적인 풍토의 일본에 그리스도교가 수용될 수 있는가라는 새로운 문제를 추구하고자 한 작품이다.

　로드리고가 도모기 마을에 잠복하여 포교활동을 하다가 붙잡혀 나가사키의 관아에서 문초를 받는 장면에서 이노우에 지쿠고노가미는 서구의 그리스도교라는 나무는 범신론적 풍토인 일본 땅에서는 결코 뿌리 내리지 못할 것이라고 단언한다. 또 로드리고의 배교를 설득하는 과정에서 그의 옛 스승이며 일본교구의 교구장이었던 페레이라는 서구와 전혀 다른 일본의 풍토를 '늪지(沼地)'[31]란 말로 비유하고 있다. 페레이라는 일본이란 나라는 어떤 것을 심어도 썩어버리는 늪지와 같은 곳이라고 말한다. 페레이라는 일본이라는 늪지는 어떤 외래의 문화와 종교도 흡수하여 자신들의 형편에 맞게 굴절·변형시켜서 다른 것으로 만들어 버리는 특성을 지니고 있다고 말한다. 따라서 일본에 전해진 그리스도교도 일본화되어 다른 형태의 것으로 변질되어 버렸다고 포교의 무용성을 이야기한다. 페레이라는 일본의 그리스도교가 멸망한 것은 금지의 탓도 박해의 탓도 아니며, 이 나라에는 그리스도교를 받아들일 수 없는 무엇인가가 존재한다고 말한다.

　페레이라가 말한 일본의 범신론적인 풍토는 로드리고도 느끼고 불안해 한 바 있다. 서구의 일신론의 주체인 그리스도를 공경하고 그에 대한 기도를 중시하기보다는 단지 그리스도를 상징하는 성화라든가 십자가 등에 더 애착하는 일본 신자들을 보았기 때문이다. 이것은 일본이라는 범신론적 풍토 안에서 서구의 그리스도교가 서서히 변질되고 있음을 시사하고 있다.

---

31) 일본의 '늪지대(地帶)'는 일본의 文化를 말한다.

로드리고는 처음에는 일본인 신도들이 단순히 십자가상이나 성화 등의 성물(聖物)에 관심을 보이는 정도라고 생각했었다. 그러나 그리스도의 얼굴이 그려져 있는 후미에는 밟지만 성모마리아에게 침을 뱉고 매춘부라는 말은 차마 하지 못하는 일본 신자들의 모습을 눈앞에서 확인하고 그들이 그리스도보다 성모마리아를 더욱 숭배한다는 것을 알게 되어 걱정하게 된다. 이처럼 로드리고는 초기에 사제로서의 소명과 신앙에 확신을 갖는 인물이었기에 성모마리아 숭배로 변해버린 그리스도교에 대해 불안해한다. 하지만 이런 불안은 모성적 그리스도를 만나는 과정에서 결국 해소된다.

그럼, 쟁점으로 들어가 보자. 로드리고의 변화된 그리스도교관은 서구의 본래적인 그것과는 상당한 차이를 보인다. 문제는 로드리고의 배교(후미에를 밟음)와 모성적 신의 발견을 그리스도교의 일본적 토착화로 볼 수 있는가라는 것이다.

그리스도교의 일본적 토착화는 그리스도교가 일본에 받아들여지기 위해서는 일본의 특수한 환경에 맞게 변화되어야 한다는 생각이다. 로드리고의 모성적 신은 그리스도교의 일본적 토착화를 위해서 일본의 특수한 환경에 맞게 변화된 그리스도교이다. 부성으로서의 신이 모성으로서의 신으로 바뀔 때 그리스도교는 일본에 토착화될 가능성이 있다.

그리스도교이든 다른 종교이든 선교를 위해서는 어느 정도의 문화적 토착화는 필요하다. 가톨릭 교회은 현대에 들어 어떤 지역에 복음화 내지는 선교하기 위해서는 문화적 토착화가 이루어져야 한다는 입장을 갖고 있다. 그러므로 문화적 토착화 자체는 문제가 아니다. 문제는 어느 정도의 제도나 형식을 유지할 것인가가 핵심이다. 로드리고가 말하는 모성적 신이 그리스도교의 본질에서 벗어난다면 이는 더 이상 그리스도교가 아니다.

또 다른 문제는 모성의 신은 로드리고의 배교를 통해서 발견되었다는 사실이다. 배교를 통해서 깨달은 모성적 신이 과연 그리스도교의 신과 일치할까. 배교 자체가 가지는 비그리스도교적 의미 즉, 그리스도교가 사랑과 용서의 종교이기는 하나 그 사랑과 용서도 신의 영역 안에서 신의 질서를 따라 이루어져야 한다. 그런데 로드리고가 후미에를 밟아 신을 부인함으로써 인간에 대한 사랑을 지키려고 했던 것은 신의 영역과 질서 밖의 일이다. 로드리고는 배교마저도 이해하고 용서하는 모성적 신을 통해서 자신의 배교를 합리화하고 있는 것은 아닐까.

우리는 로드리고가 발견한 모성적 신은 그리스도교의 본질에 부합하고 모성적 신의 발견은 그리스도교가 일본에 전파되기 위해서 불가피한 변용이라고 보아야 할까. 아니면 로드리고의 모성적 신은 그리스도교의 신에 대한 잘못된 이해를 기반으로 하고 있기 때문에 그리스도교의 토착화와는 무관한 것일까. 그의 토착화는 어떤 결실도 맺지 못한 것은 아닐까. 모성의 신을 앞세워 그리스도교의 일본적 토착화를 이야기하는 것은 그 자체로 모순은 아닐까.

기독교의 신은 로드리고가 말하는 것처럼 모성으로서의 신임에 틀림없다. 그러나 모성으로서의 신일뿐 아니라 부성으로서의 신이기도 하다. 그렇다면 모성의 신만을 강조하는 듯한 로드리고의 신은 이미 기독교적인 신이 아니므로 기독교의 토착화는 실패한 것인가, 아니면 토착화를 위한 싹을 보존하는 행위인가.

우리가 로드리고의 신이 여성화된 것을 기독교가 일본적 특수성에 바탕한 신앙의 토착화에 성공한 것으로 볼 것인지, 아니면 선교의 실패로 볼 것인지를 판단할 때 배교 이후의 로드리고의 행위는 중요한 판별 기준이 된다. 왜냐하면, 그리스도교의 선교를 위해서 어느 정도의 토착화는 필요하다고 할 때, 어느 정도라는 기준을 잡기가 어렵기 때문이다. 결국, 배교를 통해 발견한 모성적 신이 그리스도교의 본질에 부합하는가와 함께 배교 이후의 로드리고의 행적을 살펴봄으로써 토착화의 필요성이나 성공 여부를 판단할 수밖에 없다.

배교 후의 로드리고의 행동도 토착화의 문제와 관련지어 보면 과연 그리스도교의 토착화를 향해 가고 있는가라는 의문이 남는다.

로드리고는 관청의 밀실에서 관리들로서는 감별할 수 없는 물건을 보고, 이것이 기독교의 것인지 아닌지를 가르쳐 주는 일을 한다. 또 로드리고는 마카오 선교부가 네덜란드 배로 인도로부터 일본에 신부를 보내기로 결정했다는 것을 일본 정부에 알려주기도 한다. 이처럼 반기독교적인 것처럼 보이는 로드리고의 행위는 기독교를 일본이라는 특수한 상황에 뿌리내리게 하기 위한 고육지책(苦肉之策)인가, 자신이 살아남기 위한 수단에 불과한 것인가.

명예는 물론 배교까지 마다 않고 신도들을 구한 로드리고의 행위는 사랑에 의한 것이었다고 생각할 수 있다. 자신을 희생하여 이웃을 사랑하는 것은 곧 신을 사랑하는 것이라는 성서의 가르침과도 부합한다. 그러나 배교 후 기독교의 탄압에 협력하는 그의 삶은 더 많은 신도들을 죽음으로 내모는 일이라는 점에 문제가 있다. 이는 분명히 사랑의 행위도 신의 뜻대로 사는 삶도 아니다. 결국 로드리고의 삶을 통해 활동하는 신의 모습은, 그의 삶을 통해 들려오는 신의 음성은 바른 것이 아니라는 말이다. 그는 그리스도교 탄압의 희생양이었지만 이제 그리스도교 탄압에 협력하며 살아가고 있는 것이다. 결국 그는 그의 스승인 페레이라의 전철[32]을 밟는 것이 아닐까. 그러므로 그리스도교의 일본 토착화는 실패한 것이라고 볼 수 있지 않을까.

그리스도교의 탄압을 돕는 그의 행위는 신에 대한 믿음을 버린 행위인가, 그렇지 않은 행위인가. 일본의 특수성으로 인해 선교가 불가능하다고 판단했거나 선교를 방해할 목적이었다면 신에 대한 믿음을 버린 행위로 볼 수 있을 것이고, 가난한 일본 백성(신자)들의 고통을 덜어주기 위한 목적이었다면, 자신의 배교 행위와 마찬가지로 모성적 신의 발견을 통해 신에 대한 믿음을 간직하고 있다는 의미로 볼 수 있지 않을까. 전자라면 그리스도교의 일본 토착화에 실패한 것으로, 후자라면 그리스도교의 일본 토착화에 성공한 것으로 볼 수 있지 않을까.

또 다른 관점에서 보면, 배교 후의 로드리고의 행동을 토착화의 문제와 관련지어 긍정적으로 해석해 볼 수도 있다. 작가는 작품의 끝에 「요나센 일기」를 삽입하여 로드리고가 후미에를 밟은 후 보낸 15개월가량의 나가사키 생활을 담고 있다.

이 일기 속에서 요나센은 로드리고와 페레이라에 대해 두 사람이 배교하여 일본에서 살아가는 마지막 사제라고 설명한다. 그리고 현재는

---

32) 페레이라 신부는 배교 후에 일본인들에게 도움을 주고자 천문학 책을 번역하고 있고, 심지어 신의 가르침과 그리스도인의 과오와 부정을 폭로하는 현위록(顯僞錄)이라는 책을 쓰고 있다.

외국에서 들어온 물건이 기리시탄과 관계있는 지를 조사하는 일을 한다고 기술하고 있다. 그런데 로드리고와 페레이라가 같은 일을 하고 있음에도 불구하고 요나센이 페레이라에 대해서는 강경하게 비난하나 로드리고에 대해서는 사뭇 호의적으로 묘사하고 있는 데 주의를 기울일 필요가 있다.

그는 페레이라가 적극적으로 기리시탄 색출에 협력하고 있으며 그 속이 검다고 비난하면서 이 신을 잃어버린 악한의 죽음을 바랄 정도라고 쓰고 있다. 하지만 로드리고는 이와 대조적이다. 배교한 사제는 기리시탄을 색출하거나 페레이라가 로드리고에게 그랬듯이 기리시탄을 배교시키는 수단으로 이용되는 것이 통례라 할 수 있다. 그러나 로드리고는 기리시탄으로 의심받아 심문을 당하는 사람을 배교시키려 하기보다는 그들의 구명에 애쓴다. 이는 신자를 위해 위험을 무릅쓰는 그의 사제로서의 일면을 엿볼 수 있는 부분이라 생각된다.

결국 이 일을 계기로 배교를 의심받은 로드리고는 에도(江戶)의 '기리시탄 저택'에 유폐되고, 이후 오카다 산우에몬이란 이름으로 살아간다. 이 기리시탄 저택은 배교한 선교사들이나 기리시탄들이 모여 살던 거주지로 출입이 자유롭지 못하며 관리의 감시 하에 생활하던 곳이다. 이곳은 옥사라고도 불렸는데 감옥과 같은 곳임을 알 수 있다.[33)]

때문에 감옥과 같은 기리시탄 저택에서의 삶은 로드리고가 신을 버

---

33) '기리시탄 저택'과 관련된 부분은 원서 『침묵』에는 있지만 현재 국내에서 시판되는 모든 『침묵』에는 실려 있지 않은 "기리시탄 주거지 관리인의 일기" 부분에 나온다. 최근 김승철이 번역한 엔도 슈사쿠의 『침묵의 소리』에 이 부분이 번역(2016년 10월)되어 있다. 『침묵의 소리』는 엔도 슈사쿠가 자신의 대표작 『침묵』을 쓴 집필 과정이나 배경, 『침묵』이 출간되고 난 뒤의 반향 등에 대한 생각을 정리한 책이다.

리지 않았음을 증명한다고 할 수 있으며, 이는 유폐생활을 하지 않았던 페레이라와의 비교를 통해 보다 분명해진다. 이처럼 「요나센 일기」는 외국인의 기록을 바탕으로 로드리고의 배교 후의 삶을 객관적으로 그리면서 페레이라와 로드리고의 삶이 어떻게 다른지 그 차이를 명료하게 보여주고 있다.

하지만 여기서 주목할 점은 로드리고와 마찬가지로 페레이라 역시 신자를 고문에서 구하고자 하는 사랑으로 배교를 하게 되었다는 사실이다. 로드리고가 구덩이 매달기 고문에 괴로워하는 신도들의 신음소리를 '코고는 소리'로 착각한 사실에 충격을 받은 뒤 후미에에 이끌려 갔듯이, 페레이라 역시 신도들의 신음소리에 아무것도 하지 않는 신의 침묵과 방관으로 인해 배교하게 되었다고 말한다. 다시 말해 아무것도 하지 않는 신을 대신하여 신도들을 살리기 위해 배교했다 할 수 있다. 그렇다면 이처럼 두 사람 모두 신자에 대한 사랑으로 배교했음에도 불구하고 후미에를 밟은 후 전혀 다른 삶을 살아가게 되는 이유가 어디에 있는지 살펴봐야 한다.

먼저 로드리고는 기치지로라는 약자를 통해 비겁하고 교활한 인간까지도 사랑하는 신을 이해하게 되었다. 몇 번이고 신앙의 꼬리를 잘라버리며 도망치는 기치지로의 인간적 나약함이 사제인 자신에게도 자리 잡고 있음을 깨달은 로드리고는 후미에를 밟은 자신을 용서하며 "나도 곁에서 괴로워하고 있다. 끝까지 너의 곁에 있겠다"고 말하는 신과 만나게 된다.

이처럼 인간들이 몇 번을 배교한 후 다시 돌아와도 포용하는 그런 신에 대한 믿음을 통해 로드리고는 자신을 결코 저버리지 않을 신을 지니게 된다. 그리고 이 점이 로드리고와 페레이라의 가장 큰 차이라 볼 수 있다.

　일본풍토 속에서 로드리고의 신앙이 굴절되었다고는 볼 수 없다. 만일 굴절되었다면 후미에를 통해 새로이 발견한 그리스도의 얼굴은 아무런 의미도 갖지 못하기 때문이다.

　이노우에가 인식하는 그리스도교는 '아버지의 종교'로서의 그리스도교이다. 이는 "그리스도교의 구원이란 하나님에게 의지하는 것뿐만 아니라 신도가 있는 힘을 다해 지키는 강인한 마음이 수반되지 않으면 안 된다"고 말하는 그의 말을 통해서도 알 수 있다. 그리스도교를 아버지의 종교로서만 인식하고 있는 이노우에는 그리스도교가 일본이라는 늪지에 졌다고 말하지만, 로드리고는 자신이 싸운 대상이 늪지가 아닌 그리스도교의 가르침임을 밝히며 이노우에의 말을 반박한다. 로드리고의 신앙적 투쟁은 일본 풍토 안에서 이루어지지만 그의 투쟁 대상은 일본 풍토가 아닌 그리스도교의 가르침인 것이다. 이것은 다시 말해 서구인에 의해 일방적으로 강조되어 온 아버지의 종교와의 투쟁, 무비판적으로 받아들여져 온 서구의 그리스도교에 대한 저항으로 볼 수 있다. 로드리고는 후미에를 통해 '어머니의 종교'와 만난다. 여기에서 어머니의 종교란 저항을 통해 주체적으로 수용되는 그리스도교라 할 수 있다.『침묵』에서 아버지의 종교는 일본의 풍토에 뿌리를 내리지 못하지만 로드리고의 신앙변화를 통해 어머니의 종교가 수용된다.『침묵』은 굴절이 아닌 새로운 그리스도교, 즉 어머니의 종교를 제시함으로써 그리스도교와 일본풍토의 거리를 극복하려 했다고 볼 수 있다. 이는 그리스도교의 일본적 토착화로 볼 수 있다.

문학작품 및 참고문헌

- 엔도 슈사쿠(김윤성 옮김), 『침묵』, 바오로딸, 2014.
- 엔도 슈사쿠(공문혜 옮김), 『침묵』, 홍성사, 1982.
- 엔도 슈사쿠(김승철 옮김), 『침묵의 소리』, 동연(와이미디어), 2016.

- 박승호, 『엔도 슈사쿠 연구』, 보고사, 2002.
- 임종석, 『엔도 슈사쿠가 빚어 만든 신』, 충남대학교출판부, 2008.
- 김승철, 『엔도 슈사쿠, 흔적과 아픔의 문학』, 비아토르, 2017.
- 엔도 슈사쿠(송태욱 옮김), 『엔도 슈사쿠의 문학 강의 』, 포이에마, 2018.

- 이규명, 「엔도 슈사쿠(遠藤周作)의 『沈默』論」, 충남대학교 석사논문, 1999.
- 김윤하, 「엔도 슈사쿠의 『침묵(沈默)』 연구: 로드리고의 기독교관 재정립 과정을 중심으로」,
　　　　한국외국어대학교 석사논문, 2014.
- 김희자, 「엔도 슈사쿠(遠藤周作)의 『침묵(沈默)』에 있어서 神과 人間의 問題」, 경상대학교, 석사논문. 2002.
- 최진숙, 「엔도 슈사쿠(遠藤周作)의 『침묵(沈黙)』연구: 신앙과 "거리감"을 중심으로」,
　　　　건국대학교 석사논문, 2008.
- 김윤주, 「엔도 슈사쿠의 『침묵(沈默)론』: 로드리고에서 오카다 산에몬으로의 과정」,
　　　　경희대학교 석사논문, 2008.
- 이화진, 「『沈默』 연구: 로드리고를 통해 본 기독교 토착화 문제를 중심으로」, 조선대학교 석사논문, 2004.
- 고경순, 「엔도 슈사쿠(遠藤周作)의 『沈黙』 研究: 母性的 그리스도像을 中心으로」,
　　　　제주대학교 석사논문, 2003.
- 고경순, 「엔도 슈사쿠(遠藤周作) 문학작품에 나타난 신의 형상」, 계명대학교 박사논문, 2009.
- 이남지, 「엔도 슈사쿠(遠藤周作)의 『침묵(沈默)』의 세계」, 충남대학교 석사논문, 2007.
- 이향란, 「엔도 슈사쿠(遠藤周作)의 『沈默』에 대한 고찰: 고통과 구원에 이르는 과정을 중심으로」,
　　　　인제대학교 석사논문, 2003.

- 박승호, 「엔도 슈사쿠(遠藤周作)의 『침묵(沈默)』론」, 『일본문화연구 1』, 동아시아일본학회, 1999.
- 박유미, 「엔도 슈사쿠(遠藤周作)의 『침묵(沈默)』론: 로드리고와 기치지로의 '인생'을 통한 '순교'」,
　　　　『일본문화학보 38』, 한국일본문화학회, 2008.
- 안영신, 「엔도 슈사쿠의 『침묵(沈默)』론: 역사의 침묵을 중심으로」, 『일본어문학 38』,
　　　　한국일본어문학회, 2008.

제7장

윌리엄 골딩

『파리대왕』

랠프는 뛰어난 지도자의 자질을 지녔다.

I 논제에 따른 쟁점

쟁점 ❶ 리더십(봉화와 사냥)

우리가 첫 번째로 다룰 쟁점은 랠프(Ralph)의 리더십이다. 그가 뛰어난 지도자의 자격 중 하나인 리더십을 제대로 발휘하고 있는지 살펴보자. 랠프의 리더십은 잭(Jack)의 그것과 비교를 통해서 살펴볼 때 훨씬 분명해진다.

먼저, 이들의 리더십을 논하기 전에 잭을 지도자로 뽑은 아이들의 행동이 타당한지를 살펴보려 한다. 아이들이 잭이 아닌 랠프를 지도자로 뽑은 것은 잘한 일일까.

섬에 불시착한 아이들은 어른들의 세계, 문명의 세계를 모방하여 우선 자신들의 대표자를 뽑는다. 잭은 성가대의 지휘자인 자신이 대장이 되어야 한다고 주장하지만 아이들은 민주적인 방식으로 투표를 한다.

이 투표를 통해서 랠프가 합법적인 지도자가 된다. 그런데 소년들이 투표를 통해서 랠프를 대장으로 선출한 것은 그가 갖고 있는 내면적 자질 때문이 아니다. 그가 소라를 가지고 있었기 때문이다.

랠프는 덩치가 크고 용모가 매력적이었으며 다른 아이들과 다른 묵언(조용함)의 힘이 있어 다른 소년들에게는 별난 존재로 비친 것은 사실이다. 하지만 무엇보다도 그를 돋보이게 하고 다른 소년들과 결정적으로 그를 분리시키는 것은 그가 가지고 있는 소라이다. 소라는 랠프에게 어른과 같은 권위를 부여한다. 랠프가 소라를 불자 그 소리를 듣고 소년들이 몰려든다. 그들은 메가폰을 들고 있던 어른들에게 그랬듯이 그에게 순순히 순종한다. 이처럼 아이들이 랠프를 대장으로 뽑은 일은 랠프의 자질이나 아이들의 합리적인 판단의 결과가 아니다. 아이들은 뚜렷한 이유를 모르는 상태에서 자연스럽게 랠프를 대장으로 선출한 것이다.

자질 면에서 본다면 랠프보다는 오히려 피기[34]나 잭이 대장으로 더 적합한지도 모른다. 지금까지 지혜라는 것을 조금이나마 보여준 것은 피기였고, 리더십을 두드러지게 발휘한 쪽은 잭이었다. 잭은 모든 소년들 중에서 유일하게 지휘자의 경험이 있는 인물이다. 랠프가 소라를 불었을 때, 잭은 이미 한 무리의 소년들을 통솔하고 오며, 그는 자기 나름대로의 규율로 아이들을 통제하고 있었다. 그렇게 더운 날씨에도

---

34) 피기(Piggy)는 새기돼지라고도 번역되는데 이 글에서는 피기로 부른다. 잭은 피기에게서 찾아볼 수 있는 예리하고 논리적인 지성이 결여되어 있다. 피기는 랠프보다 더 민감하게 책임감을 의식하며, 지성과 상식을 조화시킬 줄 아는 인물이다. 문제는 피기가 신체적인 면에서 그 자신의 육체로부터 영원히 배반당한 존재라는 것이다. 그는 비만, 천식, 시력장애와 노동하기 싫어하는 성격으로 아이들로부터 배척 당한다. 이 글에서는 피기의 지도자로서의 자질을 더 이상 다루지 않고, 랠프와 잭의 자질을 비교하는 데 중점을 두려한다.

땅바닥까지 끌리는 망토를 걸친 성가대원들을 질서정연하게 잭은 밀림에서 해변까지 행진시킨다. 잭은 이미 조직의 생리와 지도자의 권위를 헤아릴 수 있는 능력이 있고, 또 이러한 자신의 능력에 대해 자부심을 갖고 있는 야심이 넘치는 인물이다.

물론 그렇다고 해서 잭이 지도자가 되어야 했다는 것은 아니다.[35] 잭은 권력을 잡고자하는 욕망이 너무 강한 인물이다. 이런 그의 욕망은 돼지사냥과 더불어 야만적이고 폭력적인 방식으로 표출된다. 그는 아이들을 야만의 상태로 몰아넣고 선한 아이들을 죽게 한다. 결국 잭은 일종의 유토피아에 가까운 이상적인 섬을 랠프를 죽이기 위해 불로써 파괴한 인물이다. 그는 악의 상징인 '파리대왕'[36]이다. 다만 우리는 랠프와 잭의 성격이나 행동을 비교함으로써 랠프가 훌륭한 지도자의 자질을 갖춘 인물인지 평가해 보려 할 뿐이다.

랠프는 그가 지닌 특별한 자질보다는 소라가 상징하는 어른의 힘(문명의 힘)에 의해 다소 우연하게 대장이 되었다. 아이들에 의해 그가 대장으로 결정된 일 자체는 특별한 의미가 없어 보이지만 집단의 지도자가 된 그는 이성적이고 합리적인 사고로 사회의 질서를 확립하려는 성

---

35) 골딩은 인간 본성은 악하다고 본다. 그는 "벌이 꿀을 짓듯 인간은 악을 짓는다"라고 말한다. 벌이 꿀을 짓는 것은 벌의 본성에 충실한 행동이다. 그렇다면 인간이 악을 짓는 것은 인간의 본성에 충실한 행동이라는 뜻이다. 골딩은 사회에 만연한 악의 근원을 인간 내면의 악마성에서 찾고 있다. 그는 한 사회의 구조적 결함은 결국 인간성의 결함 때문에 생기는 것이며, 어떠한 정치체제나 그 사회가 지향하는 이념체계에 달려 있는 것은 아니라고 말한다. 골딩은 천혜의 섬 무인도라는 소우주에서 소년들이 벌이는 사건을 통해 인간이 얼마나 쉽게 문명의 옷을 벗어 던지고 악의 세계에 물들 수 있는가라는 문제를 탐구한다. 잭은 이러한 인간 내면의 악(마성)을 대표하는 인물이다.

36) '파리대왕'은 암퇘지 머리에 파리 떼가 달라붙어 있는 형상을 가리킨다. 골딩은 이 형상을 본떠 소설 제목을 『파리대왕』으로 정했다. 원제인 'Lord of the Files'는 정확히 말하면 '파리들의 왕'이다. 히브리어로 '바알제붑(Baal-Zebub)'이라 불리는 파리의 왕은 '악마의 대죄'인 '폭식'을 유도하는 장본인이라고 한다. 그리고 마왕 '루시퍼'와 동일시되기도 하는 대악마의 의미도 갖는다.

인 사회의 상징적인 존재로 등장한다.

그럼, 이제부터 랠프의 리더십에 대해 살펴보자.

『파리대왕』은 인간 내면의 악의 문제를 다루고 있다. 인간의 문명이 얼마나 쉽게 인간의 본성인 악에 의해서 파괴될 수 있는가를 보여주는 작품이다. 이런 작품의 주제의식은 선과 문명의 상징인 랠프와 악과 야만의 상징인 잭의 대립을 통해서 표현된다.

이 작품을 랠프와 잭의 대립으로 파악할 때, 이 대립은 보통 선과 악의 대립 혹은 질서와 혼돈의 대립으로 볼 수 있다. 작품을 이렇게 파악하는 것은 타당하며 보편적인 관점이다. 하지만 좀 다른 시각에서 이들의 관계를 살펴볼 수도 있다. 이런 시각은 그들의 대립을 이상주의자와 현실주의자의 대립으로 파악하는 일이다.

랠프와 잭은 현실에 대한 판단이나 미래에 대한 전망이 다르다. 랠프가 아직 다가오지 않은 미래에 대한 희망을 놓지 않는 반면, 잭은 현재 처한 상황에서 맛볼 수 있는 즐거움에 탐닉한다. 이들의 대립은 봉화와 사냥의 대립으로 요약할 수 있다.[37]

사냥이 현재의 즐거움에 탐닉하는 태도라면 봉화는 미래의 구조될 희망을 뜻한다. 미래에 언제가 될지 모르는 구조를 위해서 계속 봉화를 피울 것이냐 아니면 현재의 생존 욕구와 즐거움을 충족시키기 위해 사냥을 할 것이냐. 어디에 더 큰 비중을 두어야 할까. 전자는 불확실한 미래를 위한 투자이며 후자는 확실한 현재를 위한 투자이다. 무인도에

---

37) 랠프는 봉화에 잭은 사냥에 편집증적으로 집착한다. 양쪽은 이 문제에 대해서는 사실상 타협이 불가능하다. 봉화에 대한 랠프의 집착은 당연한 것이지만 때론 과도해 보이기도 한다.

서 언제까지 살 수는 없는 노릇이니 구조를 위한 노력이 우선이라는 생각은 장기적인 처방이고 생존을 위한 노력이 우선이라는 생각은 단기적인 처방이다. 삶을 살 때는 장기적 처방과 단기적 처방이 모두 필요하다. 중요한 것은 우리가 어떤 상황에 놓여 있는가에 따라 어느 처방을 우선할 것인지를 결정하는 일이다. 옳고 그름의 문제라기보다는 상황 판단의 문제이다.

랠프가 봉화를 피우는 일에 집착하고 잭이 사냥에 지나칠 정도로 집착하는 문제는 어느 쪽이 옳다고 쉽게 단정하기 어려운 면이 있다. 잭이 봉화를 피워 구조되기를 바라는 희망보다 사냥을 우선하는 행위를 전적으로 잘못이라고 판단할 수는 없다. 왜냐하면 현실적인 관점에서 잭이 전심전력을 기울이는 식량 확보는 생존이라는 문제와 직결되어 있기 때문이다. 잭을 현실적인 문제에만 시야가 한정되어 구조라는 미래지향적인 일을 추구하지 못하는 한계를 드러낸 인물로 평가할 수 있겠지만, 구조는 지나치게 불명확한 미래가 아닐까. 언제 구조될지도 모르고 구조가 되지 않을 수도 있는 상황에서 생존의 문제는 미래의 구조보다 우선하는 문제가 아닐까. 항상 미래가 우선할 수는 없는 것이며 어쩌면 현재의 삶에 충실한 것이 더 나은 삶의 태도가 아닐까. 잭의 태도를 근시안적이라고 비난하기 전에 왜 아이들이 마지막에 랠프가 아닌 잭을 선택했는지 좀 더 신중하게 생각해 봐야 하지 않을까. [38)

잭과 비교가 아닌 랠프 자신의 리더십에 대해 좀 더 구체적으로 살펴보자.

랠프는 소년들의 무리가 섬에서 살아 남기 위해 필요한 규칙들을 세우고 그것들을 지키도록 독려한다. 랠프는 오두막을 짓고, 식수를 준비하며, 화장실 구역을 정하고, 구조를 위해서 봉화를 피우고 지키는 일을 우선한다. 그는 섬에서 문명의 질서를 유지하기 위해 분투하는 매우 합리적이고 선한 인물이다.

지도자로서 그는 각기 다른 연령과 성격을 가진 소년들의 중심점이 되어주고 있다. 그는 또한 섬에서 유일하게 자신이 구조될 수 있을 것이라는 믿음을 끝까지 포기하지 않는 인물이며 봉화의 중요성을 계속해서 아이들에게 일깨우는 인물이기도 하다. 그는 피기, 사이먼(Simon)과 더불어 현재를 넘어 미래를 생각하고 준비할 줄 아는 인물이다.

랠프는 잭과 그를 따르는 무리들이 사냥을 하는 동안 사이먼과 함께 오두막을 짓는다. 랠프는 대중의 호응이 없음을 한탄하면서도 지도자

---

38) 랠프의 입장에서 잭은 구조되려고 노력하지도 않고 법을 지키지도 않으며 사냥을 위해 자신이 만들어놓은 모든 질서를 파괴한다. 따라서 법과 무질서, 구조와 사냥의 대립은 정치적 파벌의 대립이다. 이러한 정치적 대립은 다양한 방식으로 변주되어 소설에서 나타난다. 문명과 야만의 모습으로 나타나기도 하고, 어른과 아이, 폭력과 비폭력, 무인도와 영국, 선함과 악함의 대립으로 나타난다. / 이 소설의 당혹스러움은 이러한 정치적 대립에서 아이들이 무질서의 길, 야만의 길을 선택한다는 것에 있다. 혹자는 이러한 선택이 인간 본성의 악함, 즉 근원적인 폭력성을 보여주는 것이라고 말한다. 하지만 단순히 그것뿐이라면 고전이 될 까닭이 없다. 왜냐하면 잭과 사냥부대가 보여주는 폭력의 모습은 그들이 닥친 현실에서 상당한 설득력이 있기 때문이다. 〔……〕 / 잭과 사냥부대는 암퇘지 사냥에 성공한다. 얼굴에 피를 바르고 그들이 두려워하는 보이지 않는 괴물에 사냥감의 머리를 제물로 받친다. 잭은 이러한 행위를 통해 자신의 권력을 유지한다. 그런데 잭의 행위가 아이들에게 지지를 받는 것은 그의 행위가 섬에서 살아가는데 필수적이기 때문이다. 잭은 맷돼지를 사냥함으로써 고기를 확보하고 보이지 않는 괴물에게 제물을 받침으로써 아이들의 공포를 제거한다. 그런 점에서 잭의 선택은 무인도에서 살아가기 위한 현실적인 방면이다. 잭은 언제 구조될지 모르는 상황에서 무작정 기다리지 않고, 어른들의 세계를 그리워하지도 않는다. 잭이 아이들에게 지지를 얻는 이유는 잭의 폭력성 때문이 아니라 그가 선택한 삶의 방식이 그들이 처한 현실에 새로운 돌파구를 마련해 주기 때문이다. 이러한 과정을 거치면서 사냥부대의 대장으로서 권력을 유지한다. / 따라서 소설에 등장하는 랠프와 잭의 대립은 단순히 인간 본성의 대립이 아니라 정치적 대립이다. 이 둘의 대립은 현실을 어떻게 이해하고 극복해야 하는가의 문제에서 서로 충돌한다. 그런 점에서 인간 본성을 논하는 것은 그 자체로 커다란 의미가 없다. ─장계성 옮김, 『다락원 명작 노트 파리대왕』, 다락원, 2015. 164~167쪽.

라는 책임으로 그 일을 묵묵히 수행한다. 그는 매우 성실한 인물임을 알 수 있다. 비록 불평을 하고는 있지만 해야할 일, 필요한 일은 묵묵히 수행한다. 그는 무질서를 견제하려고 노력하는 착실한 시민이자 이상적인 지도라고 볼 수 있다. 그는 구조에 대한 믿음을 바탕으로 봉화의 중요성과 무리의 구성원으로서의 책임과 질서와 규율을 강조하면서 집단을 잘 이끌어 나가려 한다.

하지만 잭은 민주적이고 이성적인 인물임에 틀림 없지만 피기처럼 논리적이지 못하고, 사이먼 같은 직관력도 없으며, 잭처럼 권력을 쟁취하려는 적극성도 없다. 또한, 결단이 필요한 순간에 우유부단하며 단호하게 행동하지 못하기도 한다. 잭의 사냥부대가 돼지사냥에 몰두하여 봉화를 꺼뜨렸을 때도 이를 단호하게 책망하지 못하고 상식에 호소한다. 오히려 이때 피기가 강하게 잭을 질타하는 모습을 보인다. 랠프는 보다 단호하게 잭의 잘못을 꾸짖고 무리의 질서를 확립하고 기강을 세워야 했던 것은 아니었을까. 랠프의 지도자로서 권위의 부재는 잭의 폭력에 의해서 피기의 한 쪽 안경[39]이 깨어지는 사건을 초래하게 되며, 이는 섬 사회의 지성과 이성이 깨어지는 시발점이 되어버린다.

사실 소년들이 처음 무인도에 추락했을 때의 환경은 민주적인 삶의 방식을 실천할 수 있는 이상적인 여건이 마련되어 있었다. 섬은 아이들이 살기에 이상적인 조건을 갖추고 있고 랠프는 아이들에게 민주적

---

39) 소라가 질서와 권위를 상징한다면 피기의 안경은 지성과 문명의 상징이다. 안경알을 잃어버리는 일련의 사건은 문명과 지성이 파괴되는 것을 의미한다. 피기의 안경 한쪽이 깨진 것은 문명이 파괴되기 시작했으며, 이에 따라 아이들 세계가 서서히 야만에 노출되고 있음을 보여준다. 소라와 안경은 질서와 이성을 나타낸다는 점에서 상호 불가분의 관계에 있다.

인 방식으로 대장으로 선출되었다. 그럼에도 섬에 민주적인 삶의 방식이 정착되지 못하고 광기와 폭력이 난무하게 된 것은 랠프의 무능력 때문이 아닐까. 아니면, 섬에 추락한 아이들을 데리고 섬에서 민주적 질서를 만들어가는 일은 랠프의 리더십과 무관하게 애초에 불가능했던 일일까.

예를 들면, 아이들은 회의를 소집하면 잘 모이기는 하지만 회의에서 의결된 사항은 실천하지 않는다. 여기에 민주주의의 어려움이 대두되는 데 랠프는 이것을 해결해 나갈 능력이 없어 보인다. 이는 랠프의 무능력의 문제일까, 아니면 아이들이 지닌 단순성과 현재의 쾌락과 만족을 추구하는 야만적 본성의 문제일까. 사실 아이들은 놀고 먹는 것 외에는 전혀 관심이 없다. 이런 아이들을 데리고 랠프가 리더십을 발휘하는 일은 애초에 불가능했던 일일까.

소년들은 영국에서 교육을 받아 일반적으로 교양을 갖추고 있다고 볼 수 있으나 섬 생활 이후 자율적 정신과 책임감은 점차 해이해져 간다. 이러한 상황에서 지도자인 랠프는 현실을 통찰하는 능력이 없다. 말하자면 소년들이 구조되는 것은 그의 바람이자 그들 전체가 추구해야 할 올바른 목표라고 볼 수 있다. 하지만 랠프는 지도자로서 그가 이끄는 집단을 그러한 올바른 방향으로 인도하는 능력이 부족한 것이 아닐까. 봉화를 통한 구조를 최우선하는 그의 태도 분명 옳다. 문제는 그 길로 이끌어가는 그의 자질이 부족했기에 봉화를 끝까지 지킬 수 없었던 것은 아닐까.

봉화는 자꾸 꺼진다. 그때마다 랠프의 지도자로서의 권위는 떨어지며 집단의 질서가 문란해진다. 불을 피워 그들이 섬에 고립되어 있음을 알리는 것이 구조될 수 있는 유일한 길이지만, 랠프는 아이들이 관심과 열의를 가지고 봉화를 계속 돌보도록 이끌지는 못한다. 이는 그가 모든 것을 자신의 이성과 상식을 기준으로만 판단하려는 데에서 오는 어쩔 수 없는 결과가 아닐까.

랠프에게는 집단의 생리를 깊이 통찰하고 대처해 나가는 카리스마와 선동적인 능력이 부족했던 것이 아닐까. 랠프는 리더임에도 불구하고 소년들의 감정을 잘 이해하지 못한다. 이런 점에서 볼 때 처음부터 랠프는 다른 소년들과는 다른 세계에 머무르며, 오히려 잭이 아이들을 더 잘 이해하며 그들과 같은 세계에 있다고 할 수 있다.

잭은 짐승에 대한 아이들의 공포와 고기에 대한 욕망을 잘 이해하고 이를 적극적으로 이용한다. 하지만 랠프는 아이들에게 옳고 타당한 비전을 제시하고 있지만 잭으로 인해 권위와 지도력을 잃어가게 된다. 대부분의 아이들은 랠프와 잭 중에서 잭의 편에 가담한다. 왜냐하면 랠프와 함께 있으면 불이나 피우고 모임에 참가하고 규칙에만 얽매이는 생활이 될 것이 불을 보듯 훤하므로, 재미있는 사냥도 하고 맛있는 고기도 먹게 하는 잭 편이 훨씬 재미있을 것이라는 생각에서였다. 그리하여 소년들에게 고기와 쾌락을 주지 못하는 랠프는 잭으로부터 대장의 자리를 위협받게 된다. 우리는 점점 합리적이고 이성적인 랠프보다는 어떤 규칙도 지켜지지 않는 상황에서 무기력하고 괴로워하는 랠프의 모습을 보게 된다.

랠프의 미래지향적인 합리적 판단보다 잭의 현실지향적인 야만적 행동이 아이들에게 더 호소력을 갖게 된 것은 랠프의 지도자로의 자질이 부족했기 때문일까. 아니면 랠프는 뛰어난 지도자의 자질을 지녔지만 잭이라는 악당과 현실의 욕구를 충족시키는데만 급급한 아이들의 문제일까. 무인도라는 고립된 상황에서 합리적이고 이성적인 리더십은 옳긴 하지만 무용지물일 수밖에 없는 것일까. 우리는 랠프의 실패에도 불구하고 그를 뛰어난 지도자로 인정해야 할까, 아니면 그 자신의 무능력으로 지도자의 자리를 잭에게 빼앗기고 목숨까지 위협받게 되는 어리석은 지도자로 봐야 할까. 봉화를 끝까지 지키지 못한 것은 잭의 리더십의 문제일까, 아니면 잭을 비롯한 섬 아이들의 문제일까. 랠프의 리더십이 훌륭하고 올바른 것이었지만 단지 아이들이 그것을 받아들일 자질이나 준비가 되어 있지 않았던 것은 아닐까.

쟁점 ❷ 짐승과 사이먼

이 소설에서 랠프의 지도자로서의 자질을 언급할 때 우리는 '짐승(유령, 괴물)'과 사이먼의 죽음에 대한 그의 생각을 살펴보지 않을 수 없다. 짐승과 사이먼의 죽음은 아주 밀접한 관계가 있으므로 이 둘을 함께 살펴봄이 타당하며, 이 둘은 랠프가 대장의 지위를 잭에게 빼앗기는데 있어서도 결정적인 역할을 한다. 짐승에 대한 진실을 유일하게 알고 있는 사이먼이 죽임을 당하고, 짐승에 대한 두려움이 커질수록 잭의 지배력은 강화되고 랠프의 그것은 약화된다. 사이먼의 죽음과 짐승에 대한 태도가 우리의 두 번째 쟁점이다.

짐승은 처음에 '뱀같은 것(snake thing)'의 모습으로 등장한다. 얼굴에 자줏빛 반점이 있는 여섯 살쯤 되는 꼬마가 "뱀 같은 것"이 어둠 속에서 움직이는 것을 보았다고 말한다. 아이는 '뱀 같은 것'을 다시 '짐승 같은 것'으로 바꾸어 말하면서 그것이 어둠 속을 타고 와서 자신을 잡아먹으려 했다고 말한다. 그것은 아침이 되면 밧줄 같은 것으로 변해 가지고 나무에 매달려 있는데 오늘 밤에도 다시 오냐며 아이는 무서워한다. 랠프와 잭, 피기 등은 아이들에게 뱀은 없다고 강조한다.

그 뒤 잭이 산의 정상에 봉화를 너무 크게 피우는 바람에 산불이 난다. 공포에 사로잡힌 꼬마들은 불이 붙은 덩굴더미가 솟아올라 비틀거리며 떨어지는 광경을 보고 뱀이 나타났다며 비명을 지른다. 이 때 뱀을 보았다고 말했던 얼굴에 자줏빛 반점이 있는 여섯 살쯤 되는 꼬마가 불길에 휩싸여 죽게 되자 마치 뱀에게 잡아먹힌 것 같은 의구심을 자아내게 된다. 소년들은 겁에 질린다.

아이들은 자면서 잠꼬대를 하고 비명을 지른다. 아이들은 이 섬이 좋지 않은 섬인 것처럼 느낀다. 랠프는 오두막이 필요한 이유가 꼬마들이 악몽에 시달리기 때문이라고 돌려 말하지만, 사이먼은 랠프가 감히 입에 올리지 못하는 '짐승(the beast)'의 존재를 말한다. 잭은 꼬마들의 공포심을 철없는 짓이라고 탓하면서도 자신 역시 마치 무엇인가에게 사냥 당하고 있다는 느낌을 받는다고 털어놓는다.

점차 아이들 사이에서 공포감이 만연해진다. 짐승(괴물)은 섬에서 질서와 규정을 외면하게 하고 혼란과 무질서를 유발하게 된다. 랠프는 보이지 않는 짐승의 존재에 대해 결정짓기 위해 회의를 소집한다. 랠프는 회의에서 짐승의 존재 유무를 투표로 결정하자고 요구한다. 랠프와 피기의 이성과 상식으로는 괴물은 존재하지 않기 때문에 그들은 투표를 통해서 괴물이 존재하지 않음 합의할 수 있다고 보았다. 랠프와 피기는 자신들의 상식이나 경험에 비추어 이해할 수 없는 것, 과학적으로 설명될 수 없는 것을 거부한다. 그들은 인간의 영혼이나 초자연적인 것을 이해하지 못한다. 무서운 짐승은 그들의 과학적 논리에 의하면 존재하지 않으므로 아이들이 느끼는 공포는 존재하지 않는 것이라고 생각한다.

하지만 괴물에 대한 아이들의 공포는 이성과 상식으로 해결할 수 없다. 아이들은 랠프가 생각하는 만큼 이성적이지 않다. 저녁이 되면서 어둠과 함께 스며드는 공포로 어린애들이 꾸는 괴물 꿈을 어떻게 투표를 통해서 해결할 수 있을까. 괴물(유령)이 존재하지 않음을 이성적으로 증명하려는 랠프의 태도가 잘못된 것은 아니다. 하지만 아이들의 공포는 객관적인 존재를 증명하는 문제가 아니라 지극히 주관적인 심리적 문제인 것이다. 결국, 투표는 어린 꼬마들의 공포와 좌절감만을 부채질하고 지도자로서 랠프의 권위는 실추된다.

회의가 끝난 후에 소년들은 모두 잠이 든다. 소년들의 머리 위에서는 공중전이 벌어지고 전투에서 사망한 군인의 시체가 낙하산에 매달려 섬으로 떨어진다. 산에서 봉홧불을 돌보던 쌍둥이 형제인 샘과 에릭은 군인의 시체를 괴물로 착각하고 공포에 질린다. 그들은 랠프에게 괴물을 봤다고 말한다. 랠프는 회의를 소집하고 그들이 아직 한 번도 가보지 못한 섬의 한쪽 끝에 바위가 성처럼 모여 있는 곳을 살펴보러 간다. 하지만 그곳에는 괴물이 없었다.

다시 어둠이 깔릴 때 잭과 랠프와 로저는 산꼭대기에 괴물이 있는지를 살펴보러 간다. 괴물의 실체를 확인하기 위해서 낮에 그곳에 가는 것이 더 합리적인 행동이었지만 잭과 랠프의 갈등과 그들이 내세운 자존심으로 인하여 무리하게 밤에 산에 가게 된다. 그들은 낙하산에 매달린 군인의 모습에 혼비백산하다. 그들은 괴물을 보았다고 생각하고 공포에 질린다. 이제 산꼭대기에서 낙하산에 매인 채 죽어 있는 비행기 조종사의 시체는 짐승으로 오인되고 그들의 공포감은 실체를 갖게 된다. 아이들에게 괴물은 더 이상 상상 속의 존재가 아닌 형태를 지닌 실체로서 존재하게 된다.

랠프는 짐승에 대한 공포감을 통제하지 못한다. 이성적으로 판단하지 못하고 죽은 병사의 시체를 괴물로 봄으로써 이제 괴물은 공포 그 자체가 되어버렸다. 랠프는 짐승에 대해 어떤 태도와 행동을 취해야 할지 모르기 때문에 막연히 피하기만 한다. 랠프는 괴물이 하필 봉화 옆에 앉아 있어 더 이상 봉화를 올릴 수 없게 되어 자신들은 끝장이 났다고 생각한다. 잭은 이를 기회로 랠프에게 반기를 든다.

짐승에 대한 두려움과 불안감이 커질수록 소년들의 이성은 점점 더 약해지게 된다. 반면 잭은 짐승에 대한 공포를 덜기 위해서 돼지사냥을 한 뒤 돼지머리를 짐승에게 제물로 바치자고 한다. 잭은 물리적인 힘이 그의 최고의 가치이기 때문에, 비록 인간보다 힘센 짐승이 있다 해도 제물과 의식(儀式)으로 회유할 수 있다고 믿는다. 잭은 순간순간마다 자신의 감정이나 본능을 잘 깨닫는데, 이런 요소가 그에게 감정과 본능 세계에서 지도자로서의 자질을 부여한다. 이와 같은 세계에서 살고 있는 잭은 본능적으로 다른 소년들의 두려움을 이해한다. 그리하여 그는 아이들의 심약함을 간파하고 짐승을 이용해 조직을 더욱 결속시킨다.

잭은 아이들의 짐승에 대한 두려움을 해결하기 위한 의식을 고안한다. 인간이 지적으로 이해할 수 없는 불가사의한 힘에 대한 두려움을 가라앉히는 수단으로써 고안된 의식이 바로 사냥축제(춤과 노래)이다. 사람들은 상황이 어떻든 의식을 되풀이하는 데서 보호받고 안정감을 느낀다. 잭은 되풀이되는 의식이 발휘하는 힘을 이용한다. 특정한 동작과 구호를 반복하는 집단에서부터 매일 정해진 일과를 반복하는 군대에 이르기까지 의식의 반복은 거의 모든 집단에서 볼 수 있다. 의식을 되풀이하면 그 집단은 편안해진다. 집단의 일원은 의식 속에서 자신의 역할을 인지할뿐더러 소속감을 느낄 수 있기 때문이다.

잭은 의식의 명분을 짐승을 달래기 위한 것으로 가장한다. 잭은 묘한 사냥의식과 흥겨움으로 소년들의 공포심을 잊게 해주고, 이 의식을 통해서 사냥부대의 결속을 강화한다. 잭은 폭력의 집단화 및 피의 축제 등을 수단으로 스스로를 수치심과 죄의식에서 해방시킬 뿐만 아니라 소년들을 불안과 공포에서 해방시켜 자신의 세력을 구축하는데 성공한다. 소년들에게 드리워지는 공포심이 깊으면 깊을수록 잭의 통치방식에 소년들이 길들여진다.

랠프는 짐승의 존재에 대해 좀 더 합리적으로 생각해 보고 대응책을 마련했어야 했지만 그렇지 못했다. 그는 봉화를 해변으로 옮기기만 한다. 물론 짐승에 대한 두려움으로 이성적으로 행동하지 못한 사람이 랠프만은 아니다. 잭은 돼지 머리를 막대기에 꽂아 괴물에게 바치는 방법으로, 피기는 참고 견디는 방법으로 회피한다. 섬의 거의 모든 아이들이 공포심을 느끼고 비상식적으로 행동한다. 유일한 예외가 있다면 사이먼이다. 그러므로 짐승의 정체를 정확하게 파악하고 대응하지 못한 것이 랠프만의 문제이거나 랠프만의 책임은 아니라고 볼 수 있다.

어쩌면 문제는 짐승보다는 잭이 짐승에 대한 공포를 틈타서 랠프로부터 대장의 자리를 빼앗으려고 한 것일 수도 있다.

사이먼은 바싹 야위고 연약한 소년으로, 키가 작고, 뻣뻣한 까만 머리에 뾰족한 턱과 매우 반짝이는 눈을 가졌다. 사이먼은 혼자 사색하고 경치를 즐기는 외톨이이다. 그는 선량한 아이로서 타인을 위해 노력한다. 사이먼은 자비와 동정심으로 가득 차 있다. 잭이 피기를 때려서 안경이 떨어졌을 때, 그것을 집어준 사람이 바로 사이먼이다. 또한 어린아이들에게 열매를 따서 나누어 주고, 랠프가 시키는 일을 묵묵히 실천하며, 오두막을 짓는 일도 끝까지 도와주는 그는 확실히 진리의 사도다운 소년[40]이다. 다른 아이들 모두가 땀 흘려가며 봉화에 필요한 나무를 하는데 가만히 앉아서 말만 한다고 잭이 피기를 비난할 때도 사이먼은 피기는 그의 안경으로 우리들에게 도움을 주고 있다고 말함으로써 그를 감싸준다.

피기가 신체적인 장애 때문에 정상적인 아이들로부터 국외자일 수밖에 없듯이 때때로 발작을 일으키고 유난히 창백한 얼굴을 한 사이먼 역시 다른 아이들로부터 소외당한다. 소년들이 실제로 존재하는지 안 하는지조차 알 수 없는 괴물 때문에 공포에 휩싸일 때, 사이먼은 괴물이란 외부에 존재하는 것이 아니라 사실은 '우리들 자신'이라고 그들

---

40) 골딩은 『파리대왕』에서 자기 내면의 목소리에 귀 기울이는 유일한 인물로서 사이먼을 그린다. 사이먼은 내적 통찰을 통해 짐승에 대한 진실을 깨닫는다. 그가 발견한 짐승이라는 존재는 바로 병든 자신의 모습이었다. 즉 바로 '자기 자신이 악'이라는 것이다. 사이먼은 자신의 내면에 집중하면서 인간의 본성이 무조건 선한 것이 아니라 그 속에 악이 함께 자리 잡고 있음을 발견하게 된다. 그가 파리대왕과 나눈 대화는 사이먼 자신의 내면과의 대화이기도 하다. 골딩은 사이먼이 파리대왕과 나눈 대화를 통해 사이먼 안에도 역시 본성의 악한 면이 존재하고 있음을 묘사한다.

에게 말한다. 그러나 그는 조소와 놀림을 받을 뿐이다. 사이먼은 괴물의 정체를 혼자서 곰곰이 생각해 보지만 그의 마음 속에 떠오르는 괴물은 사람의 형태일 뿐이다.

소년들이 짐승의 정체를 밝혀보려다 실패한 후 더 큰 공포가 그들을 덮치게 된다. 짐승의 본질을 직감하고 있는 싸이먼은 그들의 공포를 해결하기 위해 산에 올라가 짐승의 정체를 확인할 필요를 느낀다.

사이먼은 스스로 짐승의 문제를 해결하기 위해 애쓴다. 그는 돼지의 커다란 입 속으로 빨려 들어가 파리대왕을 만나게 되고, 그와의 대화 속에서 짐승의 실체를 깨닫게 된다.

사이먼은 산정에 올라 짐승의 실체가 죽은 조종사의 시체[41]라는 것을 알고 엉켜있는 낙하산의 줄을 풀어 시체를 바위에서 끌러준다. 아이들이 무서워하던 짐승은 추락한 낙하산에 매달린 시체일 뿐이다.

짐승은 아이들이 그토록 무서워하는 크고 무시무시한 것, 캄캄한 밤에 나무들 사이에서 꾸물꾸물 움직이는 그런 것이 아니다. 짐승은 컴컴한 숲에 있는 것도 어두운 바다에서 올라오는 것도 아니다. 아이들이 계속 두려워했던 '짐승'은 사실 아이들 마음속에 있었던 어떤 것, 곧 아이들 자신이다.

짐승은 소년들의 마음속 두려움과 그것으로 인하여 깨어난 악한 본성이다. 인간의 마음속에 존재하는 짐승은 단지 불안한 아이들의 마음속에 자리잡은 악마성이다. 짐승은 인간에 의해 창조된 허상이지만 소

---

41) 어떤 면에서 이 병사는 진정한 괴물의 대리인이다. 죽은 병사는 아이들에게 괴물로 인식되어 소년들의 비열하고 악한 본성을 밖으로 끌어내는데 결정적인 역할을 한다. 병사는 인간 세상에서 계속되는 전쟁으로 인해 이 섬에 왔다. 바로 인간의 본성에 숨어 있는 야수성의 대리인인 것이다.

년들은 그것으로 인하여 선한 본성이 악한 본성으로 변하게 된다. 소년들을 규칙과 질서로부터 그리고 사회로부터 점점 멀어지게 만든 것, 그것은 바로 소년들 마음속의 짐승이다.

공포의 대상인 파리대왕과의 대화 속에서 사이먼은 인간의 내면에 존재하는 폭력성과 악마성을 인식하게 된다. 사이먼은 짐승은 썩어가는 조종사의 시체가 아니라 사이먼 자신을 포함하여 섬에 있는 모든 소년들과 인류 전체의 본성의 일부라는 것을 깨닫는다. 사이먼은 짐승의 정체를 꿰뚫어 본 유일한 소년이다.

짐승의 실체를 깨달은 사이먼은 이러한 진실을 전하려고 아이들 속으로 돌아온다. 돌아온 그는 토인 춤[42]에 열중한 나머지 극도로 흥분된 소년들에게 구타당하여 죽게 된다. 아이들이 사이먼을 죽인 것은 사이먼이 사람으로 보이지 않고 때마침 그들이 두려워하던 공포의 상징인 괴물로 보였기 때문이다. 그래서 그들은 조금도 후회하지 않고 괴물을 죽이며 심지어 자기들이 정의의 화신, 자유로운 투사라고 느끼게 된다. 아이들은 공포와 광란의 소용돌이 속에서 집단의 일원을 죽인다. 아이들의 야만성은 '짐승'의 정체를 밝히려고 숲에서 나온 사이먼을 짐승으로 오인하고 공격했을 때 가장 잔혹하게 표출된다.

사이먼의 죽음은 아이들이 극도의 공포감에 사로잡혀 있었다는 점에서 의도적인 살해 행위는 아니었다고 볼 수 있다. 하지만 여기서 특

---

42) 처음에 춤을 추기 시작하는 인물은 잭이다. 잭은 사냥을 위한 분장을 만족스럽게 끝낸 뒤 자신의 모습에 흥분되어 큰 소리로 웃으며 춤을 추기 시작한다. 사냥대원들은 돼지를 잡은 뒤에 사냥을 재연하는 춤을 추며 노래를 부르는데, 이러한 의식은 시간이 흐를수록 아이들 사이에서 의례적인 행사로 굳어진다. 춤은 그들의 잔인성을 가중시키고, 공동체 의식을 확인하게 할 뿐만 아니라 잔인한 행동에 대한 죄의식과 책임감을 감소시켜주는 역할을 한다. 이들의 춤은 사이먼의 살해 행위에서 절정에 달한다.

히 문제가 되는 것은 랠프와 피기마저도 잭 일행의 사냥축제에 참가하여 자신들의 이성적인 견제력을 상실하고 살인의 유희에 동참하는 모습을 보였다는 사실이다. 후에 피기는 폭풍[43] 속에서 광란의 춤을 추며 잭 일행과 어울려 사이먼의 살해에 가담한 자신과 랠프의 행위를 단순한 사고라고 변명한다. 그러나 랠프는 사이먼을 살해한 것은 우연한 사고가 아니라, 광란의 춤과 함성 속에서 자신들이 저지른 살인행위임을 인정한다.

사이먼의 죽음으로 짐승의 실체에 대한 진실이 아이들에게 전달될 기회는 영원히 상실된다. 아이들은 갈수록 야만과 광기에 사로잡혀 폭력적으로 변해간다. 만약 랠프와 피기가 이성적으로 행동해서 사이먼의 죽음을 막을 수 있었다면 아이들이 야만적으로 변해가는 것을 막고 섬의 질서를 회복할 수 있지 않았을까.

비록 랠프가 광란 속에서 사이먼의 죽음에 가담했긴 했지만[44] 어쨌든 자기들이 사이먼을 죽였음을 유일하게 인정한 인물이라는 면에서 다른 소년들보다 이성과 도덕성을 지닌 인물임이 명확하다. 잭은 사이먼을 짐승으로 인식시킴으로써 자신을 합리화하고, 피기는 사이먼의 죽음은 단순한 사고였다고 변명한다. 한편 랠프는 죄의식을 느끼면서

---

43) 골딩은 전통적인 자연의 상징인 폭풍우를 도입하여 파괴와 악이 자행 되는 인간 세계에 경고하는 효과를 준다. 암돼지를 죽인 후에 천둥이 포성처럼 울리며, 잭의 무리들이 잔치를 벌이기로 결정했을 때 천둥소리는 더욱 요란해진다. 또, 소년들은 자신들이 잡은 동물을 폭풍우가 몰려오는 하늘 아래서 먹는다. 소라가 더 이상 아무짝에도 쓸모 없다고 잭이 선언할 때도 천둥은 내리친다. 소년들의 원시적인 춤이 난폭하고 거칠어짐에 따라 천둥은 더욱 심해진다. 사이먼이 살해되기 직전에 어두운 하늘은 번개로 산산조각이 난다. 사이먼이 죽자 구름은 걷히고 비가 쏟아진다.

44) 여기서 가담했다는 말이 직접 사이먼에게 폭력을 가했다는 말은 아니다. 단지 그들은 광란의 무리들 속에 함께 있으면서 방관했을 뿐이다. 아니면 공포와 광기 속에서 그 장면을 즐겼는지도 모를 일이긴 하다. 어쨌든 랠프와 피기가 사이먼의 살해를 막지 않은 것은 분명하며 소년들의 가장자리에서 의식에 참여했다. 단지 적극적으로 동참하지 않았을 뿐이다.

도 책임을 회피하려고 했지만 결국 사이먼의 죽음에 대한 자신의 책임을 인정한다. 사이먼의 죽음의 의식에 참여한 후, 모든 소년들이 그 사실을 부인하는 데 랠프만이 그것이 살인행위였음을 인정하고 자기와 그들이 한 짓을 생각하고 사람에 대해 두려움을 느끼기 시작한다. 이는 랠프가 다른 아이들과 비교했을 때 리더로서 뛰어난 인성을 가지고 있음을 말해주는 것이 아닐까. 아니면 자신의 잘못을 인정했음에도 불구하고 그가 사이먼의 죽음에 관여되었다는 사실, 그가 사이먼의 죽음을 막지 못했다는 그 사실만으로도 그는 리더로서의 자격이 없는 것일까.

그가 사이먼의 죽음을 막을 수 있었다면 사이먼에 의해 짐승의 실체는 밝혀졌을 것이고 공포를 사라졌을 것이다. 그래서 아이들이 좀 더 이성적으로 행동하게 되어 섬에서 일어난 살육과 파괴를 막을 수 있지 않았을까. 아니면, 피기의 주장대로 사이먼의 죽음은 단순한 사고에 불과한 것일까. 괴물에 대한 공포와 두려움에 젖어 있는 아이들의 무리 속으로 한밤중에 숲에서 기어나와 아이들의 무리에 접근한 사이먼의 잘못일까. 랠프로서도 그 짐승처럼 보이는 것을 사이먼으로 인식하고 그의 죽음을 막는 것은 애초에 불가능했던 일은 아닐까.

쟁점 ❸ 인간 내면의 악과 유혹

랠프는 건전한 상식을 대표하는 민주적이고 이성적인 인물이다. 봉화에 대한 그의 강박적인 집착과 봉화의 의미를 아이들에게 계속 주지시키는 행동은 이를 상징적으로 잘 보여준다. 하지만 랠프는 여러 장면에서 유혹에 굴복하는 모습을 보인다. 이런 그의 모습을 우리는 어떻게 평가해야 할까. 이를 지도자로서 랠프의 치명적인 약점으로 보아야 할까. 아니면, 인간이면 누구나 보편적으로 지니고 있는 단점 정도로 보아야 할까. 마지막 쟁점은 인간의 내면에 존재하는 악과 그것에 대한 인식의 문제를 다룬다.

잭은 봉화를 돌보던 쌍둥이 형제인 샘과 에릭을 사냥에 데려감으로써 불을 꺼트린다. 마침 이때 바다에서는 배가 지나가고 있었다. 잭의 무책임함으로 인해 섬의 아이들은 구조의 기회를 놓치게 된다. 이런 잭의 행위에 랠프는 분노를 느낀다.

분노로 랠프는 잭이 주는 맷돼지 고기를 거절할 작정이었지만 지금까지 과일이나 나무 열매, 그밖의 야릇하게 생긴 게와 생선만을 먹어왔기 때문에 크게 고집을 부리지 않고 잭이 주는 고기를 받아 먹는다. 이로써 잭과 랠프의 갈등은 일단 봉합된다. 작가는 이때 고기를 먹는 잭의 모습을 늑대에 비유하고 있다.

잭은 자신의 처음 생각대로 잭이 주는 고기를 거절하고 잭에게 더 엄격하게 책임을 물었어야 했지 않았을까. 그가 잭이 주는 고기를 먹음으로써 갈등을 봉합한 것은 아이들의 단합을 위해서 잘할 일일까.

잭과 함께 짐승의 정체를 밝히기 위해서 산 정상을 향해 가던 랠프는 첫 사냥을 경험하게 되고 악에의 유혹, 폭력의 유혹을 느낀다. 맷돼지를 맞힌 랠프는 열띤 흥분에 사로잡힌다. 흥분한 랠프는 계속 "내가 찔렀어!"라고 반복한다. 자신의 행위에 대한 희열을 느끼며 자신을 자랑스럽게 여긴다. 랠프는 소년들에게서 새로운 존경의 빛을 마음껏 즐기면서 사냥도 괜찮은 것이라고 느낀다.

이때 로버트가 랠프를 향해 맷돼지처럼 으르렁거렸다. 랠프는 그 장난을 받아 창을 던지는 시늉을 한다. 아이들은 모두 웃음을 터뜨린다. 곧 아이들은 덤벼드는 로버트를 마구 찌르는 시늉을 한다. 잭이 포위하라고 소리친다. 아이들은 더 이상 장난이 아닌 실제로 로버트를 찌른다. 모두들 덤벼들어 로버트의 팔다리를 잡고 갑작스레 진한 흥분에 매료된 랠프는 에릭의 창을 잡아채서 로버트를 찌른다. 로버트는 비명을 지르고 미친 듯이 몸부림친다.

이제 아이들은 춤이나 사냥이 끝나는 순간처럼 의식(儀式)조의 합창을 한다. 합창과 더불어 랠프는 로버츠에 더 가까이 접근하여 상대를 비틀고 상처를 입히고 싶은 욕망이 용솟음침을 느낀다. 랠프의 마음에 문득 상대를 눌러 해치고 싶은 욕망이 생긴다. 그러나 이때까지도 랠프는 이것은 단지 놀이에 불과했다며 자신의 이런 본능을 인정하지 않는다. 이는 자신의 야만성이 표출된 사건이었음에도 랠프는 이를 인식하지 못한다. 한편 엉덩이를 문지르는 로버츠의 모습에서 그는 연민의 정을 느끼기도 한다.

봉화를 지키지 못한 잭에게 분노를 느끼면서도 그가 사냥한 돼지고기를 얻어먹었던 랠프는 또 다시 고기의 유혹에 굴복한다. 잭은 랠프와 로저와 함께 짐승의 정체를 확인하고 돌아온 후 랠프에게 반기를 든다. 그는 더 이상 랠프를 지도자로 인정하지 않겠다고 말하고 자신을 따르는 무리를 데리고 떠난다. 잭과 그의 추종자들은 사냥을 나서서 큰 돼지를 잡는다. 그는 랠프 무리로부터 불을 훔쳐와서 축제를 벌인다. 잭이 불을 훔치러 갔을 때 그는 랠프의 무리에게 자신들은 사냥하여 잔치하고 재미있게 지내고 있으므로 자신의 종족에 합세하고 싶으면 언제든 오라고 유혹한다. 랠프와 피기도 잭의 무리로 가서 고기를 얻어 먹는다.

랠프가 잭의 무리와 함께 돼지를 먹을 때 중대한 사건이 발생한다. 숲 저쪽에서 번갯불이 번쩍하고 요란한 천둥소리가 난다. 꼬마들은 울음을 터뜨리고 사냥부대는 빗방울에 섬뜩해 하면서 걱정스레 하늘을 쳐다본다. 불안이 전파되면서 소년들은 어쩔 줄을 모른다. 번개불이 더욱 기승을 부리고 천둥소리도 견딜 수 없을 지경이 되자 꼬마 아이들은 비명을 지르며 이리 뛰고 저리 뛴다. 잭은 아이들의 두려움을 없애기 위해서 아이들과 춤을 추고 노래를 부른다. 로저는 겁에 질린 맷돼지 흉내를 낸다. 무시무시하게 으르렁거리는 하늘 아래서 랠프는 이 광기 어린, 그러나 얼마쯤은 안정된 집단 속에 끼고 싶은 마음이 든다. 랠프 자신에게도 잭의 무리들과 같은 야만성이 내재되어 있고 그것이 그런 마음을 들게 한 것이다.

이때 숲에서 시꺼먼 무엇인가 기어나온다. 소년들은 함성을 지르면서 그것에 막대기를 내리 퍼붓는다. 소년의 무리들은 그 짐승을 따라가 고함을 지르고 주먹질을 하며 물어뜯고 할퀸다. 그 짐승은 사이먼이었다. 아이들은 집단적인 공포와 광기 속에서 사이먼을 그들이 두려워하던 짐승으로 오인하여 죽인다. 사이먼이 야만적인 아이들에게 죽임을 당할 때 랠프와 피기는 소년들의 행동을 막지 않았다. 그들도 집단적 광기로 도취되었기 때문일 것이다.

우리는 랠프가 유혹에 굴복하는 여러 장면에서 그가 인간 본성에 대해 무지하다는 생각을 갖게 된다. 그는 끝까지 인간의 이성과 상식에 호소한다. 이는 인간에 대한 확고한 신뢰를 보여주는 긍정적인 면이 있지만, 이러한 신뢰는 결국 피기를 죽게 만들고 그 자신도 잭의 무리에게 쫓겨 죽음 직전에 이르게 한다. 그는 부정적으로 보면 인간 내면의 악을 인식하는 데 있어 무능력한 모습을 보인다.

잭과 그 무리들은 점점 야만적인 인물로 변해간다. 잭이 피기의 안경을 깨뜨리고, 광란의 사냥 축제를 벌이고, 그 와중에 사이먼을 짐승으로 착각하고 죽이며, 랠프의 오두막을 습격하여 잭의 한쪽뿐인 안경을 빼앗아갔을 때, 그들의 야만은 절정에 달했다고 볼 수 있다. 그들은 더 이상 이성적이고 합리적인 인간으로 행동할 수 없게 된다.

그럼에도 랠프와 피기는 소라를 들고 잭의 무리에게 가서 안경을 돌려 달라고 말한다. 랠프와 피기는 잭이 그들에게 불을 빌려달라고 하면 순순히 불을 줄 것이며 자신들이 잭에게 안경을 돌려달라고 하는 일은 옳기 때문에 그렇게 해도 된다고 생각한다. 그들은 얼굴을 색칠[45]하여 감춘 잭의 무리들이 더 이상 정상적인 인간이 아닌 야만인일 뿐이라고는 생각지 않는다. 잭의 무리들에게 소라를 들고 가서 회의를 소집하려는 그들의 행동은 이 시점에서는 우스꽝스럽기까지 하다.

피기는 소라를 들고 다른 소년들의 이성에 호소하지만 그는 조롱을 받을 뿐이다. 커다란 바위가 피기를 내리칠 때 소라는 산산조각이 나

---

45) 잭이 얼굴을 진흙으로 위장할 때 그의 명분은 사냥을 위한 것이었다. 잭은 진흙이라는 일종의 가면(mask)을 쓴다. 잭은 문명의 얼굴이 가지는 수치심과 열등감을 감출 수 있는 야성의 가면이 필요했다. 가면은 그의 존재의 일부가 되었고, 그 가면 뒤에서 잭은 도덕적 책임감이나 수치감, 자의식으로부터 자유로울 수 있었다. 잭의 이러한 행위는 그의 부하 전체에게 확대된다. 야만인화 되어버린 잭과 그의 부하들은 랠프의 진영으로 쳐들어가 불을 훔쳐오고 암퇘지를 잡아 해변에서 잔치를 벌이는 등 거의 야만적인 생활을 한다. 뿐만 아니라 잭은 어린아이를 묶어 놓는 등 가혹한 처벌로써 소년들을 다스린다. 즉 그는 질서와 이성으로써가 아닌 폭력과 공포로 집단을 다스린다.

서 흔적을 찾을 수 없게 된다. 훔쳐간 안경을 돌려달라고 하면 그들은 잭이 그것은 순순히 돌려 줄 거라고 생각할 만큼 순진했던 것일까. 그들은 잭의 무리들의 이성에 호소했지만 돌아온 것은 피기의 죽음뿐이다. 피기는 죽고 랠프는 야만인들에게 쫓기게 된다.

피기의 죽음 이후에도 랠프는 여전히 야만인들의 잔인성을 믿지 못하고 피기의 죽음은 사고일 뿐이라고 생각한다. 또, 그는 잭이 왜 자신을 해치려고 하는지 이해하지 못한다. 자신은 아무 죄도 없고 단지 봉화를 계속 올리고 싶어 했을 뿐인데 왜 미워하는지 이해하지 못한다. 그는 그 자신 속에도 있고 야만인들이 지니고 있는 잔인성을 이해하지 못한다. 로저가 막대기의 양쪽 끝을 뾰족하게 깎은 이유가 자신을 죽이기 위해서임을 이해하지 못한다.

잭이 야만인들의 잔인한 본성, 인간 내면의 악마성을 깨달은 것은 피기의 죽음 이후에 그가 야만인들의 사냥의 대상이 되었을 때이다. 야만인들은 돼지 사냥에서 사용했던 양 끝이 뾰족한 창을 들고 랠프를 사냥하고 잭은 랠프를 죽이기 위해 섬에 불을 지른다. 자신의 라이벌을 제거해야만 비로소 진정한 의미의 대장이 될 수 있다고 생각했기 때문이다. 랠프는 고통을 느끼고 죽음의 위협을 받으며 쫓기게 된다. 랠프가 쫓기는 상황은 마치 전쟁을 보는 듯하다. 소년들의 잔인한 싸움은 랠프에게 죽음과 같은 고통을 느끼게 한다. 랠프는 잭 일행의 날카로운 창과 그들이 섬 전체에 지른 불로부터 도망치는 과정에서 극도의 고통을 느끼며 인간의 파괴 본능을 새로이 인식하게 된다.

골딩이 묘사한 바와 같이 랠프는 마지막 장면에서 순수의 시대의 종말을 체감하며 눈물을 흘리게 된다. 그의 눈물은 이제 과거의 순수한 어린 소년으로 돌아갈 수 없다는 것을 상징한다. 랠프가 인간 내면에 있는 본성의 양면성을 인식하게 되었다는 의미이다. 또한 선과 악의 양면적 본성의 균형이 깨어졌을 때 피기라는 아주 진실하며 좋은 친구를 잃어버린 것에 대한 후회의 눈물이다. 랠프는 인간본성의 가장 악한 모습을 발견하였다. 그는 더 이상 섬 생활 동안 보여주었던 긍정적이고 순수한 소년의 모습으로 살아갈 수는 없을 것이다. 하지만 자신의 본성 속에 둘 이상의 복잡하고 대립적이지만 공존하고 있는 자아의 균형을 유지하기 위해 노력하는 성숙한 인간으로서 살아가게 될 것이다.

랠프는 악한 상황에 부딪혀 인간의 내면에 존재하는 악을 발산하는 인간의 본능을 억제하진 못했지만 끝까지 인간성을 지키려고 노력하는 면에서, 인간만이 가지고 있는 이성의 위대함을 일깨워주는 인물이라고 할 수 있다. 또한 그는 인간의 어두운 면을 인식하고 자신의 잘못된 행동에 대하여 인정하고 고치려고 하는 면에서 미래에 더 성장할 수 있는 가능성을 보여준다. 자기 자신을 되돌아보고 깨달음을 얻어 내적으로 성장할 수 있는 그야말로 이 사회를 이끌어 나가는 주역이라 할 수 있지 않을까. 랠프는 결코 완전무결의 상징은 아니다. 우리는 그를 다만 이성과 상식을 잃지 않으려고 노력하는 인간의 상징으로 볼 수 있지 않을까.

문학작품 및 참고문헌

- 윌리엄 골딩(이덕형 옮김), 『파리대왕』, 문예출판사, 2010.
- 윌리엄 골딩(유종호 옮김), 『파리대왕』, 민음사, 2002.

- 유헌식, 『행복한 뫼르소』, 이카넷, 2017.
- 장계성 옮김, 『다락원 명작 노트 파리대왕』, 다락원, 2015.

- 박정인, 「Lord of the flies에서의 상징 연구」, 전남대학교 석사논문, 1989.
- 양상은, 「골딩의 『파리대왕』에 나타난 인간의 악마성에 대한 고찰」, 건양대학교 석사논문, 2003.
- 김주호, 「윌리엄 골딩의 『파리대왕』에 재현된 자연과 인간: 대화주의적 생태학의 시각으로」,
　　　중앙대학교 석사논문, 2002.
- 이상제, 「Lord of the Flies에 나타난 악」, 경상대학교 석사논문, 1998.
- 유병호, 「Lord of the Flies를 통해 본 구원의 문제 小考」, 안양대학교 석사논문, 2002.
- 이원평, 「William Golding의 『파리대왕』: 인간본성의 양면성과 구원의 가능성 연구」,
　　　경성대학교 석사논문, 2014.
- 오현숙, 「Lord of the Flies의 Foucault적 글읽기」, 단국대학교 석사논문, 1993.
- 이혜숙, 「William Golding과 原罪의 寓話: Lord of the Flies, the Inheritors, Free fall을 中心으로」,
　　　성심여자대학교 석사논문, 1990.

제8장

윌리엄 셰익스피어

『리어왕』

리어왕의 세계는 희망적이다.

｜ 논제에 따른 쟁점

『리어왕』을 반복적으로 읽으면 셰익스피어 비극 평론가로 이름을 날린 A.C. 브래들리의 말대로 그 속에는 이 세상 모든 문제들이 녹아 있는 것처럼 느껴진다. 『리어왕』의 세상은 우리가 사는 세상처럼 혼란 스럽다. 인간들은 참을 수 없을 정도로 악하기도 하고 더없이 다정하 고 충직하기도 하다. 세상은 부조리와 무질서가 지배하는 것처럼 보이 지만 그 속에서도 질서와 조화가 존재하는 것처럼 보이기도 한다. 삶 은 의미 없는 고통처럼 느껴지지만 그 속에서도 진실과 도덕적 깨달음 이라는 윤리적 의미가 존재하는 듯 하다.

이 글은 이와 같은 『리어왕』의 세계를 인간관, 세계관, 생사관(生死觀)의 세 가지 쟁점으로 나누어 살펴보고자 한다. 이를 통해서 이 세계 속에 희망이 있는지 살펴보려 한다.

인간관에서는 『리어왕』의 세계가 진정한 사랑과 변함없는 충성이 존재하는 세계인지 어리석음과 탐욕 그리고 오만과 사악함이 지배하는 세상인지 살펴 볼 것이다. 세계관에서는 이 세상은 질서와 조화가 근원적으로 존재하는지 아니면 부조리와 무질서 그리고 혼돈이 세상을 지배하는지 살펴볼 것이다. 생사관에서는 삶과 죽음에 어떤 의미를 부여할 수 있는지 여부를 살펴볼 것이다. 전자의 입장은 리어왕의 세계가 희망적이라고 보는 입장이며 후자는 리어왕의 세계가 절망적이라고 보는 입장이다.

쟁점 ❶ 인간의 본성(本性) 혹은 실존(實存) (인간관)

인간은 자기중심적인 속성을 지니기 때문에 어리석고 탐욕적인 존재인가. 아니면, 인간은 자기중심주의를 넘어서 진실을 추구하며 사랑과 충성을 보여주는 존재인가. 어느 쪽이 인간의 본성을 더욱 잘 드러내는가.

인간관에서 리어왕의 세계에 정직한 사랑과 변함없는 충성 그리고 삶에 대한 성찰이 존재한다는 찬성 측 입장부터 살펴보자.

(1) 진정성 혹은 참사랑의 추구(코딜리아, 에드거)

코딜리아와 에드거는 진실한 사랑과 헌신을 대변하는 인물이다. 아버지에 대한 이들의 진실한 사랑과 애정은 어리석은 그들이 지혜에 눈뜨고 도덕적 각성에 이르게 한다. 코딜리아와 에드거는 리어와 글로스터의 고통을 기꺼이 함께하며 헌신한다. 진실한 아들과 딸의 모범이다.

코딜리아에 대한 평가는 사랑의 표현을 요구한 리어에게 그녀가 "Nothing(없습니다)"[46]이라고 한 대답을 어떻게 해석하는가에 따라 달라진다.

딸들에게 사랑의 표현을 요구하는 리어에게 고너릴과 리건은 그를 만족시키기 위해 온갖 미사여구를 총동원하여 아버지를 사랑한다고 말한다. 이에 흡족한 리어는 평소 자신이 가장 아끼고 또 자신을 가장 사랑한다고 믿고 있는 코딜리아에게는 더 화려한 찬사를 기대한다. 하지만 그의 기대와 달리 코딜리아는 단 한마디로 "Nothing"이라는 대답을 한다.

코딜리아의 "Nothing"이라는 대답은 융통성 없고 오만한 모습으로 평가할 수도 있지만 진실에 대한 용기와 아버지에 대한 진정한 사랑의 표현이라고 해석할 수도 있다. 코딜리아의 "Nothing"은 사랑을 금전적, 물질적 가치(땅)와 교환하고자 하는 리어의 부당한 요구에 대한 항의이며 권력에 아첨하는 언니들의 파렴치한 행위에 대한 거부감의 표현이다.

코딜리아는 자신의 사랑을 재산과 지위를 얻어내기 위한 수단으로 삼는 것을 거부한다. 그녀에 대한 리어의 요구는 부당하다. 리어는 정성적인 사랑을 정량적으로 평가하려 한다. 그러한 시도는 사랑을 왜곡시키고 타락시킨다. 이런 맥락에서 언니들 사이에서 아버지에 대한 더

---

46) 리어: 체구는 가장 작지만 짐의 기쁨인 막내야, / 네 언니들보다 더 풍만한 3분의 1을 차지하기 위해 / 넌 무슨 말을 하려느냐? 말해 보아라. / 코딜리어: 없습니다, 아바마마. / 리어: 없다니? / 코딜리어: 없습니다. / 리어: 없으면 아무 것도 없느니라. 다시 말해 보아라. / 〔……〕 코딜리어: 자식 된 도리로 폐하를 / 사랑합니다. 그 이상도 이하도 아닙니다. / 리어: 어떻게, 어떻게 된 거냐, 코딜리어! 고쳐 말해 보아라. / 네 행운을 망치지 않도록.(박우수 번역)

많은 사랑을 표현하는 것은 단지 차별과 질투를 의미할 뿐이다. 리어가 코딜리아에게 요구하는 대답은 진정성이 결여될 수밖에 없으며, 유일한 대안은 그 대답을 거부하는 것이다. 그래서 코딜리아는 "Nothing"이라고 응답한다. 코딜리아의 침묵은 리어에 대한 진실한 사랑이 역설적으로 강조된 것이다. 단지 리어가 알지 못할 뿐이다.

또한, 코딜리아의 간결한 대답은 언니들의 화려하고 장황한 수사에 대한 일종의 반동이다. 고너릴과 리건의 다변(多辯) 또는 달변이 코딜리아의 과묵함과 극적으로 대조된다. 그녀는 거짓과 아첨을 모른다. 사랑하지 않는 자가 사랑을 꾸미는 일은 쉽지만 진정으로 사랑하는 자가 만인 앞에서 사랑을 드러내는 일은 불가능할지도 모른다. 리어는 그녀에게 사랑을 표명할 것을 강요함으로써 그녀가 뭇 사람들 앞에서 거짓을 말하기를 강요한다. 이는 코딜리아에게 견딜 수 없는 고통이다. 언니들의 위선을 성급한 성격의 리어가 알아차리지 못하리라는 것을 알고 있는 그녀는 공식 석상에서 아첨과 거짓보다는 최소한의 사랑, 즉 아버지에 대한 부녀간의 사랑을 이야기한 것이다.

그녀의 "Nothing"이라는 대답 속에는 미사여구를 늘어놓는 언니들에 대한 혐오감뿐만 아니라 아버지에 대한 오만과 언짢음이 섞여 있다고 주장하는 사람들도 있다. 그러나 코딜리아에게서 오만과 고집을 발견할 수 없다. 왜냐하면 리어의 잘못된 명령을 거절한 그녀의 용기는 진실된 사랑에 바탕을 두고 있기 때문이다. 그녀의 사랑은 흥정하거나 조건을 붙이지 않는다.

사랑을 표현하는 언어가 보다 많은 지참금을 얻어내기 위한 수단으로 전락해버린 상황에서 침묵만이 코딜리아의 인품을 대변할 뿐이다.

달리 행동하는 것은 그녀 자신과 부친에 대한 사랑의 가치를 떨어뜨리는 일이다. 만일 리어가 사랑의 확인이 필요해서 단순히 그것을 요구했다면 코딜리아의 반응은 달랐을지도 모른다. 그러나 리어의 요구는 그녀를 승리가 불가능한 상황으로 몰아넣는다. 그녀가 만일 말을 하면 그녀는 욕심 많은 언니들과 똑 같이 보일 위험이 있다. 그녀가 계속 침묵하면 리어에게 오해를 받을 위험을 안게 된다. 그러나 코딜리아는 이런 진퇴양난의 처지에서 살아남기 위한 길보다는 편법에 저항하는 쪽을 택한다.

코딜리아는 아버지의 마음을 얻기 위한 경쟁에 뛰어들기를 거부한다. 그녀는 오만과 위선이 아니라 품위와 정직이라는 입장에서 말한다. 자기 자신을 함정에 빠뜨리는 난처한 권력 놀음에서 아버지의 청을 들어 줄 수 없다. 만일 그녀가 그 청을 들어주게 되면, 그것은 결국 두 사람의 품위를 모두 떨어뜨리는 일이 된다. 부친과 진실한 관계를 유지하는 것이 그가 일시적인 체면을 세우도록 돕는 것보다 더 중요한 일임은 자명하다. 사랑의 정도 표현에 대한 코딜리아의 거부는 말로는 다 못하는 사랑의 심원함에서 나오는 것이며, "Nothing"의 의미는 자신의 사랑을 말로써 전부 표현할 수 없는 숭고한 것임을 나타낸다.

코딜리아의 대답은 냉정하고 무관심하기보다는 오히려 조심스럽고도 신중하게 조절된 반응이다. 그녀는 아버지에게서 사랑 받았기 때문에 자기도 도리에 맞게 그 은혜에 보답할 것을 맹세한다. 그녀는 지금까지 그래왔던 것처럼 도리에 맞게 아버지께 복종하고, 아버지를 사랑하고, 아버지를 공경할 것을 약속한다. 코딜리아는 흔들리지 않는 의지와 위엄 그리고 진실과 정도(正道)에 대한 분명한 태도를 보여주는 고결한 성품의 소유자이다. 그녀는 사악한 언니들과 달리 아버지에 대한 진실한 애정을 보여주며 마지막까지 자녀로서 헌신한다.

코딜리아는 비참한 처지에 놓여 있는 아버지를 구하기 위해 남편인 프랑스 왕과의 미래를 포함해 개인적인 모든 것을 희생한다. 자신을 추방한 아버지에 대한 사랑과 연민으로 군대를 일으킨다. 코딜리아는 자신이 군대를 움직인 이유를 야심 때문이 아니라 아버지에 대한 사랑과 군주로서의 권리 때문이라고 주장한다. 그녀의 행동은 자신만의 이득과 목적을 위한 것이 아니라 아버지를 위한 것임을 밝힌 것이다. 그녀가 아버지를 만났을 때 리어는 용서를 구한다. 이에 대해 아버지를 비난하거나 원망할 아무 이유도 없다는 코딜리아의 대답은 그녀의 사랑이 절대적이고 무조건적임을 알게 한다. 왜냐하면 그녀는 리어를 원망할 명백한 이유가 있기 때문이다. 그녀가 리어에게서 어떻게 쫓겨났는지를 생각해 보면 이는 자명하다. 그런데도 그녀는 아무 이유도 없다고 대답한다. 자신의 사랑은 아무런 조건이나 보상을 바라지 않는 절대적인 사랑임을 알리는 것이다. 이런 사랑이 바로 리어와 이 세계를 치유할 수 있는 힘이 된다. 고너릴과 리건의 힘이 정치적 권력에서 나오는 남성적 힘이라면, 이들과 맞서는 코딜리아의 힘은 그녀가 이끌고 온 군사가 아니라 아버지에 대한 그녀의 조건 없는 사랑이다.

코딜리아의 여성적인 사랑의 힘은 고너릴과 리건이 지배하는 황폐한 리어의 세계에서 유일하게 선의 힘으로 리어를 구원한다. 코딜리아는 프랑스 왕후라는 영화로운 삶을 뒤로 하고 아버지를 구하러 사지에 뛰어든다. 그녀는 아버지를 찾아서 폐인이 된 그를 재생시킨 후, 비록 포로로서 감옥에서 처형되지만 떳떳하고 자랑스럽게 죽어간다. 그녀에 의해 리어도 딸과의 화해와 자신의 재생에 더 없이 만족하여 감옥으로 끌려가면서도 세상을 달관하는 모습을 보인다.

코딜리아에게서 우리가 받는 인상은 미덕, 인내, 이성의 모습이라고 말할 수 있다.

에드거는 에드먼드에게 속아서 자신의 모든 것을 빼앗은 아버지에게 코딜리아 못지않은 헌신적인 사랑을 보여준다.

에드거는 고너릴에 의해 눈이 뽑힌 아버지의 비참한 모습[47]을 보고 그가 느낀 어떤 고통보다도 큰 고통을 느낀다. 그러나 에드거는 글로스터에게 고통을 드러내지 않고 자신의 정체도 감춘다. 그의 행위는 일종의 기만으로 간주될 수 있다. 그러나 에드거의 기만은 에드먼드와 같은 악인들의 그것과 다르다. 악인의 기만은 상처를 입히지만 선인의 그것은 치료가 된다. 에드거가 아버지를 속이는 목적은 아버지의 상처를 치유하기 위함이다.

글로스터는 자신의 어리석음 때문에 잃어버린 아들 에드거에 대한 죄책감과 신들이 장난삼아 인간들을 죽인다는 비관적인 인식으로 자살을 결심한다. 이 때 변장한 에드거는 도버의 낭떠러지에 떨어져 죽으려고 하는 글로스터를 수행한다. 낭떠러지에서 떨어지기 전에 글로스터는 전능하신 신들에게 에드거가 살아 있다면 그 애를 축복해 달라고 기도하고 평지에서 몸을 앞으로 던져 쓰러진다. 에드거는 아버지의 목숨을 구하기 위해 제의적(祭儀的)인 자살 장면을 연출한다. 그는 생

---

47) 흰 수염은 리건에게, 양쪽 눈은 콘월에게 뽑힌 채로 도버로 자살하러 가는 아버지 글로스터의 모습.

생하게 풍광을 묘사해 평평한 땅에 서 있는 글로스터가 마치 바닷가 벼랑 끝에 서 있는 양 착각하게 만든다. 또한 벼랑에서 뛰어내린 글로스터가 기적처럼 살아난 것으로 꾸민다. 에드거는 글로스터에게 절벽에서 떨어졌지만 살아 있는 게 기적이라고 말하고, 인간에겐 불가능한 것들을 해내는 신들이 어르신을 살려준 것이라고 말하면서 글로스터를 위로한다.

여기서 에드거의 거짓말과 행동은 선한 거짓이다. 어떤 비평가들은 에드거가 끝까지 아버지에게 자신의 정체를 숨긴 일에 대해 의문을 제기하기도 한다. 하지만 그의 선한 거짓은 아버지를 치유하는 효과를 가져 온다. 글로스터는 극심한 고통과 자책감에서 자살하려는 충동을 이겨내지 못하다가 에드거의 도움으로 이를 극복한다. 글로스터는 자신의 고통을 아이러니하게도 자식으로서의 모든 권리와 사랑을 박탈하고 그의 생명까지 빼앗으려 했던 에드거의 인도로 극복해 간다. 에드거는 아버지를 원망하는 마음 없이 아주 헌신적이고 온전한 사랑을 보여준다.

극의 마지막에 에드먼드가 자신의 행위를 반성하고 선한 행위를 하려고 한 것도 에드거의 행위와 연관이 있다. 에드먼드의 요청에 신분을 밝힌 에드거는 동생과 화해를 제의한다. 그는 물리적 전투에서만 승리한 것이 아니라 정신적인 면에서도 승자였다. 그는 아버지와 동생을 정신적인 면에서 구원하는 역할을 수행한 것이다. 그가 이런 역할을 할 수 있었던 것은 고통을 통한 성숙과 진정한 사랑에서 비롯된 것으로 보아야 한다.

(2) 켄트의 변함없는 충성

　코딜리아가 천륜에 바탕을 둔 사랑을 나타낸다면 켄트는 군신에 바탕을 둔 충성을 나타낸다.

　켄트는 리어가 세 딸들의 사랑표현에 담긴 외양(겉으로 표현된 사랑의 말)과 실재(진실한 사랑)를 제대로 파악하지 못하고 어리석게 왕국을 분할하는 것을 보고 왕권에 아첨하거나 굴복하지 않고 직언을 한다. 그는 어리석은 왕권 이양과 왕국 분할에 충직한 신하답게 리어의 분별력을 촉구했다. 하지만 이미 격노한 리어는 분별을 잃은 상태였다. 결국 리어는 그의 직언을 왕명에 대한 도전으로 받아들인다. 리어는 분노하여 그를 나라 밖으로 추방한다.

　리어에게 추방당한 켄트는 변장을 하고 육체적·정신적 고통을 겪는 리어의 시중을 든다. 리어 왕에 대한 켄트의 충성심은 무조건적이다. 그는 군신 간의 신의와 유대 관계를 중시하는 신하의 면모를 보여준다.

　켄트는 실리와 이익만을 쫓는 자들과는 대립되는 인물이다. 리어 왕이 죽은 뒤 앨버니 공작이 그와 에드거에게 권력을 공동으로 양도하지만 켄트는 고사한다. 그는 죽은 군주의 뒤를 따르겠다고 천명한다. 켄트의 이런 선의는 리어로부터 지참금도 축복도 받지 못한 채 프랑스왕과 결혼하여 떠난 코딜리아가 언니들에게 박해받는 아버지를 위해 분연히 군사를 일으킨 것과 같은 행위이다. 그는 어떤 이기적인 욕망 없이 리어 왕에게 자신의 모든 것을 받쳐 충성한 인물이다.

　하지만 켄트가 외세의 힘을 빌어 리어의 권위 회복을 기도한 것은 문제가 있다고 보는 시각도 있다. 비록 어쩔 수 없는 선택이었다 해도 그 방법이 또 다른 위험을 야기할 수 있다는 점과 국민들의 애국심과 대치되는 면이 있기 때문이다. 리어 왕의 권위 회복을 위해 노력한 충정은 이해할 만하지만 장기적인 안목에서 국왕보다 국가의 장래를 생각하는 것이 옳다는 것이다. 그러므로 그의 충성심이 맹목적인 면이 있다고 지적한다.

어쨌든 켄트와 같은 이들의 변함없는 충성을 통하여 리어 왕국의 재건과 왕국의 미래에 대한 희망을 엿볼 수 있다.

(3) 에드먼드의 회개(悔改)

작품 속에서 자신의 탐욕을 충족시키기 위해 수단과 방법을 가리지 않았던 에드먼드는 작품의 끝에 가서 회개하는 모습을 보인다. 에드거와의 결투에서 패한 에드먼드는 자신의 죄를 뉘우치고 리어와 코딜리아를 구하라고 자기 칼을 준다. 이를 볼 때 에드먼드는 본질적인 악한 이기보다는 그의 환경적 조건(서자)이 그를 악하게 만든 것인지도 모른다. 에드먼드는 자신도 운명의 희생자라고 말하는데, 이는 변명이기보다는 그도 가부장제 사회 체제에서 피해자의 한 사람이라는 생각이 들게 한다.

그러나 비록 그가 가부장제 사회의 피해자라 하더라도 그의 악행이 정당화되지는 않는다. 그는 악을 도모했지만 결국은 에드거에게 굴복하여 죄를 고백한다. 그의 마지막 선행은 자신의 죄에 대한 회개의 표시로 그가 성숙에 이르렀음을 보여주는 것으로 생각할 수 있다. 그렇다면 인간은 악행에도 불구하고 여전히 선한 본성을 가지고 있다고 생각할 수 있지 않을까.

인간은 불완전한 존재이다. 그러므로 의도했든 그렇지 않든 악을 행할 수 있다. 문제는 악행 자체를 반성할 줄 모르는 것이다. 자신의 악행에 대해서 인간이 반성할 줄 안다면 인간 세계에 대해 희망을 가져볼 만하지 않을까.

(4) 광기 속의 이성(리어의 깨달음)

리어 왕은 모든 것을 빼앗기고 폭풍우 속에서 황야를 방황하여 자신의 과오를 반성하고 깨달음의 지혜를 얻는다. 글로스터도 고통 속에서 자신의 삶을 되돌아보고 고통에 대한 인내를 배운다. 이 글에서는 글로스터의 깨달음은 다루지 않는다. 그의 고통보다 리어의 고통이 훨씬 크고 깨달음도 깊이가 있기 때문이기도 하고, 글로스터의 깨달음은 물론 그 자체로 의미가 있지만 리어 왕의 깨달음에 대한 보충적인 의미를 지닌다고 볼 수 있기 때문이다. 그러므로 리어의 깨달음을 중심으로 설명하고 필요한 경우 글로스터의 깨달음을 덧붙이고자 한다.

리어의 내적 발전은 세 단계를 거치는 것으로 설명되곤 한다. 첫 단계는 두 딸의 거짓된 사랑의 실체를 파악하고 자신이 저지른 잘못을 인식하는 자신에 대한 개안(開眼)의 단계이다. 두 번째는 자신을 다른 인간과 동일시하여 주위 사람들에게 연민을 느끼고 그들의 아픔을 함께 할 수 있는 세상에 대한 개안의 단계이다. 그리고 마지막은 광기를 통해 완전한 정화를 경험하여 새로운 존재로 거듭나는 재조정의 단계이다.

리어는 내적 발전을 거치면서 진정한 인간성은 왕권을 나타내주는 화려하고 외적인 것들과는 아무 상관이 없음을 깨닫는다. 그는 왕이었을 때, 진실과 거짓을 구별하지 못했지만 두 딸에게 배신당한 후 고통을 겪었고 재산, 권력, 자만심, 영예, 소유물 등과 같은 화려하고 외부적인 의복을 다 벗어버림으로써 자신의 어리석음을 던져버리고 자각하게 된다. 고통을 겪고 그의 옷을 벗어버리는 순간, 그는 새로운 옷을 입는 데 그 옷은 새로운 리어라는 진실한 인간성을 상징한다.

리어의 타인에 대한 동정심은 그 자신이 과거에 지녔던 이기심을 버리게 하고 이타적인 눈으로 세상을 볼 수 있게 한다. 그는 지금껏 자신이 돌아보지 않았던 사람들은 물론 모든 인간에게까지 자신의 동정심을 확대한다. 이제 자신을 위해서가 아니라 타인을 위해서 기도하는 그는 더 초라해지고 비천해질수록 더욱 동정적이 되고 인간적이 된다. 그는 결국 바닥까지 떨어지는 고통을 겪고서 이기주의를 극복할 수 있었다. 그는 자신이 소홀히 한 불쌍한 백성에게 깊은 자책과 연민을 느끼면서 그들을 위한 기도의 노래를 부른다.

그리고 그는 코딜리아에 대한 자신의 행위도 뉘우치며 그녀에게 용서를 구한다. 코딜리아가 그에게 아무 잘못도 없다고 대답했을 때 비로소 그는 코딜리아의 사랑이 절대적이고 무조건적이며 가치를 측량할 수 없는 것임을 알게 된다. 리어는 철저한 '없음(Nothing)'의 경험을 통해 진실을 볼 수 있는 시각을 갖게 된다. 리어는 코딜리아와 재회에서 인간이 느낄 수 있는 최고의 정신적 가치인 진실한 사랑을 경험한다.

리어와 글로스터가 겪는 고통은 이들로 하여금 육안으로 보는 것을 넘어서 정신적인 눈으로 보는 것을 가능케 한다. 어리석음으로 눈이 먼 상태였던 두 사람은 고통을 창조적인 것으로 변화시키고 내적 시력을 회복함으로써 자신들의 왜곡된 시각을 교정한다. 리어가 극심한 정신적 고통을 통해서 새로운 모습으로 태어난다면 글로스터는 극심한 육체적 고통을 통해서 보다 성숙된 인물로 바뀐다. 리어가 실성을 통해서 새로운 인물로 바뀌듯이 글로스터는 두 눈을 잃는 육체적인 고통과 수모를 당하고 나서야 비로소 세상을 바로 볼 수 있는 안목을 갖게 된다.

고너릴, 리건, 에드먼드의 이성은 실리적 계산과 근시안적 안목, 그리고 욕정에 의해 '이성 속의 광기'로 발전해 간다면, 리어의 광기는 고통과 인내 그리고 타인에 대한 사랑을 통하여 장차 '광기 속의 이성'으로 발전해 간다.

다음으로 리어왕의 세계는 어리석고 탐욕적이며 오만하고 사악한 인간들이 힘과 권력을 행사하며 온갖 악행을 저지르는 타락한 세상이라는 반대 측 입장을 살펴보자.

(1) 외양과 진실의 혼돈 그리고 권력과 성적 욕망의 추구(리어, 글로스터)

리어는 딸들의 사랑을 담보로 딸들에게 왕국을 삼등분하여 나누어 주려 한다. 젊은이들에게 왕국을 물려주고 근심과 국사를 떨쳐버리고 홀가분하고 편안한 노년을 보내고 싶기 때문이다. 왕국의 분할에는 아들이 없는 리어가 장차 있을지도 모를 자식들 간의 분쟁을 사전에 예방하고자 하는 뜻도 담겨있다. 그러므로 그를 단순히 어리석고 노망든 노인으로만 평가하는 것은 타당하지 않다.

리어의 문제는 어리석음보다는 그의 격정적인 성품과 자신에 대한 이해 부족 그리고 늙음을 자연스럽게 인정하고 받아들일 수 없는 것이다. 이런 자질들이 늙음에 대한 두려움(근심과 걱정)[48]과 국왕으로서의 절대적 권위 의식과 결합될 때 그는 고집스럽고 오만하게 행동한다. 그가 고집스럽고 오만한 권위의식에 사로잡힐수록 그는 자신과 다른 의견에 분노하게 되고 그 분노만큼 어리석게 행동하게 된다. 격정과 분노에 사로잡힌 그는 결국 아첨과 진실을 구분하지 못하고 비극을 초래한다. 결국 두려움, 분노, 격정, 오만함, 권위 등의 문제들이 복합적으로 작용하여 그는 어리석은 인물이 된다. 그의 어리석음은 '사랑경연대회'에서 잘 드러난다.

리어는 왕국을 자신에 대한 사랑의 표현 정도에 따라 딸들에게 나누어 주기 위해 '사랑경연대회'를 연다. 리어는 왕국을 마치 상품과 같은 것으로 내걸고 딸들에게 사랑의 경쟁을 요구한다. 그는 사랑의 말이 곧 사랑의 실재라고 착각한다. 그는 어리석게도 정성적(定性的)인 애정을 정량적(定量的)인 언어의 양으로 계산하려 한다. 사랑을 언어 표현의 정도나 양으로 측정하려는 시도는 매우 부적절하다. 왜냐하면 사랑은 단순히 양으로 측정되는 것은 아니기 때문이다. 사랑을 표현하지 않는다고 해서 사랑이 없는 것도 아니다. 사랑을 과도할 정도로 표현

---

48) 자신의 대를 이을 아들이 없다는 것도 리어 왕에게는 큰 걱정이었을 것이다.

한다고 해서 그것이 진정한 사랑도 아니다. 문제는 말보다는 사랑의 행위가 될 것이다. 그러므로 행위보다는 말을 문제 삼은 그의 사랑경연대회는 부조리하다.

사랑경연대회는 사실을 말하는 것이 아니라 말해야 하는 것, 즉 리어 왕을 만족시키는 답변을 해야 하는 왜곡된 언어의 장(場)이다. 딸들의 진심이 아니라 리어가 듣고 싶어 하는 말을 하면 되는 것이다. 사랑을 느끼는 대로 말하는 것을 그만두고 해야만 하는 말을 하면 된다. 그 이유는 말로 표현하는 애정의 정도에 따라 왕국을 나누어준다는 리어 왕의 거래 조건 때문이다. 이 때문에 필연적으로 화려하고 과장된 언어가 난무할 수밖에 없다. 리어는 딸들로 하여금 아첨을 더 잘하도록 조장했다고 할 수 있다. 얼마나 많이 사랑하는지를 말로 표현해보라는 것은 말 그대로 말만 잘하면 되는 것이다. 이 경연대회에서 사랑의 진정성(眞正性)은 불필요하다. 리어 왕 자신도 사랑의 진정성은 문제 삼지 않는 것 같다. 자신을 가장 사랑한다고 말하는 사람이 가장 사랑하지 않는 사람일 가능성도 있다. 그러므로 이 사랑경연대회는 어리석고 부조리하다.

이 대회는 그의 왕국 분할의 목적과도 어긋난다. 리어는 그를 가장 많이 사랑한다고 공언하는 딸을 위해 상으로 가장 많은 유산을 배정함으로써 딸들에게 탐욕과 과장을 조장한다. 그의 행위는 경쟁심을 조장하고, 딸들이 어느 한 쪽이 다른 한 쪽을 희생시킬 때만 승리를 쟁취하는 경쟁 속으로 몰아넣는다. 애석하게도 그는 딸들 간에 경쟁을 시킴으로써 미래에 나타날 불화와 치명적인 증오를 강화시킨다. 그는 미래의 불화를 예방하기 위해 왕국을 분할하려고 하지만, 이를 사랑경연대회를 통해서 함으로써 오히려 갈등과 경쟁을 통해 불화를 조장한다.

사랑경연대회는 리어왕이 이루려는 진짜 목적과도 어긋난다. 리어왕이 대회를 연 진짜 목적은 사랑의 경연을 통해 언니들보다 비옥한 삼분의 일의 땅을 코딜리아에게 지참금으로 주고, 그녀의 따뜻한 보살핌에 자신의 여생을 의탁하기 위해서이다. 하지만 코딜리아는 어리석은 경연대회에서 경쟁 자체를 포기하고 고집스레 정해진 답변 말하기를 거부한다. 리어는 관습적이고 거짓된 외양이 아니라 코딜리아의 굽히지 않는 사랑의 진실을 마주하게 된다.

리어는 사랑경연대회에서 고너릴과 리건의 아첨과 코딜리아의 진실을 구별해 내지 못하는 진실에 대한 무지라는 인식적 결함(어리석음)을 보인다. 그는 외관(사랑을 표현한 말)과 실체(진실한 사랑)를 동일시하고 내용(사랑의 실재)과 형식(사랑의 표현)을 동일한 것으로밖에 보지 못함으로써 시각의 한계와 결함을 드러낸다. 그가 왕권과 왕국을 걸고 딸들에게 사랑을 경쟁시킬 때, 그가 기대했던 것은 말의 내용이 아니라 형식이었다. 리어는 불완전한 판단력의 소유자라고 할 수밖에 없다.

리어의 또 다른 성격적 결함은 제어되지 않는 격분(激奮)이다. 코딜리아가 그가 요구하는 사랑 표현을 하지 않자 리어는 몹시 흥분하며 화를 낸다. 그는 격분하여 코딜리아 몫의 왕국을 고너릴과 리건에게 나누어준다. 그의 격분은 그가 애초에 왕국을 분할하려고 한 이유를 완전히 망각하게 한다. 이 제어되지 않는 격분이 그를 파멸과 광기로 이끈다. 그는 왜 그렇게 격분했을까. 이에 대해서는 여러 가지 의견이 있지만 세 가지 정도로 정리해 볼 수 있다. 첫째는 리어는 원래부터 변덕스러운 성격을 지녔기 때문이라는 것이다. 둘째는 자신을 가장 사랑한다고 생각했던 코딜리아가 자신이 원하는 사랑을 표현하지 않아서 배신감을 느꼈을 뿐만 아니라 그녀의 침묵과 간결한 답변을 왕권에 대한 일종의 도전으로 받아들였다는 것이다. 마지막으로 가장 흥미로운 의견은 사랑표현에 대한 코딜리아의 거부에 마주한 리어가 사랑경연대회를 통해서 왕국을 나누어주려는 자신의 행위가 매우 어리석은 행동이라는 것을 깨달았다는 것이다. 그 순간 리어는 격렬한 수치감을 느꼈는데, 늙은 리어는 그 수치감을 인정하지 않고 분노로 바꾸어버렸다는 것이다. 마지막 의견이 흥미로운 것은 처음 두 의견과는 달리 리어를 단순히 어리석고 노망든 노인으로 가정하지 않는다는 점이다. 그는 자신의 잘못을 깨달을 만큼 충분히 훌륭한 왕이었지만 늙어서 권력의 이양을 앞 둔 시점에서 절대군주로서의 마지막 자존심을 지키려고 했다는 의견이다. 물론 마지막 의견에서도 리어가 자신의 잘못을 인정하지 않고 분노로 바꾸었다는 측면에서 그의 판단력 문제는 여전히 남는다.

리어의 불완전한 판단력은 사악한 두 딸들에게 왕국(영토)과 왕권(통치권)을 물려 준 후에도 그가 왕의 이름과 그에 걸맞은 직분을 갖고자 하는 데서도 드러난다. 하지만 이는 곧 딸들의 배신으로 불가능한 일이 된다. 왕국과 왕권이 없는 그가 더 이상 왕일 수 없음을 몰랐을 정도로 그는 어리석었던 것일까. 왕권의 본성 즉, 왕으로서의 책임과 의무를 다해야만 그에 합당한 권리를 누릴 수 있다는 것을 그는 몰랐을까. 자신이 권력을 포기하면 다른 사람이 그의 약함을 이용하게 되는 비정한 권력의 속성을 그는 이해하지 못한 것 같다. 그는 사악한 두 딸과 진실한 막내딸, 권력의 속성 그리고 무엇보다 자기 자신을 전혀 이해하지 못한 사람처럼 생각된다.

또 하나의 흥미로운 문제는 리어가 우리가 생각하기에 어리석게 느껴지는 딸들의 사랑 표현에 왜 그토록 집착했는가이다. 리어가 딸들에게 사랑의 표현을 요구한 것은 단순히 감정적인 위안만은 아닐 것이다. 늙어가는 리어는 딸들의 결혼과 왕국의 분배에서 아버지이자 왕으로서 자신의 존재에 대한 위기의식과 불안감을 느꼈을 것이다. 리어 왕이 요구한 사랑의 정도는 단순히 부녀간의 애정이라기보다는 아버지의 권위를 인정하고 그에게 서약한 충성의 정도이다. 또한 국가에 대한 실질적인 권력을 양도하는 리어 왕의 입장에서 곧 권력을 상속받게 될 딸들로부터 충성에 대한 약속은 필수적일 수 있다. 게다가 왕실 권력자들의 참석 하에 왕권의 양도가 이루어지는 중대한 자리이므로 리어 왕은 상속자들에게 충성에 대한 약속을 공인받는 셈이다. 리어 왕은 충성과 사랑에 대한 확인절차를 통해서 상속자들을 통제할 수 있으리라 생각했을 가능성도 있다. 그가 사랑경연대회를 연 목적에는 자신의 왕권을 어떻게든 유지해 보려는 권력에 대한 탐욕이 자리 잡고 있다고 볼 수 있다. 그러나 자연의 순리상 그것은 불가하다. 어떤 권력도 영원할 수 없으면 나이가 들면 젊은 사람에게 권력을 넘기는 것이 순리이다. 늙음(여든 살)과 병듦(노망)과 죽음을 거스를 수는 없다.

늙어서 더 이상 왕권을 유지하는 것이 불가능함에도 왕권을 놓지 않으려는 그의 권력에 대한 탐욕이 어리석은 사랑경연대회를 연 것이다. 그가 외양과 실재를 구분하지 못할 정도로 어리석지는 않았는지 모른다. 권력에 대한 맹목이 맹목적인 사랑의 맹세를 요구한 것이다. 왕국과 왕권은 다음 세대에게 물려주는 것이 순리다. 리어는 끝까지 왕으로 존재하고 싶은 권력욕 때문에 늙고 무능력한 그 자신의 정체성을 인식하지 못하는 눈 먼 상태에 빠진 것이다. 그의 권력에 대한 맹목이 그 자신의 격정적인 성격과 결합될 때 그가 어리석은 행동을 하게 되는 것은 불가피하다. 리어 왕의 비극은 자신의 권력과 권위의 본질에 대한 무지, 자신의 정체성을 제대로 파악할 수 없는 무능력, 그리고 결정적으로 세월의 결과인 노쇠가 복합적으로 작용한 결과이다.

리어는 외양과 실재를 구분하지 못하는 어리석고 이기적이며 격정적인 행위들을 통해서 스스로 악을 불러들여 불행을 자초한 셈이다. 그는 사악한 두 딸들에 대한 격심한 분노와 자기 연민 때문에 결국 미치게 된다. 리어는 자기 자신도 알지 못하고 자신의 딸들도 알지 못했다. 더욱이 그 자신을 가장 몰랐던 사람이 리어 자신이었다. 그러므로 그는 어리석은 사람이라 할 수 있다.

외양과 실재를 혼돈하는 것은 글로스터도 마찬가지이다. 그는 리어처럼 그의 사생아 에드먼드에게 속아 효성이 지극한 적자인 에드거가 자기를 살해하고 재산을 차지하려는 음모를 꾸미고 있다고 믿게 된다. 리어와 글로스터는 긍정적으로 보면 남의 말을 잘 믿는 성격이고 부정적으로 보면 어리석다. 악인은 항상 선한 사람들의 장점을 이용하여 파멸시킨다. 그러므로 리어와 글로스터의 선함은 악인들에게는 어리석음과 다를 바 없다.

리어와 글로스터의 또 하나의 공통점은 탐욕이다. 차이라면 리어가 권력에 대한 탐욕을 보인다면 글로스터는 육체적 탐욕을 보인다는 점이다. 두 눈의 상실은 글로스터의 음욕이 낳은 업보이며 진실과 허위를 구별하지 못한 우행의 결과이다. 에드먼드는 글로스터의 음욕에 대한 대가로 아무 죄 없는 자신이 천한 서자로 매도되는 것에 반항하는데 이것이 비극적 사태를 야기한다.

글로스터가 에드먼드의 함정에 터무니없이 쉽게 빠져 엄청난 고난을 겪게 되는 것은 그의 경솔한 성격적 결함 때문이기도 하지만 그가 가진 미신적인 세계관 때문이기도 하다. 이 때문에 그는 현실을 객관적으로 보지 못하고 자신의 관념을 기계적으로 현실에 투영한다. 글로스터는 사회 속에서 발생하는 부패의 징후를 일식과 월식이 예고해 주고 있다고 생각한다. 이처럼 글로스터의 세계관은 실체나 객관성이 결여된 미신적인 판단에 근거를 두고 있다. 그는 초월적 힘에 의해 인간의 행동이 좌우된다고 믿고 있으므로 사물을 제대로 볼 수 있는 통찰력이 부족하다. 그러나 에드먼드는 자연 질서의 파괴를 인간에 의해 발생한 후속적인 결과에서 비롯된 것으로 간주한다. 그는 사건의 동기나 영향관계를 천체 작용의 연관성으로 인식하지 않는다. 그는 인간의 재앙을 별의 탓으로 여기는 글로스터를 책임을 회피하는 것으로 비웃으며 재앙은 기존사회의 모순적 체계에서 나온다고 여긴다. 에드먼드는 자연 질서가 붕괴되는 것은 결국 인간으로부터 비롯된 것임을 인식하고 있다.

결국 글로스터가 쉽게 에드먼드에게 속아 넘어가는 것은 외양과 실재를 구분하지 못하는 어리석음 때문이며, 이는 미신에 의존하여 사태를 객관적으로 보지 못하는 그 자신의 판단력 부재가 원인이다.

어리석음과 탐욕은 리어와 글로스터의 공통된 특징이다. 둘은 외양과 실재를, 말과 현실을 구분하지 못한다는 측면에서 어리석고, 리어는 권력에 대한 탐욕을 에드먼드는 육체적인(성적인) 탐욕을 보인다. 리어의 죄는 권력욕과 왕으로서의 오만과 격정적 분노로 인한 교만의 죄이기에 고통 역시 정신적인 측면이 보다 강조된다. 반면 글로스터의 경우는 육체적 음행의 죄이기에 그가 받는 고통은 보다 육체적이다. 이 두 경우를 보면 인간이 자기 자신을 알지 못하고 자만하여 성숙에 이르지 못하는 원인은 크게 두 가지다. 하나는 육체적 부도덕의 죄이며 다른 하나는 재산과 권력을 권위로 삼아 교만에 빠지는 죄이다.

(2) 자식에 대한 차별(리어, 글로스터)

리어와 글로스터의 또 다른 공통점은 자식들을 차별(편애)한다는 것이다. 리어가 왕국의 분할에서 보이는 태도와 글로스터가 에드먼드를 부끄러워하는 것이 이를 잘 보여준다.

리어는 위로 더 나이 많은 두 딸 고너릴과 리건이 있음에도 불구하고 노년을 막내딸인 코딜리아에게 의탁하고자 한다. 이는 그가 두 언니 대신 코딜리아를 편애하고 있음을 알 수 있다. 리어가 재산을 나눠주는 방식을 자세히 분석해 보면 이는 더욱 분명해진다. 리어는 코딜리아에게 그의 재산 중에서 가장 좋은 부분을 나눠주는 데만 관심이 있을 뿐 다른 딸들에게 재산을 상속해주는 데는 별 관심이 없어 보인다. 그는 처음부터 딸들에게 재산 분배를 위한 공정한 기회를 줄 마음이 없었던 것 같다. 리어는 큰딸의 말이 끝나기가 무섭게 그녀의 몫을 떼어준다. 사랑경연대회에서 공정한 경쟁에 의한 분배가 되려면 세 딸의 말을 모두 들어보고 이를 비교하여 우열을 정해야 한다. 그런 후 그에 따라 재산을 분배해야 한다. 그런데 리어는 그렇게 하지 않는다.

그는 딸들의 말이 끝나자마자 재산을 분배한다. 이것을 보면 리어는 처음부터 공평한 재산 상속을 할 마음이 없었음을 알 수 있다. 이런 방식은 마지막에 말하는 코딜리아가 가장 유리할 수밖에 없기 때문이다. 그것은 리건의 경우를 보면 알 수 있다. 그녀는 자신의 생각이 언니의 생각과 같지만 다만 그 정도에 있어서 자신이 언니보다 낫다고 말한다. 리건이 이렇게 말할 수 있었던 것도 그녀가 언니보다 나중에 말할 기회를 얻었기 때문이다. 이런 경쟁 방식에서는 맨 나중에 말하는 사람이 언제나 유리할 수밖에 없다. 나중 사람은 언제나 앞 사람이 말한 것을 듣고 앞 사람보다 그를 더 사랑한다고 말하면 되기 때문이다.

또 리건에게 재산을 물려줄 때 그녀의 몫이 고너릴의 것과 비슷함을 리어가 굳이 말하고 있는 것도 이상하다. 리건은 언니보다 더 아버지를 사랑한다고 말했다. 리어가 정한 규칙에 따르면 리건이 더 큰 사랑을 표현했으므로 당연히 언니보다 더 큰 몫을 받아야 한다. 그런데 리어는 리건의 몫이 언니의 몫보다 못하지 않다는 것을 강조한다. 리어가 리건 몫으로 주는 땅이 언니의 몫과 비교해서 그것보다 못한 것처럼 보이지 않는다면 굳이 그것을 강조할 필요는 없을 것이다. 리어가 그렇게 강조하는 것을 보면 실제로는 리건의 몫이 고너릴의 몫에 비해 다소 가치가 덜한 것이 아닌가 하는 의심이 든다.

리어는 아마 처음부터 상속의 희망이 별로 없던 두 딸에게는 비슷한 가치의 재산을 물려주려고 생각하고 있었던 것 같다. 게다가 리건은 자신을 언니와 같은 값으로 평가해줄 것을 부탁하기까지 한다. 그녀는 리어 왕이 말한 대로 자신이 아버지를 얼마나 사랑하는지를 말하기만 하면 되는데도 언니와 같은 값으로 쳐달라고 말하고 있는 것이다. 그녀의 말은 자신에게 재산을 언니만큼만 주어도 괜찮다는 것처럼 들린다. 이들은 모두 처음부터 재산 상속에서 자신들이 유리한 위치에 있다고 생각하지는 않았던 것 같다. 이런 점들을 종합해 보면, 고너릴과 리건은 리어 왕이 평소 코딜리아를 편애했기 때문에 당연히 재산을 코딜리아에게만 물려주거나 그녀의 몫이 상대적으로 클 것으로 생각했는지 모른다.

자연히 코딜리아로 인해 리건과 고너릴의 욕망은 억압 받아오고 있었을 터이다. 그녀들의 억압된 욕망은 아버지의 사랑을 거짓말을 해서라도 쟁취하고자 하는 욕망으로 변질되어 나타났을 것이다. 왕국의 분할 후에 고너릴과 리건이 그들의 아버지인 리어에게 입에 담기 민망할 정도로 잔인하게 구는 것은 억압된 애정이 폭력적으로 분출된 것으로 해석할 수도 있다. 리어 왕의 자식에 대한 편애가 그의 두 딸들을 사악하게 만들었는지도 모른다. 물론 그렇다고 해서 그녀들의 사악한 행위가 용서받을 수 있다는 뜻은 아니다. 그녀들의 잔인함을 인간적으로 이해해보려 노력은 할 수 있겠지만 그녀들의 잔인함은 이러한 이해의 범위를 훨씬 넘어서 있다.

글로스터도 자식을 차별한 것은 리어와 다를 바 없다. 개인적으로 글로스터는 젊은 시절의 외도로 사생아를 낳게 된 것이 창피해서 서자 자식을 인정할 때마다 너무 자주 얼굴을 붉혀서 이제는 철면피가 다

되었다고 실토하고 있다. 그가 비록 에드거와 에드먼드를 똑같이 사랑한다고 말하고 있지만 그에게 에드먼드는 인정하고 싶지 않은 자식임이 분명하다.

사회적 측면에서 보면 서자인 에드먼드는 적자가 승계하는 권력이나 재산권을 박탈당한 채 태어난 것이다. 부당한 사회적 차별 속에 놓여 있는 에드먼드가 자신을 부끄러워하는 아버지의 마음을 알았을 때 과연 어떤 행동을 해야 했을까. 그가 자신을 부당하게 차별하는 사회 제도를 개혁하는 방향으로 나아갔다면 좋았겠지만 그는 자신의 아버지와 형이 지닌 모든 재산과 권력을 빼앗는 악한 길을 택한다. 그가 악한 길을 택함에 있어 글로스터가 내뱉은 말이 많은 영향을 미쳤음을 쉽게 짐작해 볼 수 있다.

당시의 계급제도와 함께 봉건주의적인 글로스터의 이러한 생각은 에드먼드가 악한으로 전락하는데 중대한 영향을 끼쳤으며 이로 인하여 에드먼드는 세상을 부정적으로 바라보게 되었다. 글로스터는 또 수치스러운 서자 자식을 쫓아낼 궁리를 하고 있다. 글로스터는 봉건적 사고에 따라 서자의 위치를 자신의 주변에서 철저히 배제시켰다. 글로스터는 이 때문에 자신의 지위와 재산 모두를 빼앗기게 되고, 에드먼드는 불합리한 사회적 인습에 환멸을 느껴 악한이 된다.

고너릴과 리건 그리고 에드먼드가 악한으로 변한 데는 그들 아버지의 편애와 차별이 큰 역할을 했다. 물론 그들의 악함을 변론해 주고자 하는 의도는 없지만 차별과 편견이 악을 만들어 낼 수 있음을 우리는 알고 있다.

(3) 자기애(自己愛)적인 오만함과 무지로 이끄는 순진함(코딜리아, 에드거)

코딜리아와 에드거는 『리어왕』의 세계에서 가장 선한 인물들로 평가된다. 하지만 이 작품 속 세계의 비극에 대한 책임에서 이들도 결코 자유로울 수는 없다. 특히, 코딜리아는 진실한 사랑을 보여준 용기 있는 선한 인물이면서 한편으로는 오만한 인물로 보이기도 한다.

리어가 고너릴과 리건의 사랑 고백을 들은 다음 그가 제일 사랑하는 코딜리아에게 더욱 큰 기대를 가지고 이를 요구하자 그녀는 리어의 요구에 반발한다. 그의 요구가 부당하다고 그녀가 생각하는 이유는 언니들의 위선적인 말에 강한 반감을 느끼기 때문이며, 사랑과 물질(국토)을 동등한 가치로 환산하는 리어의 가치관을 수긍할 수 없기 때문이다. 코딜리아는 고너릴의 허위에 찬 말을 듣고 사랑이란 개인적인 것이며 말로 표현될 수 없다고 생각한다. 그녀는 자신의 사랑이 말할 수 없을 정도로 진실하고 무겁다고 생각한다.

그래서 리어가 코딜리아에게 언니들보다 비옥한 삼분의 일을 위해 너는 뭐라 말하겠느냐고 물었을 때, 코딜리아는 마음속에 품은 생각을 입에 올려 말로 표현할 줄 모른다며 의무에 따라 리어를 사랑할 뿐 그 이상도 그 이하도 아니라고 말한다. 이 말은 코딜리아가 얼마나 자신의 진실에 충실한지를 증명하는 예로서 많이 인용되곤 한다.

하지만 코딜리아의 말은 진실이 유일한 의무라 하더라도 자기 사랑의 진실보다 훨씬 적게 말한 것이다. 늙은 아버지가 그녀에게 보여주었던 애정에 비해 아버지의 요구를 충족시켜 주려는 코딜리아의 노력은 너무나 인색해 보인다. 리어가 원한 것은 여러 사람들 앞에서 그녀가 자신을 얼마나 사랑하고 있는지를 확인받고 싶었던 것이다. 리어는 자신의 기대를 충족하지 못했을 뿐더러 공공연하게 사람들 앞에서 왕으로서의 권위에 흠집을 입었다. 리어는 무소불위의 권력을 가진 왕임에도 불구하고 자식이 자신을 얼마나 사랑하는 지를 듣기 위해 세 번이나 되풀이해서 물었다. 그러나 코딜리아는 그 때마다 끝내 "Nothing"이라고 대답할 뿐 리어를 흡족하게 할 말을 하지 않았다.

그녀가 어린 것도 사실이고 그녀의 사랑도 엄연한 진실이다. 그러나 리어뿐만 아니라 코딜리아도 그 둘이 첨예하게 맞서고 있는 사랑경연 대회에 대해 책임이 있다. 만약 노인이 젊은이에게 관용을 베풀어야 할 의무가 있다면 젊은이도 노인의 부성애에 대한 보답으로 진실보다 더 한 것을 보여줄 의무가 있다. 진실이 이 세상에서 유일한 선은 아니며 진실을 말해야 하는 의무가 유일한 의무는 아니다. 때론 거짓이 선보다 나을 때도 있다. 그리고 세상에서 본질적으로 선과 악이 명확하게 갈라지는 것도 아니다.

코딜리아는 자신의 사랑은 부녀간의 도리에 따른 것일 뿐이라고 말한다. 그녀의 말은 언니들의 위선에 찬 아첨의 말과는 정반대로 진실하지만 동시에 그것은 잔인할 정도로 냉정한 것이다. 잔인한 진실은 가장 사랑하는 딸로부터 리어가 듣고 싶어 했던 말이 아니다. 그에게는 그것보다 따뜻한 위로의 거짓이 더 필요했을 지도 모른다. 늙은 아버지가 듣고 싶어하는 말을 해주는 것이 코딜리아에게는 그토록 어려웠던 것일까.

코딜리아는 끝까지 자신의 입장만을 고집했다. 결과적으로 그녀는 리어에게 그가 자랑스럽게 여기는 권력과 형식을 가볍게 여기는 것처럼 보였을 것이다. 리어에게 코딜리아는 용서할 수 없는 불효막심한 딸이며, 급기야 그녀의 행위는 왕권에 대한 도전으로 여겨졌을 것이다. 그녀는 지나치게 융통성 없이 독선적인 태도를 취함으로써 리어를 격분시킨다. 그러므로 리어에게는 선택의 여지가 없었다. 비록 자식이라고 할지라도 왕권에 대한 도전은 용납될 수 없기 때문이다.

그녀는 자신을 위해서나 사랑하는 아버지인 리어의 미래를 위해서 자신이 할 수 있는 최선을 다하지 않았다. 코딜리아는 이미 언니들의 본심을 알고 있었다. 또한 만약 자신이 아버지의 사랑을 잃지 않았다면 아버지의 앞날이 더 나을 것이라는 것도 알고 있었다. 그녀는 리어 왕이 앞으로 겪게 될 고난들을 이미 짐작하고 있었을 것이다. 그러나 코딜리아는 사악한 두 언니들에게 아버지를 남겨두고 프랑스로 떠난다. 그녀는 아버지를 향한 깊은 사랑에도 불구하고 자식으로서의 책임을 다 하지 않았던 것이다.

만약 그녀가 좀 더 현명하게 대처했다면 어땠을까. 코딜리아가 리어에게 거짓은 아닐지라도 그에 대한 사랑을 충분하게 표현했더라면 어떻게 되었을까. 그의 단순하고 격정적인 성격을 알고 있으면서 굳이 매몰차게 이야기해 상황을 나쁘게 만들 필요가 있었을까. 그녀의 "Nothing"이라는 대답에는 개인적인 반감과 자존심의 기미가 섞여 있다. 그녀의 태도 속에서 오만함을 읽어 내기는 어렵지 않다. 그녀의 반감과 자존심 그리고 오만함은 역설적으로 리어 왕의 사랑에서 비롯된 것은 아닐까. 그녀가 그토록 사랑받았기 때문에 두 언니들과 달리 리어 왕에게 감히 "Nothing"이라고 말할 수 있었던 것은 아닐까. 그렇다면 그녀는 누구보다 리어에게 배은망덕한 자식인지도 모른다.

코딜리아는 진실과 정의와 자비의 완벽한 여인으로 이상화되거나 기독교적 사랑을 실천하기 위해 죽어간 순교자로 간주되기도 한다. 그러나 다른 시각으로 보면 코딜리아야말로 비극의 원인 제공자라고 할 수 있다. 그녀가 대답한 "Nothing"만 아니었다면 리어나 코딜리아는 죽음에 이르지 않았을 것이다. 아버지에 대한 사랑을 얘기하라고 했을 때 부모 자식 간의 애정을 단지 도리라고 냉정하게 얘기함으로써 사랑을 기대하고 있는 노인의 마음을 아프게 한 것이다. 진정한 사랑이 타인의 요구에 반응해주는 것이라면 코딜리아의 답에는 사랑이 없었다고도 할 수 있다.

코딜리아의 비극적 결함은 그녀가 말했듯이 자신의 속마음을 말로써 표현하지 못하는 데 있다. 그녀가 자신의 오만함을 버리고 아버지에게 자신의 사랑의 정도를 말로써는 표현할 수 없다는 것을 납득시켰더라면 그녀 자신과 리어의 불행을 자초하지 않았을 것이다. 자신의 생각을 말로 충분히 표현하지 못한 코딜리아도 『리어왕』의 비극적 동인이 된다. 그녀는 융통성 없이 독선적인 태도를 취함으로써 리어를 격분시킨다. 아첨을 좋아하는 리어의 성격을 이용한 고너릴과 리건도 악이지만, 진실로 아버지를 사랑했던 코딜리아 자신도 리어를 불행으로 이끄는 동인 중의 하나가 되고 만다. 그녀의 언행은 용기 있는 행동이기는 하지만 다른 측면에서 보면 자기애(自己愛, 자기중심주의)의 전도된 표출이라고 말할 수 있다.

코딜리아의 대답에서 자기애적인 오만함을 읽을 수 있다면 에드거의 행위에서는 순진함에서 오는 무지(無智)를 읽을 수 있다.

보이는 것을 다 믿는 에드거의 어리석음은 고난을 불러오고, 유순하고 소심한 성격이 그의 불행을 가속화시킨다. 그는 아버지와 사이에서 그가 의도하지 않은 나쁜 일이 일어나고 있음에도 불구하고 무슨 일인가를 알아보려는 능동적인 노력은커녕 현재의 상황에 대한 일말의 의심도 하지 않는다. 더군다나 그는 부친살해를 도모했다고 모함을 받고 있으면서도 아버지의 오해를 풀려는 어떤 시도도 하지 않은 채 소극적인 모습만 보이고 황야로 숨는다.

남을 의심하지 않는 것은 장점이 될 수 있지만 그로 인해 리어는 비바람이 몰아치는 광야로 내몰리고 글로스터는 눈이 멀게 되며 에드거는 거지 톰으로 살게 된다. 자신의 어리석음 때문에 그는 상황에 따라 불쌍한 거지 톰으로, 가난한 농부로 그리고 이름 없는 병사로 자신의 외양을 바꾸어야만 했다. 그가 겪은 고난과 불행은 극 초반에 보여준 순진함이 불러온 무지로 인한 현실 인식의 부족과 우유부단함, 수동적인 태도의 결과이다.

에드거는 순진할 정도로 정직한 인물이지만 눈먼 아버지를 만났을 때는 자신의 정체를 속인다. 그는 아버지를 구원하기 위해서 그렇게 했다고 하지만 그가 끝까지 아버지를 속인 것은 문제가 있다고 볼 수 있다. 그는 에드먼드와 결투 삼십분 전에 자신의 존재를 아버지에게 밝히는데, 이 말은 들은 글로스터는 기쁨과 슬픔이라는 두 극단적 감정 속에 심장이 터져 죽는다. 순진할 정도로 정직한 그가 아버지에게 자신의 존재를 속인 것도 아이러니하지만 그가 진실을 밝혀 아버지를 죽게 한 것은 더욱 아이러니하다.

(4) 물질적·육체적 탐욕과 사악함(고너릴, 리건, 에드먼드)

『리어왕』에서 코딜리아와 에드거의 정반대 편에 서 있는 악한 인물들에는 고너릴과 리건, 리건의 남편 콘월, 에드먼드 그리고 고너릴의 신하인 오즈월드가 있다. 여기서는 콘월과 오즈월드는 그 비중이 크지 않으므로 제외하고 리어왕의 두 딸과 글로스터의 서자인 에드먼드만을 대상으로 그들의 탐욕과 사악함에 대해 살펴보자.

리어왕의 딸인 고너닐과 리건은 배은망덕과 인간 박대라는 악을 서슴없이 저지른다. 이 두 자매는 목적을 위해서라면 수단과 방법을 가리지 않는다. 그녀들은 권력과 욕망을 위해 어떤 잔인한 행위도 할 수 있는 인물들이다.

자신의 근본인 아버지에게 굴욕감을 주고 살해까지 하려는 그녀들의 음모는 악 중에서도 가장 흉악한 악이다. 고너릴과 리건은 리어의 기사를 100명에서, 50명으로, 25명으로 줄이다가 나중에는 한 명도 둘 필요가 없다고 말한다. 이 때 굴욕을 참으며 두 딸에게 번갈아 가며 구걸하는 리어의 모습은 비참하기 짝이 없다. 리건이 기사 수를 25명으로 줄이라고 하자 리어는 고너릴의 50명이 25명의 두 배이므로 고너릴의 사랑이 리건의 사랑보다 두 배나 더 많다고 생각한다. 리어가 사랑이란 정신적 가치를 계량화할 수 있다는 생각에서 여전히 벗어나지 못하고 있는 것을 보는 것도 안타깝지만 리어를 대하는 그녀들의 행위는 우리를 분노케 한다. 아버지를 향한 그녀들의 말과 행동은 지극히 모욕적이고 위협적이며 또 한편으로는 준엄할 정도로 정확하게 현재 리어가 처한 현실을 드러낸다. 그녀들의 잔혹함은 폭풍우 치는 밤에 리어를 황야로 내쫓고 문을 닫아버리는 행동에서 절정에 이른다. 리어는 온 세상을 다 가졌던 왕에서 빈털터리 존재가 된다. 권력을 탐하는 그녀들의 욕망은 아버지에게 비인간적인 잔인성을 보여주고 리어는 자신에 대한 연민과 딸들에 대한 분노와 자제력 사이에서 미쳐간다.

그녀들의 잔인성은 리어에게만 국한되지 않는다. 그녀들의 잔인함은 자신들의 욕망을 추구하는 데 방해가 되는 모든 것에 무차별적으로 행해진다. 특히, 콘월에게 글로스터의 두 눈알을 뽑아 버리라고 명령하는 리건과 그의 목을 당장 베어 버리라고 지시하는 고너릴은 자신들의 잔인성을 더 많이 내보이려고 경쟁하고 있는 듯하다. 리건의 잔인성은 한 쪽 눈이 뽑힌 글로스터의 남은 한 쪽 눈마저 뽑아 버리라고 지시하는 그녀의 대사 속에 적나라하게 드러난다.

아버지에 대한 배은과 잔인함으로 나타나는 고너릴과 리건의 사악함은 에드먼드를 향한 욕정과 질투라는 악의 양상으로 확장되어 간다. 이 경우는 욕정도 인간을 동물의 수준으로 전락시키는 악이라 할 수 있다. 에드먼드에 대한 그들의 욕정은 자신들이 가장 낮은 동물적 상황으로 타락했음을 드러낸다. 이는 고너릴이 올버니를 죽이고 남편이 되어 달라고 에드먼드에게 보낸 편지에서 여실히 드러난다. 고너릴은 부부간의 사랑과 윤리마저 내팽개쳐 버린다.

에드먼드에 대한 욕정으로 서로에게 느끼는 질투심은 독사의 독만큼이나 강하여 결국 고너릴은 리건을 독살하고 자신도 자살하고 만다. 그녀들은 권력과 정욕을 위해서 아버지를 저버리고, 글로스터 백작의 서자인 에드먼드를 서로 차지하기 위하여 친동기간끼리도 다툰다. 이런 모습을 연출하는 그녀들의 탐욕과 잔인성이 자신들의 죽음을 부른 것이다. 그녀들의 죽음은 어떠한 반성의 여지도 남기지 않고 이루어졌기 때문에 구원의 가능성도 차단되어 있다. 『리어왕』에서 고너릴과 리건은 가장 순수 악에 근접해 있다.

에드먼드는 아름다운 외모와 영리한 두뇌를 소유하고도 그것을 선한 목적에 쓰지 않고 악마적인 행동만을 일삼는다. 그는 고너릴, 리건과 더불어 자신의 욕망을 위해 수단과 방법을 가리지 않는 악한으로 평가된다.

에드먼드는 아버지인 글로스터를 속여 신임을 얻은 후 형인 에드거를 쫓아내고, 아버지로부터 땅을 상속받을 수 있도록 방도를 찾아보겠다는 약속을 받아낸다. 그러나 그는 여기서 그치지 않고 아버지를 반역자로 밀고하고 그의 모든 재산을 뺏으려 한다. 그의 고발로 글로스터는 두 눈이 뽑히는 고통을 당하게 된다.

그의 채워지지 않는 욕망은 아버지의 재산을 넘어 또 다른 대상인 고너릴과 리건으로 향한다. 에드먼드는 자신의 출세를 위해 혈육마저 팔아 넘겼을 뿐만 아니라 자신에 대한 여성들의 애정마저도 출세의 수단으로 이용하는 냉혹한 성격을 보여준다.

서자로서 신분적 차별을 받아야 하는 그의 심정은 이해할 수 있다. 하지만 그는 자신을 차별하는 사회제도나 관습의 모순을 바로잡아야 한다는 주장 없이 극단적 이기주의자가 되어 자신의 목적을 위해 수단과 방법을 가리지 않는다. 그는 사회제도를 부정하고 반항하지만 지나친 욕망으로 인하여 그 자신을 차별한 사회의 지배 이데올로기로(부와 권력)부터 벗어나지 못하고 종속되어 버린 인물이다. 이런 그가 또 다른 차별을 행할 것은 명백하다. 그가 백작이라는 신분을 가지고 어떤 일을 할 것인지는 쉽게 짐작할 수 있다.

하지만 고너닐과 리건이 죽을 때까지 자신의 행동들에 대한 어떤 반성의 기미도 보여주지 않는 반면에 에드먼드는 죽기 직전에 선한 일을 했다는 면에서 반성의 기미를 읽을 수 있다. 그는 죽기 전에 리어와 코딜리아를 구하려고 노력한다. 이제까지 그는 자연 법칙에 입각해 힘의 논리만을 추종하면서 인간 사회의 관례와 질서를 무시하고 부자간·형제간의 천륜도 어겨왔던 사람이었다. 그런 그가 죽음 앞에서 자신이 만들어냈던 파괴의 고리를 끊으려고 노력했으며 그렇게 함으로써 그의 본성을 거슬러 행동했음이 분명하다. 그렇지만 이 시도는 너무 늦은 것이었다. 그는 코딜리아의 죽음을 막을 수 없었고 그렇기 때문에 자신의 악행을 용서받을 수 있는 작은 여지조차 영원히 잃어버렸다.

(5) 이성 속의 광기(탐욕의 어리석음)

이기적인 탐욕을 추구하는 인간들은 지극히 이성적으로 행동하는 것처럼 보이지만 실제로 탐욕이라 광기에 사로잡혀 어리석기 짝이 없는 행동을 한다는 것을 『리어왕』의 인물들은 잘 보여준다. 외양과 진실을 혼돈하고 무한한 권력을 추구하는 리어와 성적 욕망의 충족을 추구하는 글로스터 그리고 이 과정에서 벌어지는 자식들에 대한 차별이 비극의 원인이 된다. 그들의 이런 어리석음이 고너릴과 리건, 에드먼드의 탐욕적인 사악함을 추구하게 했는지도 모를 일이다.

어리석다고 하는 것은 사물의 본질을 잘못 아는 것이거나 욕망에 이르는 적절한 방법을 잘못 알고 있는 경우, 혹은 동시에 두 가지 모두를 잘못 아는 경우이다. 리어와 글로스터는 전자에 대한 실수로 인해 파멸을 맞게 되며, 고너릴, 리건, 에드먼드는 양자 모두에서 비롯되는 어리석음으로 인해 파국을 맞게 된다. 코딜리아는 진정으로 아버지를 사랑했음에도 그녀의 사랑 표현은 리어에게 자기애(自己愛)적인 오만함을 느끼게 했으며 에드거의 순진함은 세상과 인간에 대한 무지의 다른 이름에 불과하다. 에드먼드의 모함을 받았을 때 에드거가 보인 분별없는 행동들은 살고 싶은 욕망 이외에 어떤 생각도 없었던 것처럼 보인다.

선인과 악인은 인간의 기준에서 볼 때의 구별일 뿐이며 인간 모두에게 자기 중심주의적인 악한 속성이 있음을 보여주고 있다.

쟁점 ❷ 세계의 본질(本質) 혹은 실재(세계관)

인간 세상은 근원적으로 문명의 위선, 무질서, 혼돈(고통과 광기, 탐욕과 악)으로 가득 차 있는가. 아니면, 세계는 정의, 질서, 조화(윤리와 도덕, 선)가 근원적으로 살아 있는 곳인가. 둘 중 어느 것이 더 인간 세상의 실재와 가까운가.

세계관에서 리어왕의 세계에는 질서와 조화가 근원적으로 존재한다는 찬성 측 입장부터 살펴보자.

(1) 견인주의(堅忍主義) 혹은 악에 맞선 선의 투쟁

리어 왕은 딸들에게 모든 재산을 주고 나서도 여전히 왕으로서 사랑을 받으며 아버지의 권위와 존경을 유지할 수 있을 것이라고 생각했다. 그는 이 모든 것이 그에게 경제적 힘을 주는 왕국과 왕권의 직접적 산물이라는 것을 알지 못했다. 리어는 애정과 존경이 권력과 소유물에 따라 바뀔 수 있음을 깨닫지 못했다. 그는 권력을 쥐었기에 왕으로서 사랑받았다. 권력이 없다면 그런 사랑도 없다. 코딜리아는 이런 진실을 아버지에게 알리고자 "Nothing"이라고 말했는지 모른다. 또한 그는 사랑과 권력을 혼동한다. 그래서 리어는 코딜리아의 말을 자신에 대한 도전이라고 여겼다. 왕은 거의 모두에게 버림받고 황야에서 헤맬 때에야 비로소 권력의 진실과 자신의 어리석음을 깨닫는다.

리어가 온몸으로 세상의 고통을 느끼면서 불행의 본질인 어리석음을 깨닫기 시작할 때 많은 인내가 필요했다. 리어는 고너릴에게 저주를 내리면서도 리건에게 참고 견디겠다고 말하며 인내를 통하여 거친 세상을 헤쳐 나갈 준비를 한다. 그는 두 딸의 냉대에 대해 하늘을 향해, "오, 신들이여, 인내심을 주소서, 필요한 인내심을!"이라고 기원한다. 그는 고너릴과 리건의 행동에 대하여 저주하면서도 끊임없이 인내를 다짐한다. 광대는 리어에게 정신적 재생을 위해 고통을 인내할 것을 주문한다. 리어는 고난을 통하여 지혜를 얻게 되고 고통 속에서 인내하는 법을 배우게 된다. 이러한 인내의 개념은 후에 에드거에 의해 확장된다.

자신의 어리석음을 깨달은 글로스터 백작은 스스로 생을 마감하고 싶어서 미친 거지 톰으로 변장한 에드거에게 돈주머니를 건네주며 자신을 바닷가 벼랑으로 데려다 달라고 부탁한다. 에드거는 아버지의 목숨을 구하기 위해 제의적인 자살 장면을 연출한다. 그는 생생하게 풍광을 묘사해 평평한 땅에 서 있는 글로스터가 마치 바닷가 벼랑 끝에 서 있는 양 착각하게 만든다. 벼랑에서 뛰어내린 글로스터 백작이 기적처럼 살아난 것으로 꾸민다. 이를 통해 백작을 부조리한 세상에서 운명의 매질을 견디는 견인주의적(堅忍主義的, 스토이시즘[49])적인 인물로 재탄생하게 만든다.

부조리로 가득 차 있는 세상을 그려낸 이 극에서 견인주의(stoicism)는 중요한 주제 가운데 하나다. 나중에 프랑스군에 패해 또다시 불리한 상황이 전개되자 에드거는 아버지 글로스터 백작에게 어서 몸을 피하자고 권한다. 이때 글로스터 백작이 체념하는 모습을 보이자 에드거는 인간은 태어날 때처럼 세상을 떠날 때도 참고 기다려야 한다고 말한다. 에드거 뿐만 아니라 리어왕도 글로스터 백작에게 시련을 참고 견뎌야 함을 강조한다.

변덕스런 운명의 매질을 당하는 리어 왕, 에드거, 글로스터 백작의 견인주의는 염세주의 저변에 굳건히 자리 잡고 있다. 이들은 고통으로부터 도피하지 않고 고통을 참고 견디면서 도덕적으로 구원을 얻고 정신적으로 재탄생하게 된다. 바로 이런 견인주의야말로 동생의 음해로 한순간에 미친 거지 신세가 된 에드거가 세상을 견디는 힘이다.

---

49) 견인주의(堅忍主義) 혹은 금욕주의(禁慾主義)는 정신에 속하는 것을 선(善)이라고 하며, 육체에 속하는 본능이나 욕구를 악의 근원, 또는 악 그 자체로 보는 견해에 바탕을 두어 육체적인 욕구·본능을 되도록 억제하는 것이 도덕에서는 본질적으로 중요하다는 관점이다. 극단적인 경우에는 금욕이나 고행(苦行), 그 자체도 선으로 보게 된다. 고대 금욕설을 주장한 스토아학파에서 유래하여 이를 stoicism(스토이시즘)이라고도 한다.

에드거는 견인주의를 바탕으로 어떤 상황에서도 삶을 포기하지 않는 삶에 대한 긍정의 자세를 보여준다. 그의 이런 자세는 글로스터에게도 전해진다. 글로스터 부자의 갈등은 최악의 상황에서도 고통을 참고 견딘 삶에 대한 에드거의 긍정적인 태도로 인해 해소될 수 있었다.

삶이 고통이라 할지라도 그 고통에 의미를 부여할 수는 있다. 고통에 아무런 의미가 없다면 삶도 무의미할 것이다. 이는 쉽게 허무주의로 귀결된다. 고통에 의미를 부여하기 위해서 우선 삶에 대한 긍정적 자세가 필요하다. 완전한 절망 속에서 삶의 고통에 의미를 부여할 수는 없기 때문이다. 어떻게 하든 절망 속에서 희망의 작은 조각이라도 발견해야 삶에 대한 의미 부여가 가능해진다.

리어와 에드거의 견인주의는 세상을 참고 견딜만한 것으로 받아들인다는 측면에서 고통으로부터 삶의 의미를 찾는 긍정적인 작업이 될 수 있다. 삶이 고통이라는 것을 인정하더라도 그 속에서 의미를 찾을 수 있다면 삶이 단순한 고통만은 아닐 것이다. 나아가 자신의 고통을 참고 견디면서 타인의 고통을 이해하고 공감할 때, 세상이 더 나아지리라는 희망을 가질 수 있지 않을까.

(2) 문명사회의 위선에 대한 비판

평론가 나이트에 의하면 『리어왕』에서 중요하게 다뤄져야 할 것은 ① 자연주의 ② 신(神)들의 문제 ③ 정의에 관한 문제 ④ 연옥과 같은 고통을 겪는 많은 극중 인물들의 스토아학파적 순응(견인주의) ⑤ 초월적·묵시록적 아름다움의 다섯 가지로 정리된다. 여기서의 '자연주의'는 일반적인 '자연주의'라는 말의 용례와 다르다. 이 말은 '자연 (nature)'에 대한 묘사·언급 내지는 암시가 빈번한 성향을 일컫는다.

확실히 『리어왕』의 곳곳에서 우리는 자연에 대한 언급을 만난다. 우선 자연경관의 묘사와 짐승 세계를 동원한 비유가 빈번하다. 예컨대 에드먼드는 사생아(natural boy)이며 고너릴은 끔찍한 '솔개'이고 리건과 함께 '암여우들'로 지칭된다. 폭풍우 장면이나 화관(花冠)을 쓰고 리어가 나타나는 장면도 자연의 요소를 부각시키고 있다.

『리어왕』에서 3막이 핵심적인 위치를 차지한다. 『리어왕』 전체에서 가장 슬프면서 인상 깊은 장면들이 이 부분에 포함되어 있다. 리어가 광기에 사로잡히면서 자신을 새롭게 인식하고 왕이었을 때 미처 알지 못했던 세상의 모습에 눈을 뜨는 것도 이 부분이다.

무엇보다 부조리하고 정의롭지 못한 세상의 모습과 그에 대한 비판이 3막 이후에 잘 드러난다. 3막 이후에 관객이 보게 되는 것은 거듭되는 고난 속에서 모든 권력을 잃고 급기야 정신의 건전성까지 위협받는 리어의 모습이다. 『리어왕』의 주요한 특징인 '자연주의'의 면모가 가장 두드러지게 나타나는 것도 바로 이 부분이다.

도성(都城)에서 쫓겨나 광야를 방황할 때, 시종이라고는 미천한 어릿광대와 켄트 그리고 에드거가 분장한 바보 톰 밖에 따르지 않는 속에서 거센 폭풍우를 맞으며 울부짖는 심정이야말로 벌거벗음의 상태로 전락한 문명인의 모습이다. 리어는 이와 같은 전락 속에서 바보 톰의 원시적 상태야말로 그의 딸들이 보여주었던 위선적인 문명의 허울을 뛰어넘는 것이라는 인식을 한다. 그는 바보 톰을 보고 "넌 누에에서 비단도, 짐승에서 가죽도, 양에서 양털도, 사향고양이에서 사향도 얻지 못했구나! 하? 여기 우리 셋은 자연 그대로가 아닌데, 너는 있는 그대로 자연 그 자체구나. 아무것도 걸치지 않은 인간은 너처럼 불쌍한 알몸뚱이 두 발 짐승에 지나지 않아. 벗자, 벗어, 이 빌린 것들을! 어서 여기 단추를 풀어다오!"라고 외치면서 서서히 광기에 침식되어 가는데, 여기서 광기란 고너닐이나 리건이 보여 준 바 있는 문명의 위선을 깨뜨리고 자연 그대로의 상태로 돌아가는 것을 의미한다. 따라서 횡설수설하는 바보 톰은 리어에겐 훌륭한 현자가 된다.

미친 후에 리어의 대사는 대략 네 가지로 분류할 수 있다고 한다.[50] 그것은 ① 이미지들의 자유연상으로 이루어지는 문자 그대로의 횡설수설 ② 고너닐과 리건에 대한 편집광적인 원한의 표명(가장 재판 장면 따위) ③ 사회제도에 대한 통찰 ④ 인간의 삶 자체에 대한 잠언적 대사 등이다. 이러한 대사들은 일견 중구난방인 것 같지만 내부적으로 일관된 논리를 지닌다. 즉, ① 자연 그대로의 상태로 선입견 없이 사물을 받아들이다가, ② 자신의 처지를 재확인하며, ③ 결국 기존의 사회제도에서 가진 자들이 자연과 더불어 살고 있는 자들보다 훨씬 사악한 존재라는 인식에 도달하여, ④ 급기야 이 세상은(문명화되지 않을 수 없으므로) '거창한 바보들의 무대'에 불과하다는 결론을 내리게 되는 것이다.

여기서 우리는 특히 ③에 주목하게 된다. 리어의 당대 정치제도와 기득권 계층에 대한 비난은 사뭇 통렬하다. 리어는 고리대금하는 재판관이 사기꾼을 처형하고 간통이 사회 도처에 난무하는 위선적인 당대

---

50) 이현석(李炫錫), 「우리시대의 『리어왕』」, 『論文集(KyungSung University Bulletin)』, 경성대학교, 1986. 185쪽.

사회를 발견한다. 그는 평민인 어릿광대를 현자로 삼고 바보 톰을 학자로 위촉해서 이러한 통찰을 얻게 된다. 우리는 가장 저급한(자연과 가장 밀착한) 부류로까지 전락한 리어의 개안(開眼)을 통해서 당대 사회의 부정적인 모습과 그에 대한 비판을 읽을 수 있다.

이런 비판의식이야말로 인간 세상의 정의를 이루는데 밑거름이 될 것이다. 현실의 부조리와 모순을 읽을 수 없다면 현실을 개혁할 수 없다. 아픔을 인식하는 것이 치료의 시작인 것처럼 현실의 문제를 정확하게 아는 것이 현실 개혁의 첫 걸음이다. 비록 리어의 비판이 광기 속에서 이루어진 한계가 있지만 그 나름대로 의미가 있음을 부정할 수 없다. 리어의 이러한 비판 의식은 그와 비슷한 거지와 광인의 체험을 한 에드거에게 자연스럽게 이어질 수 있을 것이다. 최후에 살아남아 왕이 된 에드거에게서 리어의 비판의식을 바탕으로 한 더 나아진 세상의 모습을 기대해 볼 수 있지 않을까. 비록 리어는 죽지만 그의 깨달음이 에드거에 의해서 실천될 수 있다면 좀 더 평등하고 정의로운 세상이 실현될 것을 기대해도 좋지 않을까.

(3) 인간적 정의의 실현(에드거의 왕위 계승)

『리어왕』의 세계에는 불의·혼돈·맹목·합리주의(지나친 이성중심주의)가 팽배해 있는 듯하지만 그 이면에는 정의·질서·심안(心眼)·이해심이 면면히 흐르고 있다. 이 작품의 이면의 이와 같은 특징은 코딜리아, 에드거, 켄트, 앨버니 등을 통해서 드러나는데 특히 그 중심에 에드거가 자리잡고 있다. 코딜리아는 죽었고, 켄트도 곧 죽으려 하고 있고, 앨버니는 에드거에게 왕위를 이양하기 때문이다.

『리어왕』에서 에드거는 신성한 정의의 상징으로 해석될 수 있다. 에드거가 반사회적이고 질서에 반하는 인물의 전형인 에드먼드와의 대결에서 그를 처단하여 정의를 수행하고 『리어왕』의 무너진 세계의 질서회복을 이끄는 역할을 하기 때문이다. 그가 이런 역할을 수행할 수 있는 것은 삶에 대한 희망적 비전을 가지고 고통과 맞서 그것을 극복해 내기 때문이다.

자연적 질서가 파괴된 거꾸로 선 세상에서 에드거는 고통과 광기를 체험함으로써 혼돈의 본질을 탐색했다고 할 수 있다. 광기란 고너릴이나 리건이 여실히 보여 준 문명의 위선을 깨뜨리고 자연 그대로의 상태로 돌아가는 것을 의미한다. 따라서 횡설수설하는 바보 톰은 리어에겐 훌륭한 현자의 역할을 하고 리어가 진실을 깨닫도록 돕는다. 에드거는 고통 속에서 지혜로워지고 이것이 새로운 질서로 그가 나아갈 수 있도록 길을 밝혀준다.

코딜리아의 죽음을 보면서 『리어왕』의 세계에는 신적 정의도 인간적 정의도 존재하지 않는다고 생각하는 사람들도 많다. 하지만 그녀는 어떤 면에서 에드거 속에 살아 있다. 에드거는 코딜리아와 가치를 공유하는 인물이다. 이 작품의 중심에 코딜리아가 있기에 『리어왕』의 세계가 절망적으로만 보이지는 않는다. 에드거는 남자라는 성(性)만 다를 뿐 거의 모든 면에서 코딜리아와 비슷한 경험을 한 인물이다. 그가 있기에 글로스터도 리어처럼 내쳤던 자식에게 축복을 주며 아버지의 자리로 돌아가 죽을 수 있었다. 따라서 코딜리아는 죽었지만 그녀의 가치는 어느 정도는 에드거에게 이어질 수 있을 것이다. 그러므로 에드거에 의해서 『리어왕』의 세계는 어느 정도 인간적 정의가 실현되었다고 볼 수 있다.

또한 악이 모두 제거되었다는 측면에서 정의가 살아 있음을 볼 수 있다. 에드먼드의 패배와 더불어 『리어왕』의 세계에서 악인들은 모두 사라진다. 고너릴, 리건, 콘월, 오즈월드 모두 죽음을 맞게 된다. 악은 그들 자신들의 잔인함으로 스스로 자멸해 버린다.

『리어왕』의 세계에서 악이 모두 사라지고, 고통을 통해서 현명해지고 결국은 왕이 된 에드거를 통해서 정의가 살아있음을 느끼는 것이 과히 지나친 반응은 아닐 것이다. 리어와 코딜리아는 죽었지만 광기 속에 체득한 리어의 깨달음과 아버지를 향한 코딜리아의 진실한 사랑은 에드거에 의해 계승되었다고 볼 수 있다.

다음으로 리어왕의 세계는 부조리와 무질서 그리고 혼돈이 지배하는 세상이라는 반대 측 입장을 살펴보자.

(1) 거꾸로 선 세상(자연적 질서의 파괴) 혹은 고통과 광기가 지배하는 세상

『리어왕』의 세계에는 광기·부조리·폭력(잔인함)·허무·배신의 분위기가 충만해 있다. 『리어왕』 1막 1장 이후, 리어 왕국의 사태는 모든 것이 엉망이거나 뒤엎어지며, 그 세계는 위엄, 질서, 생명, 조화의 장에서 치욕, 폭풍우의 혼돈, 죽음, 불화의 장으로 곤두박질한다. 리어의 세상에서는 자식이 부모의 지위를 노리며 찬탈하고, 아첨과 달변이 진실로 용인되고, 진실한 침묵과 과묵은 대신 저주를 받는다. 지혜는 광대와 광인을 통하여, 직관적 통찰은 실명(失明)을 통하여 온다. 어버이들은 자식들에게 매이게 되어 부모와 자식 간의 위계질서가 도치된다. 한 마디로 거꾸로 된 세상이다.

두 딸들에게 버림 받은 리어는 자기 연민과 딸들에 대한 분노로 광기에 빠진다. 글로스터는 악한 아들의 계략에 빠져 선한 아들을 죽이려 한다. 동생의 모함을 받은 에드먼드는 거지 톰으로 변장하여 광인 행세를 한다. 진실한 딸과 신하는 모욕을 당하고 추방된다. 고너릴과 리건은 아버지의 권력을 완전히 빼앗기 위해 아버지를 죽이려고 한다. 고너릴은 에드먼드를 차지하려고 동생 리건에게 독약을 먹이고 그 자신은 자살한다. 에드먼드는 아버지의 재산과 권력을 차지하기 위해 형을 모함하고 아버지를 첩자로 고발하여 두 눈이 뽑히게 한다. 인간의 선의는 리어의 세계에서는 추방당하거나 무시당하고 악은 권력을 잡고 계략과 잔인한 행동을 일삼는다. 자식이 아버지를 조롱하고 무력한 아버지는 자신과 세상을 원망하면서 떠돈다. 아버지는 자식에게 입에 담기도 어려운 비난과 저주의 욕을 퍼붓는다. 거꾸로 된 세상에서 리어는 더 이상 왕으로 존재할 수 없으며 빈털터리 광인으로 전락하여 폭풍우 치는 광야를 헤매게 된다.

자연적 질서의 파괴는 리어의 어리석은 행위에서 비롯된다. 봉건적 전제군주 사회에서 왕의 결점은 국가 전체의 결함으로 확대되어 질서의 붕괴와 가치관의 타락·상실을 초래한다. 리어 자신이 그의 비극을 유발한 것으로 그것은 개인적 범주를 넘어 국가 전체의 비극을 초래한다. 질서와 가치관의 대표인 왕이 인간적 결함을 가짐으로써 질서가 붕괴되고 가치관이 타락하게 되는 것이 『리어왕』의 비극이다.

리어가 내쫓긴 폭풍우 치는 광야는 기존의 질서가 뒤바뀌는 황량한 인간 사회의 풍경이다. 한 마디로 세상의 모든 자연적 질서가 전도된 말세의 세상이다. 이 전도된 세상을 지배하는 것은 배반과 분노, 광기와 고통이다. 그리고 광기와 고통으로 만연한 세상의 끝은 결국 죽음이다. 선인과 악인에 관계없이 거의 모든 등장인물들이 죽음을 맞이한다. 리어, 코딜리아, 글로스터, 켄트, 고너릴, 리건, 에드먼드, 콘월, 오즈월드 등 거의 모든 인물이 죽고 살아남은 자는 앨버니와 에드가 정도이다. 죽은 자들과 살아남은 자들의 사이에 어떤 희망도 쉬이 보이지 않는다.

(2) 선을 압도하는 악의 세력

『리어왕』의 세계에서 선(善)은 무력하기 짝이 없다. 남을 의심하지 않는 것이 결점이 아니라 장점이 될 수 있지만 이 세계에서는 신뢰의 마음은 악에게 이용당할 뿐이다. 인간과 인간의 사랑은 탐욕을 위한 수단으로 이용되고 순수함은 진실에 대한 무지와 다를 바 없다. 권력은 위선적인 말과 사악한 계략에 넘어가고 진실한 말을 하는 사람들은 나라 밖으로 추방된다.

『리어왕』에서 우리는 변덕스러운 운명의 잔인함을 본다. 이 극에서 코딜리아는 미덕의 화신이지만 그녀의 연민과 애정은 이 부조리한 세상에서 별 효력을 발휘하지 못한다. 그녀를 기다리고 있는 것은 그녀 자신과 아버지의 죽음이다. 켄트와 코딜리아의 선의는 리건, 고너릴,

에드먼드가 대변하는 악을 압도할 만한 힘을 가지고 있지 않다. 악의 힘은 너무나 강력하고 극도로 잔인한데 선의 힘은 무력하기만 하다. 악에 맞서 선이 할 수 있는 일은 참고 견디는 것 뿐이다.

악의 파멸은 선의 파멸과 함께 온다. 켄트, 코딜리아, 에드거, 리어 왕의 비극적인 생을 우리는 보았다. 특히, 일련의 고통이 마무리되어 원상으로 복귀된 나라에서 리어와 코딜리아는 진정으로 행복한 시간을 갖지 못한다. 악한인 에드먼드로 인하여 그들의 생을 마감해야 하는 시간의 어긋남은 선의 무력함을 상징적으로 보여주는 듯하다.

선악의 공존질서, 이것이 『리어왕』이 도달한 인간 세계의 인간적 실존에 대한 비전인지도 모른다. 선이 신의 섭리라면 악도 그 섭리의 일부분이다. 인간의 탐욕이 악의 형상을 하고 나타나는 한 악은 영원히 제거되지 않을 것이다. 또한 악의 처벌을 위해서는 필연적으로 선도 희생될 수밖에 없음을 『리어왕』의 세계는 보여준다. 인간이 악과 맞설 수 있는 선을 소유하기 위해서는 먼저 자신의 욕망을 버려야 한다. 그러나 인간이 마음의 욕망을 비우는 일은 악을 행하는 것보다 어려워 보인다. 왜냐하면, 리어와 글로스터도 그 자신의 모든 것을 잃고 난 후에야 욕망을 비울 수 있었고 에드거의 깨달음과 지혜도 마찬가지다. 결국 대부분의 인간들이 일반적인 상황에서 마음의 욕망을 비우는 일은 불가능할 것이므로 악을 제거하기는 어려워 보인다. 오히려 인간들이 탐욕으로 말미암아 어떤 형태로든 악에 참여할 가능성이 높아 보인다면 지나친 비관주의일까.

고너릴, 리건, 그리고 에드먼드 같은 인물들이 한 축을 형성해 결국 이 세계를 장악하는 현실적인 힘을 갖는다면, 에드거, 켄트 그리고 코딜리아는 이들에 반대되는 측으로 정치적으로는 이들에게 패배하지만 극 중에서 분명한 도덕적 우위를 점하는 인물들이다. 문제는 선한 이들의 도덕적 우위가 그들의 현실적 고통을 보상할 수 있는가이다. 도덕적 우위와 현실의 권력이 분리되어 있다면 그것이 어떤 의미를 지닐까. 정의는 도덕적 우위만으로 실현될 수 없으며 정의를 실현할 힘과 함께 할 때 이루어진다. 그러나 권력은 선한 사람들보다 사악한 인간들이 장악하는 경우가 많음은 어떻게 해야 할까.

한 마디로 『리어왕』의 세계는 신이 인간의 어리석음에 대해 냉소적으로 보복하는 곳이거나 아예 인간사에 무관심한 세상이다. 탐욕이 인간의 기본적 성정이라면 세상에 악이 만연하고 그들이 약한 자들을 광기와 고통 속에 몰아넣은 것은 어쩌면 적자생존과 약육강식의 자연스러운 현상인지도 모른다.

(3) 문명사회의 위선 혹은 물질적 가치가 지배

『리어왕』에는 계약과 유대를 기초로 했던 중세 봉건주의 사회가 교환과 이익을 기초로 하는 자본주의 사회로 전이되는 르네상스 영국 사회의 과도기적 갈등이 심도 있게 묘사되어 있다.

이 극에서는 재산 때문에 자식이 부모와 형제를 배신하고, 재산이 없다고 해서 국왕이 거지처럼 떠돌게 되며 사랑이 물질적 가치로 평가되는 자본주의 사회의 일면들이 나타난다. 특히, 문제적인 것은 인간의 가장 아름다운 감정인 사랑조차도 물질적 가치로 환산하려는 모습이다. 고너릴과 리건은 영토를 분할받기 위해 과장된 사랑을 표현하고, 리어는 두 딸이 허용하는 기사의 수에 비례해서 고너릴과 리건의 남아 있는 애정을 평가한다. 『리어왕』의 비극의 근본 원인은 측량할 수 없는 사랑의 가치를 계량화하는 물질적 가치관에서 비롯된다.

　『리어왕』의 세계는 모든 가치 판단과 행동의 기준이 점차적으로 물질적 가치로 바뀌어 가는 모습을 보여준다. 재화와 권력을 얻기 위해 수단과 방법을 가리지 않는 인간들이 활개를 친다. 재산의 상속을 위해 딸들이 아버지를 죽이려하고 형제를 모함하는 것도 서슴지 않는다.

　물질적 가치를 추구하는 사회에서 권력은 소유의 다른 이름에 불과하다. 이 둘은 불가분의 관계에 있다. 정의는 물질의 소유(자본의 소유)와 권력에 의해 왜곡된다. 이런 자본주의의 폐해에 대한 비판은 주로 광기에 찬 리어, 광대, 두 눈을 잃은 글로스터의 입을 통해서 행해진다. 특히 리어의 비판은 물질적 가치를 추구하는 사회의 모습을 잘 보여준다. 리어는 경관이 창녀를 매질하는 환상을 보면서 그의 불의를 꾸짖고 있다. 창녀의 비윤리적 행위를 벌하면서도 창녀보다도 더 음탕한 짓을 탐하는 관리들, 사기꾼과 강도를 재판하여 중벌을 언도하면서 그들보다 더한 사기와 강탈을 일삼는 권력가들, 리어가 환상 중에 보는 세상의 모습은 이런 것들이다. 힘 없고 돈 없는 자들이 범한 잘못은 사소한 것이라도 그 대가를 호되게 치르게 되지만 권력가나 재산가의 경우는 그들의 입으로 부르짖는 정의의 강한 창도 권력과 재력 앞에서는 힘없이 꺾이고 만다. 리어는 글로스터에게 세상 돌아가는 것에 대해 분노로 가득 차서 그 어느 누구도 정의의 이름으로 남을 비방할 수 없다고 말한다.

　리어와 더불어 물질적 가치가 지배하는 세상을 비판하는 사람은 바보이다. 리어와 바보의 비판은 자본주의 사회에서 인간의 가치가 외적인 소유에 의해서 결정됨을 보여준다. 재산이 없으면 인간은 동물이나 마찬가지이다. 리어와 바보의 사회비판은 광기 속의 이성으로 구체성을 확보하지는 못하지만 재화가 쌓여갈수록 인간의 감정이 메마르며 이로 인해서 인간이 인간을 잡아먹는 내면의 야만성이 심화됨을 경고한다.

(4) 신적 정의의 부재 혹은 거대한 바보들의 세계

『리어왕』에서 신은 그 어떤 초자연적 위력을 지닌 절대자라기보다 인간의 산물로 자연물보다 별반 강할 것이 없는 존재로 제시된다. 따라서 이와 같은 인간적(자연적) 신들이 세상사의 전개과정에 초자연적 신과는 달리 별다른 영향을 미치지 못할 것은 자명하다. 신적인 정의가 『리어왕』의 세계에 존재하지 않을 것 또한 마찬가지로 분명하다. 리어가 거듭되는 고난 끝에 만나게 되는 코딜리아의 죽음에서 분명하게 드러나는 것은 정의의 부재이다. 보편적 정의가 존재하지 않는 세상은 부조리한 세상이다.

리어의 세계는 무고한 인물조차도 파멸당하는 부조리한 세상이다. 리어는 세상과 신의 정의를 비관적으로 인식하고 슬픔에 잠겨 눈을 감는다. 물론 불합리한 세상에서 정의는 악한 인물의 죽음을 통해 부분적으로 작용한다. 그러나 선한 자의 죽음을 우리는 어떻게 보아야 할까.

인간은 파리 목숨처럼 죽어가고 인간의 아픔을 어루만져 치유해 주는 자비로운 신은 존재하지 않는다. 『리어왕』의 결말은 어둡고 부조리한 세상을 제시하기 때문이다. 코딜리아처럼 선한 사람들조차 무력하게 이 세상의 사악한 힘의 희생자로 전락한다. 또한, 『리어왕』의 세계는 온전한 인간관계를 볼 수 없는 소외된 세계이다. 리어 왕은 사악한 두 딸과 대립하며 글로스터는 사악한 아들 에드먼드와 대립한다. 자식은 부모를 배반하고 부모는 자식을 저주하며 부모와 자식 간의 사랑은 부재한다. 노령의 두 아버지인 리어와 글로스터 모두에게 과거의 영광은 이제 사라져버렸고, 미래의 희망은 보이질 않고 삭막한 현재만이 남아 있다.

셰익스피어의 극 가운데 『리어왕』은 감정의 격렬함이나 비극성이 가장 장대한 작품으로 알려져 있다. 이 극의 세계는 신 없는 무의미한 세상, 무의미한 고통의 세계라고 볼 수 있다. 인간의 삶은 슬픔과 악에 직면하여 그것을 인내할 수밖에 없다. 세상에 만연된 악과 인간의 어리석음으로 인해 혼란스러워진 '바보들이 사는 이 세상의 무대'에서 인간은 끊임없이 참고 견디며 연옥의 불을 통과해야 한다.

많은 평론가들은 에드거의 존재를 통해서 정의가 『리어왕』의 세계에 존재함을 말해왔다. 코딜리아의 전투는 패배했지만 에드거는 에드먼드와의 개인적인 전투에서 승리하기 때문이다. 하지만 에드거의 아버지인 글로스터의 죽음은 이 세상의 도덕적 질서가 불완전함을 보여준다. 에드거는 아버지에게 정의와 희망을 말하지만 자식도 잃고 눈마저 앗아가는 참혹한 폭력을 당하고, 심장이 터져 죽은 글로스터의 삶에서 정의와 희망을 말하는 에드거의 말은 허망하게 느껴진다.

극단적인 두 감정(기쁨과 슬픔)이 충돌하여 사망한 글로스터가 고통을 통하여 정신적으로 성숙한 상태에서 죽은 것인지도 의문이다. 글로스터의 죽음에는 공정한 신이든 그렇지 않은 신이든 신이 개재한 것으로 느껴지지 않는다. 에드거가 찾고 있는 자연적 질서는 효력을 발휘하지 못하고 있다는 생각을 지울 수 없다. 설령 에드거가 찾고 있는 자연적 질서나 정의가 존재한다고 해도 글로스터의 죽음과 같은 방식으로 존재하는 것이라면 그것은 너무 가혹하여 받아들이기 어렵다.[51] 결국 에드거가 말하는 정의는 이 극이 제시하는 리어와 글로스터의 고통스러운 인간 경험에 대한 모욕처럼 들린다. 신은 존재하지 않거나 존재한다고 해도 공정하지는 않은 것 같다. 종교와 관계없이 정의로운 신이 존재하지 않거나 존재하지 않는다고 인간들이 믿는 세상은 그 자체가 혼돈이고 부조리한 상황이 되기 쉽다.

쟁점 ❸ 죽음 혹은 삶의 의미 (생사관)

삶은 고통(비극적 실존)일 뿐이며 결국 무의미한 죽음으로 끝나는 것인가. 아니면, 삶은 고통만이 아니며 죽음은 어떤 의미를 가질 수 있는가. 삶과 죽음에서 의미를 찾는 일은 가치 있는 행위인가. 아니면, 의미가 없는 것에서 억지로 의미를 찾으려는 무가치하고 덧없는 노력에 불과한가.

생사관에서 리어왕의 세계는 삶과 죽음의 의미가 존재한다는 찬성

---

51) 글로스터의 악행은 음욕인데, 이 음욕으로 받은 그의 고통은 공평하지 않고 너무나 가혹하게 느껴진다.

측 입장부터 살펴보자.

　(1) 진실의 발견으로서의 삶과 도덕적 깨달음으로서의 죽음과 구원

　이 극은 코딜리아와 리어의 죽음으로 끝난다. 리어는 광야에서의 고통도 모자라서 코딜리아가 죽은 후에 결국 죽음을 맞는다. 코딜리아의 죽음은 특히 이 작품의 비극을 증대시키는데 크게 기여한다. 리어와 코딜리아의 삶에서 고통 이외의 다른 어떤 의미를 끌어낼 수 있을까. 그들의 죽음은 또 어떤 의미를 지닐 수 있을까.

　『리어왕』의 애매모호한 결말은 비관적 해석과 낙관적 해석의 양극단을 불러왔다. 많은 평론가들은 이 작품의 비극적 현실에서 신의 부재와 인간 실존의 비극과 고통을 본다. 그러나 또 한편의 많은 평론가들은 이 극에서 비참과 고통을 넘어 아름다움, 진실 그리고 장엄함을 본다. 리어 왕과 글로스터 백작은 비극적 노정을 걷지만 그 과정에서 권위와 허세를 벗어버리고 인간의 본질을 되찾는다. 그리하여 그들은 판단력이 성숙해지고 도덕적으로 갱생한다. 평론가들은 이와 같은 긍정적 요소가 있다는 점에서 낙관적으로 이 작품을 해석한다. 또한, 셰익스피어는 악의 현존과 그 영향력에 대하여 악을 초월적으로 부정하는 것이 아니라 인간적인 덕, 충성 그리고 희생적인 사랑의 현존으로 악에 맞선다고 주장하며 리어 왕, 글로스터 백작, 에드거의 스토아적 인내와 도덕적 구원에서 낙관적 비전을 발견하기도 한다.

　『리어왕』에서 가장 문제가 되고 작품 전체의 해석에 절대적인 영향을 미치는 장면은 그가 숨을 거두기 직전에 말한 "이게 보이오? 그 애

를 보시오, 그 애 입술을 보시오. / 저길 봐, 저것 봐요!"라는 말이다.

　이 최후의 장면은 두 가지로 해석할 수 있다. 먼저 부정적으로 해석하는 쪽은 희망이나 밝은 전망은 전혀 찾아볼 수 없고 어둠과 죽음과 참담한 분위기가 지배적이라고 말한다. 리어가 오랜 고통을 겪고 깨달음을 통해 결국 코딜리아에게 왔지만 그녀가 죽음으로 인해서 모든 것이 허무해지고 물거품이 되어 무(無)로 돌아갔다는 것이다.

　다음은 죽음은 인간의 힘으로는 어찌할 수 없는 신의 섭리임을 받아들여 모든 것을 긍정하는 쪽으로 해석하는 것이다. 이 해석은 코딜리아의 입술에 초점을 맞춘다. 리어가 첫 장면의 코딜리아의 사랑에 대한 진실의 말을 깨닫고 그녀가 그러한 말을 하려고 입술을 움직이는 듯한 느낌을 갖는 것으로 짐작할 수 있다. 리어는 코딜리아의 죽음을 통해서 참사랑과 진실을 깨닫게 되며 옳고 그름과 자기의 경솔했던 처사를 후회하게 된다. 여기에 코딜리아의 죽음의 필연성이 있다고 볼 수 있다.

　리어가 죽은 코딜리아를 안고 등장할 때는 마치 악이 모든 것을 정복해 파괴해 버릴 것 같은 두려움에 사로잡히게 되지만, 코딜리아가 살아있다고 믿으면서 숨을 거두는 장면을 통해 이 극이 궁극적으로 나타내고자 하는 것은 삶에 대한 강한 긍정이라고 말할 수 있다. 삶을 긍정한다는 것은 삶이 살만한 가치가 있다는 것을 받아들이는 태도이다. 『리어왕』의 세계에는 고통과 광기가 지배적이지만 그 이면에 진정한 사랑과 인간적인 유대가 존재함을 우리는 알고 있다. 그렇다면 삶은 살만한 가치가 있는 것이 아닐까.

　셰익스피어가 코딜리아의 힘을 이 세계의 마지막 대안으로 제시했다는 것도 기억해야한다. 레이먼드 윌리엄즈는 비극적 줄거리의 전개는 죽음을 향해 가지만 죽음으로 모든 것이 끝나는 것은 아니며, 죽음만으로 끝나지 않는 '의미를 향한 열망'을 비극적 경험의 본질로 든다. 그리고 『리어왕』에서 이 의미는 바로 코딜리아이다. 고너릴, 리이건, 에드먼드 같은 인물들이 현실적인 힘을 갖는 악이라면, 에드거, 켄트, 코딜리아는 정치적으로는 이들에게 패배하지만 극 중에서 분명한 도덕적 우위를 점하는 인물들이다. 그리고 코딜리아는 이 축의 가장 순수하고 이상적인 중심이다.

코딜리아가 있기에 리어의 삶을 고통으로만 해석할 수는 없다. 그녀가 있기에 『리어왕』은 그렇게 암울하지만은 않은 비극이다. 그녀와 리어가 가졌던 짧은 행복의 순간은 고너릴과 리건이 만들어낸 어두운 악의 세계와 리어가 겪었던 고통을 다 보상할 수 있는 것은 아니지만 적어도 그 고통에 의미는 줄 수 있다. 리어가 다시 코딜리아와 만났을 때, 그녀로부터 용서를 구하고 자신도 그녀를 축복할 수 있는 것은 이전의 고통을 통해 성숙해졌기 때문이다. 코딜리아를 통해 리어의 고통은 의미를 찾은 것이다.

『리어왕』은 코딜리아 덕분에 가치의 중심이 잡혀있고 또한 극 끝에 살아남는 인물들도 코딜리아의 가치를 공유하는 사람들이다. 에드거는 남자라는 성(性)만 다를 뿐 거의 모든 면에서 코딜리아와 비슷한 경험을 한 인물이다. 그가 있기에 글로스터의 고통에 의미가 주어져 글로스터도 리어처럼 내쳤던 자식에게 축복을 주며 아버지의 자리로 돌아가 죽을 수 있었다. 따라서 코딜리아는 죽었지만 그녀의 가치는 어느 정도는 이어질 수 있을 것이다. 그녀의 죽음이 모든 것을 무

(Nothing, 無)로 돌리는 것은 아니다.

리어의 비극이 아버지로서의 의무와 국가의 아버지인 왕의 의무를 방기함으로써 시작되었다면 이제 그가 다시 코딜리아로 인해 아버지의 자리로 복귀하는 것이 그의 회복의 시작이 되는 것은 당연하다. 코딜리아는 리어를 위로하며 최선을 다했지만 최악의 결과를 초래한 이들이 자신들이 처음은 아닐 것이라고 말한다. 결과를 떠나서 최선을 다하는 삶은 그 자체로 의미가 있는 것이며 이를 코딜리아가 잘 보여주었다고 생각된다. 비록 최악의 결과를 초래하더라도 최선을 다하는 삶에서 희망을 볼 수는 없는 것일까.

다음으로 리어왕의 세계에서 삶은 고통일 뿐이며 죽음은 아무런 의미도 없다는 비극적 인간조건을 내세우는 반대 측 입장을 살펴보자.

(1) 고통으로서의 삶 혹은 의미 없는 죽음

『리어왕』은 셰익스피어의 4대 비극 가운데 가장 절망적인 작품이다. 이 작품을 지배하는 대표적 정조는 절망과 보편적인 고통이다. 이 절망과 고통의 핵심에 리어와 코딜리아의 죽음이 있다.

『리어왕』의 세계는 악의 파멸에도 불구하고 작품의 종결부는 의미 있는 세상을 제시하지 않는다. 작품의 종결부에서 리어에게는 이제 왕권도 복수도 의미가 없고 다만 코딜리아의 참된 사랑만 있으면 된다. 이것이 그의 유일한 소망이요 기쁨이다. 그러나 그 소망마저도 깨져 코딜리아는 죽고 만다. 리어는 천한 짐승인 개도, 말도, 쥐에게도 다

생명이 있는데 코딜리아만 다시 살아날 수 없게 됐다며 절망적인 통곡을 하다가 딸이 살아있다는 환상 속에서 숨을 거둔다. 동물에게도 생명이 있는데 왜 코딜리아의 생명은 영영 돌아오지 않느냐는 리어의 절규는 허망한 인생의 실체를 잘 드러내고 있다.

『리어왕』의 세계는 자비로운 신의 섭리가 현존하는 세계가 아니며 미래로의 출구를 제시해 주지도 않는다. 이 작품의 결말은 새로운 시작의 희망이 부재한 세계를 보여주며 의미 없이 죽어가는 부조리한 인간 조건을 투사한다. 삶은 고통일 뿐이며 죽음에 특별한 의미가 없음은 리어의 죽음에 대한 켄트의 묘사에서 잘 드러난다. 리어의 죽음 앞에서 에드거는 "폐하, 눈을 떠 보십시오"라고 외치는데 이에 대해 켄트는 오히려 피안의 세계로 떠나도록 내버려 둘 것을 종용한다. 켄트의 시각에서 리어 왕의 삶은 오히려 "고문대 위에 묶인" 고통이었다. 리어가 삶에서 한 순간이라도 더 오래 묶어두는 자를 싫어할 것이라는 켄트의 말은 죽음으로써만 삶의 고통이 끝남을 의미한다. 죽음에 어떤 의미가 있다면 그것은 고통으로부터의 해방일 뿐이다. 그러므로 저승으로 가도록 내버려두는 것이 리어에게 오히려 축복이 된다.

삶이 고통이라는 켄트의 시각은 리어가 생전 겪었을 삶을 고통으로 인식한 것이다. 삶 자체가 고통이라면 살아가는 것은 더 많은 고통을 겪는 일이기에 삶은 불필요하다. 리어는 죽음을 통해 오히려 삶의 고통에서 벗어났다는 켄트의 말은 '절망으로서의 삶'을 '희망의 죽음'으로 받아들인 것으로 해석할 수 있다.

『리어왕』은 인간 삶의 보편적 고통을 드러낼 뿐 아니라 종결부에 이르면 진실과 허위가 밝혀지고 악한 자들은 모두 죽음을 맞이하지만 부재했던 정의가 제 자리를 찾고 자연적 질서가 회복되었는지는 의문이다. 엘버니의 경우를 살펴보면 신성한 정의를 믿는 것이 얼마나 부적절한 것인지를 알 수 있다. 그의 신조는 선한 자들은 그 공로에 대해 상을 받게 될 것이며 악한 자들은 그 죄에 대해 처벌을 받는다는 것이다. 마지막 장면에서 앨버니는 사건을 지휘하고 혼돈에서 질서를 만들어내려고 애쓴다. 그러나 그의 해결책은 하나하나 모두 새로운 재난을 맞이한다.

그는 예전의 지위를 되찾은 에드거를 맞이하지만 곧 글로스터가 죽었다는 소식을 접하고, 곧이어 두 공작 부인의 사망 소식을 전해 듣는다. 그러자마자 켄트가 도착하는데 그 또한 죽어간다. 이어서 곧 코딜리아가 처형될 것이란 소식을 듣고 앨버니는 그녀를 보호해 달라고 신에게 기도한다. 그러나 그 기도의 응답으로 나타난 것은 이미 처형된 코딜리아를 두 팔에 안은 리어뿐이다. 신들은 그녀를 보호해주지 않았다. 그 후 앨버니가 권력을 리어에게 되돌려주고자 한다. 그런데 리어는 죽는다. 그래서 앨버니는 켄트와 에드거가 왕국을 나누어 통치하도록 설득하고자 하는데 켄트가 곧 퇴장한다. 죽으러 가는 것이다. 삶은 정의가 존재하지 않는 고통스런 것이며 그 고통 속에 어떠한 미래에 대한 비전도 보이지 않는다. 고통을 통한 깨달음도 별 도움이 되는 것 같지 않다.

『리어왕』의 비극이자 인간 실존의 비극은 고통 없이 깨달음도 없다는 것을 넘어서 그 깨달음에 어떤 의미가 있는지 모르겠다는 것이다. 삶은 고통일 뿐이며 그 고통을 통한 깨달음조차 어떤 의미에 이르는 것 같지 않다. 리어나 글로스터의 도덕적 각성이 새로운 세상에 대한 희망의 전망을 보여주지 않기 때문에 더욱 그렇게 느껴진다. 미래에 대한 낙관적 전망은 『리어왕』의 세계에서는 부재한다. 존재하는 것은 삶은 고통이며 그 고통은 죽음을 통해서만 끝날 수 있다는 인식이다.

리어는 자신의 정체성과 어리석음을 깨닫고 용서를 구하고, 세상의 외양과 실재를 구별하는 눈을 가지게 되었으며 고통받는 이들을 동정하고 인간성을 회복한다. 그러나 최종적인 아이러니는 리어를 포함한 모든 인간이 항상 너무 늦게 깨닫는다는 점이고, 어느 누구도 극단적인 고통을 겪지 않고서는 쉽게 지혜에 이를 수 없다는 점이며, 깨달음이 죽음으로 이어진다는 것이다. 그러므로 미래의 희망도 보이지 않는다.

작품 속에서 앨버니나 애드거가 역사적인 과정을 되돌릴 수 있다는 어떠한 징표도 보이지 않는다. 에드거가 왕이 된 이유는 그 자리에 왕이 될 만한 다른 사람이 없었기 때문이다. 이런 이유 때문에 이 작품의 결말은 질서의 회복이나 희망이 아니라 암울한 절망감을 남긴다. 죽음은 그 절망을 끝낸다는 것 외에 어떤 의미도 보여주지 못한다.

극의 종말에 이르러 가장 형식적인 보장조차도 리어가 죽은 후에는 언급되지 않으며, 또 우리는 위에서 말한 리어를 보내는 켄트의 말에 동의하게 된다. 만약 이것이 이 극에 대한 우리의 최종적인 느낌이라면 우리는 진심으로 그 이전에 있었던 어느 것도 위안의 원천으로 지적할 수 없을 것이다. 에드거의 도덕적 낙관주의는 하나의 착각이다. 코딜리아는 죽는다. 그 후에 우리는 종말의 진리를 직면함으로써 만족할 수밖에 없다. 이 극의 마지막의 강력한 시각적 인상은 죽은 코딜리아를 품에 안고 죽어가는 리어의 인상이다. 그 인상은 정의도 아름다움도 아닌 그저 슬픔을 느끼게 할 뿐이다.

문학작품 및 참고문헌

- 윌리엄 셰익스피어(박우수 옮김), 『리어왕』, 열린책들, 2014.
- 윌리엄 셰익스피어(이희원 옮김), 『리어왕』, 시공사, 2012.
- 윌리엄 셰익스피어(이경석 해설·번역), 『셰익스피어 4대 비극』, 서울대학교출판부, 2006.
- 윌리엄 셰익스피어(최종철 옮김), 『셰익스피어전집5 비극 II 리어왕』, 민음사, 2014.
- 윌리엄 셰익스피어(김태원 옮김), 『리어왕』, 펭귄클래식코리아, 2014.

- 이경식, 『셰익스피어』, 서울대학교출판부, 1985.
- 권오숙, 『셰익스피어: 연극으로 인간의 본성을 해부하다』, 한길사, 2016.
- 권오숙, 『셰익스피어와 후기 구조주의』, 동인, 2007.
- 박우수, 『셰익스피어와 인간의 확장』, 동인, 2006.
- 김종환, 『셰익스피어와 현대비평』, 계명대학교출판부, 2009.
- John Drakakis 엮음(최영 외 옮김), 『셰익스피어 비극』, 동인, 2009.
- 션 매커보이(이종인 옮김), 『셰익스피어 깊이 읽기』, 작은사람, 2015.
- 니콜라스 브룩 외 3인(이경식 옮김), 『셰익스피어의 4대 비극 연구』, 종로서적, 1983.
- 윤정은, 『『리어왕』을 중심으로 본 셰익스피어 비평의 역사와 유형』, 예림기획, 2005.
- 최경란, 『셰익스피어 비극 리어왕의 이해』, 단국대학교출판부, 2008.
- A.C. 브래들리(이은종·유지훈 옮김), 『셰익스피어비극론』, 주영사, 2017.
- 스티븐 그린블랫(박소현 옮김), 『세계를 향한 의지』, 민음사, 2016.
- 박우수, 『셰익스피어와 바다』, HUEBOOKS, 2016.
- 테리 이글턴(김창호 옮김), 『셰익스피어 정치적 읽기』, 민음사, 2018.

- 김연규, 『『리어왕』: 바보들의 무대』, 동국대학교 석사논문, 2005.
- 이미애, 『『리어왕』에 나오는 인물들의 연구』, 연세대학교 석사논문, 2002.
- 송명희, 『『리어왕』: 두 자연관의 대립』, 경북대학교 석사논문, 2008.
- 박준호, 『『King Lear』: 상징적 죽음을 통한 실재와의 조우』, 부산대학교 석사논문, 2013.
- 노은희, 『『King Lear』의 비극성 연구:
        Reason in madness와 insight in blindness의 paradox를 중심으로』,
        단국대학교 석사논문, 1995.
- 황금희, 『King Lear 연구: 가부장 사회와 남녀인물들 간의 상호관계를 중심으로』,
        동국대학교 석사논문, 2001.
- 곽인호, 『『리어왕』 주역들의 인물에 관한 분석: 극의 구조 및 행동을 중심으로』,
        경기대학교 석사논문, 2010.
- 조혜영, 『셰익스피어 4대 비극에 나타난 절망: 『리어왕』 최고의 수치와 절망』,
        한국외국어대학교 박사논문, 2015.
- 서혜석, 『셰익스피어의 현명한 바보들: 극적 기능과 인식의 발전을 중심으로』, 전남대학교 박사논문, 2001.
- 박효춘, 『Shakespeare의 후기극에 나타난 삶의 긍정적 수용에 관한 연구』, 명지대학교 박사논문, 1996.
- 류승희, 『Shakespeare의 비극적 동인: 4대 비극에 있어서 주인공들의 성격과 비극적 실재를 중심으로』,
        전남대학교 박사논문, 1997.

- 정웅,「셰익스피어의 悲劇과 엔트로피적 世界觀」, 부산외국대학교 박사논문, 2006.
- 성정심,「셰익스피어의 4대 비극에 나타난 부정적 여성상」, 계명대학교 박사논문, 1999.
- 홍순균,「Shakespeare 비극에 나타난 속죄적 죽음의 양상:
      Romeo and Juliet, Othello, King Lear를 중심으로」, 조선대학교 박사논문, 1992.
- 임은정,「셰익스피어의 4대 비극에 나타난 도전의 사회학」, 경기대학교 박사논문, 2013.
- 최숙자,「셰익스피어극의 탈식민 페미니즘적 읽기」, 한남대학교 박사논문, 2015.

- 이현석(李炫錫),「우리시대의『리어왕』」,『論文集』, 경성대학교, 1986.
- 김숙재,「윌리엄 셰익스피어(William Shakespeare)의『리어왕』(King Lear)연구: 리어왕(King Lear)의
      권력에의 의지(The Will to Power)」,『일립논총(一粒論叢)』, 한국성서대학교, 2000.
- 조중일,「『리어왕』에서의 에드거와 코딜리아의 본성과 역할」,『同大論叢』, 동덕여자대학교, 1989.
- 홍기창,「悲劇的 藝術論: 리어王에 對한 새로운 해석」,『연구논문집』, 울산대학교, 1971.
- 김복희,「『리어왕』: 이미지 유형과 주제」,『韓榮論叢』, 한영신학대학교, 2012
- 이미영,「『리어왕』: 이분법적 여성관을 중심으로」,『진리논단』, 천안대학교. 2006.
- 김광익·정호영,「『리어왕』의 광기 이미저리: 광기와 혜안」,『영어영문학21』,
      21세기영어영문학회, 1999.
- 이행수,「『리어왕』의 탈중심적 가치」,『人文科學論文集』, 대전대학교 인문과학연구소, 2002.
- 이환태,「『리어왕』에 나타난 말과 현실 사이의 괴리의 문제」,『어문학연구』,
      목원대학교 어문학연구소, 1999.

마사 C. 누스바움은 『인간성 수업』에서 미국의 세계시민교육 즉 다
양성 교육에 대해 말하고 있다. 이는 다양한 신념 체계를 지닌 사람들
을 이해하고 더불어 살아가는 세계 시민을 양성하는 교육이다. 어떤
지역이나 집단에 속한 시민으로만이 아니라, 복잡하게 얽힌 세계시민
으로 기능하는 성인을 배출하는 교육이다. 세계에 다양한 유형의 시민
들(다양한 민족, 다양한 인종, 성적 소수자, 계급이나 계층에 따른 차
이 등)이 있음을 인식하고 우리 모두가 그 전체 세계의 시민으로 기능
하는 법을 배우도록 하는 교육이다.

  이를 위해서 누스바움은 '자유교육'을 통해 인간성을 계발해야 한다
고 주장한다. 그녀가 말하는 자유교육(기술교육과 직업교육에 종속되
지 않는 교육)은 소크라테스의 성찰하는 삶, 아리스토텔레스의 반성적
시민성이라는 관념, 그리고 무엇보다 그리스·로마 스토아학파의 습관
과 관습의 굴레로부터 정신을 해방시켜 감수성과 경계심을 갖추고 민
감하고 기민한 태도로 세계 전체 시민으로 기능할 수 있는 사람을 배
출하는 자유로운 교육이라는 관점에 바탕을 두고 있다.

  누스바움은 세계 시민을 "세계 전체의 인간에게 충성하는 것을 일차
적으로 여기고 나라나 지역내지 다양한 집단에 충성하는 것을 명백히
이차적으로 여기는 시민"으로 정의한다. 그녀는 세계 시민을 육성하기

위해 인간성을 계발하려면 세 가지 능력[52]을 반드시 갖추어야 한다고 말한다.

첫째는 자기 자신과 자신의 전통을 비판적으로 성찰하는 능력이다. 소크라테스에 의하면 '성찰하는 삶'이라고 부를 수 있는 삶을 영위하는 능력이다. 이것은 어떤 믿음을 단지 전통이라거나 습관을 통해 익숙해졌다는 이유로 권위 있는 것으로 받아들이지 않는 삶을 말한다. 모든 믿음에 질문을 던지고 일관성과 정당성이라는 이성의 요구를 버티고 살아남는 믿음만 받아들이는 삶이다.

둘째는 자신을 단순히 소속 지역이나 시민으로 바라보는 것을 넘어 인정과 관심이라는 유대로 다른 모든 인간과 묶여 있는 인간으로 바라보는 능력이다. 우리는 우리와 인종적·종교적으로 혹은 지리적으로 멀리 떨어진 사람들을 우리 자신과 연결할 필요나 능력에 무심하다. 이는 우리가 우리와 다른 사람들과 소통하거나 유대관계를 형성할 기회 대부분을, 우리가 저들에게 느껴야 할 수도 있는 책임감을 의식하지 못한다는 뜻이다. 오늘날 우리가 겪고 있는 신자유주의와 세계화의 문제들은 세계에서 일어나는 모든 일과 세계의 모든 사람과 내가 긴밀하게 연결되어 있다는 인식을 확고히 할 때 그 부정적인 면들을 줄여갈 수 있을 것이다. 타인의 아픔은 곧 나의 아픔과 긴밀히 연결되어야 한다. 아프리카와 동남아의 어린 아이들의 노동력 착취와 우리의 삶이 무관하지 않음을 인식할 수 있는 능력이 우리에게 필요하다.

셋째는 앞의 두 가지 능력과 밀접하게 관련되면서 어쩌면 가장 중요

---

[52] 마사 C. 누스바움(정영목 옮김), 『인간성 수업』, 문학동네, 2018. 29-31쪽.

한 능력인 '서사적 상상력'을 길러야 한다. 세계 시민이 되려면 사실에 입각한 지식만으로는 부족하다. 누스바움은 서사적 상상력을 다음과 같이 설명한다. "이는 다른 사람의 입장이 되면 과연 어떨지 생각하고, 그 사람의 이야기를 지적으로 읽어내고, 그런 처지에 있는 사람이 가질 법한 감정과 소망과 욕망을 이해하는 능력을 말한다. 서사적 상상력은 무비판적인 것은 아니다. 우리는 다른 사람을 만날 때 늘 우리 자신과 우리 자신의 판단을 가져가기 때문이다. 또 소설의 등장인물 내지 나와 동떨어진 사람을 우리 자신과 동일시하면서 그 삶의 이야기를 상상할 때면 결코 단순한 동일시로 끝나지 않는다. 우리는 또 자신의 목표와 갈망에 비추어 이야기를 판단한다. 그러나 다른 사람의 관점에서 세계를 이해하는 일은 모든 책임 있는 판단 행위에서 필수적으로 행해야 하는 첫 번째 단계. 어떤 행동의 의미를 그 사람이 의도한 대로 보기 전에는, 어떤 말의 의미와 중요성을 화자의 역사와 사회라는 맥락에서 포착해 이해하기 전에는, 우리가 지금 무엇을 판단하고 있는지조차 알 수 없기 때문이다. 미국 학생들이 길러야 하는 이 세 번째 능력은 상상력을 이용해 그 의미를 판독하는 능력이다."

누스바움이 말하는 세계 시민은 일본의 대표적 지식인 가토 슈이치가 말하는 교양인과 비슷한 개념이다. 가토 슈이치는 교양주의를 테크놀로지와 비교하여 설명한다. 그는 자동차 여행을 예로 들어 설명한다. 과학기술의 발달로 좋은 자동차가 만들어지면 운전은 점점 쉬워질 것이다. 자동차는 편리한 여행을 가능하게 하지만 그 자동차를 타고 어디로 갈 것인가를 결정하는 문제는 차원이 다른 문제다. 그는 여행의 목적지와 방향을 결정할 때 필요한 것이 교양이라고 말한다. 테크놀로지가 여행에 필요한 수단과 방법을 제공한다면 여행의 목적이나 방향을 결정하는 것은 교양이다. 가토 슈이치는 테크놀로지가 상품을 생산하고 경제적인 부를 창출할 수단은 되겠지만 우리 사회가 나아갈 방향을 제시할 나침반은 될 수 없다고 말한다.

그는 교양이 필요한 이유를 다음과 같이 말하고 있다. "그것은 '개인이건 사회건 간에 궁극적 목적이 무엇인가' 하는 점이 가장 중요하고 절실하기 때문이다. 어떤 가치를 최우선으로 내세울 것이며, 또 그 타당한 근거를 고민하고 이해하기 위해서 가장 절실한 것이 무엇인가 하는 것이다. 교양이 없으면 아무 목적도 없는 능률지상주의 사회로 전락하고 만다."[53] 우리가 올바른 목적을 선택하고 추구할 능력 즉 교양을 키우기 위해서 그는 자유, 상상력, 차별의 폐지가 필요하다고 주장한다.

특히 그는 상상력을 강조한다. 그는 타인의 마음속으로 감정 이입하고 몰입하는 능력인 상상력은 시나 소설 같은 작품들을 꾸준히 읽지 않으면 쉽게 주어지지 않는다고 말한다. 상상력을 통해서 내가 아닌 타인의 고통에 관심을 기울여야 한다고 말한다. 사회 체제의 안과 밖에서 타인의 시선으로 사고할 수 있어야 한다고 말한다. 그가 모든 종류의 차별에 반대한다고 했을 때 그는 타자의 시선으로 사유하고 있는 것이다.

우리가 타자의 시선으로 사유할 수 없을 때 우리는 악을 행하게 된다. 한나 아렌트는 『예루살렘의 아이히만』을 통해서 이를 잘 보여준다.

---

53) 서경식·노마 필드·가토 슈이치(이목 옮김), 『교양, 모든 것의 시작』, 노마드북스, 2007. 48쪽.

아이히만은 나치 독일의 친위대 소속 중령으로 유대인 대학살의 실무 책임을 수행했던 인물이다. 그에 의해 체포되어 강제수용소에서 희생된 유대인의 수는 거의 600만 명에 이른다고 한다. 그는 독일이 패전하자 바로 아르헨티나로 도피하여 신분을 숨기고 자동차 기계공으로 지내다가 이스라엘 정보기관에 의해 체포되었다. 그는 예루살렘으로 호송되어 재판을 받고 사형에 처해진다. 전체주의의 폭력이 어떻게 발생하는가에 대한 뛰어난 통찰로 유명했던 아렌트는 예루살렘에서 진행된 아이히만의 재판을 지켜본 뒤 이 책을 썼다.

아렌트는 홀로코스트와 같은 역사 속 악행이 광신자나 반사회적 인격 장애자들이 아니라, 국가에 순응하며 자신들의 행동을 정상이라고 여기는 평범한 사람들에 의해 자행되었다고 서술한다. 아이히만도 전쟁 전에는 특이 사항이 없는 평범한 인물이었다.

법정에서 아이히만은 "나는 무슨 일이 벌어지고 있는지 몰랐다. 다만 상부의 명령을 따랐을 뿐이다"라고 고백한다. 자신은 나치 친위대 장교의 신분으로서 마땅히 수행했어야만 하는 임무를 수행했을 뿐이라는 것이다. 그는 시키는 대로 했을 뿐이기 때문에 죄가 없는 것일까.

예루살렘 법정은 아이히만에게 사형선고를 내린다. 그는 타인의 관점에서 사태를 바라보는 능력이 없었으며 자신의 행동이 갖는 의미에 대하여 생각을 했어야만 하는데 생각하지 않았기 때문에 유죄라는 것이다. 아무런 생각 없이 상부의 명령에 복종한 것이 아이히만의 범죄다. 상부의 지시를 따랐다는, 지극히 정상적으로 보이는 행동이 바로 그가 저지른 악행이다. 생각했어야만 하는 것을 생각하지 않은 것이 악이다. 몰랐다는 것은 변명이 될 수 없다. 그는 자신의 행동이 어떤 결과를 초래하는지 알아야 했기 때문이다.

한나 아렌트는 악의 평범성에 대해 "우리 모두의 내면에 아이히만이 있고, 우리 각자는 아이히만과 같은 측면을 갖고 있다"라는 식으로 이해하는 것은 잘못이라고 말한다. 아이히만은 악마적 인물이 아니었다. 그는 지적으로 뛰어난 인물이었지만 스스로 판단하고 사고하는 능력이 없었다. 아렌트는 악의 평범성 개념의 핵심은 남의 입장에서 생각해 보는 데 있다고 강조했다. 남의 입장에서 생각하지 못하는 무능력이 아이히만에게서 보이는 악의 참모습이라는 것이다.

누스바움의 세계 시민과 가토 슈이치의 교양인은 나와 다른 사람의 삶을 사랑하고 상상할 수 있는 사람이다. 교양은 그들의 입장에서 타자의 고통을 이해하고 공감할 수 있는 능력이다. 이런 시민들로 세상이 채워질 때 평화롭고 인간다운 삶은 자연스럽게 뒤따를 것이다.

이 책이 여러분들에게 '서사적 상상력'을 길러주는 데 조금이라도 도움이 되면 좋겠다. 나와 다른 사람을 이해하고 그들과 더불어 살아가는 능력을 기르는데 조금이라도 이바지할 수 있으면 좋겠다. 여러분들이 『아픔이 길이 되려면』에서 김승섭이 소망하는 삶을 사는 데 도움이 되면 좋겠다.

저는 세상이 구체적으로 어떻게 바뀌었으면 좋겠다는 생각도 하지만, 제가 삶의 마지막까지 그런 경험(타인들의 삶과 아픔에 대한 경험: 필자)들을 계속하고 그것들에 대해 함께 아파하고 기뻐할 수 있는 감수성을 간직할 수 있기를 또 길러나갈 수 있기를, 그것이 가능한 삶을 살았으면 하는 욕심이 훨씬 커요, 어찌 보면 지극히 이기적인 것이지요. / 얼마 전 쌍용자동차 해고노동자의 다섯 살 된 아이가 유치원 버스에 타지 못한다는 이야기를 들었어요. 아빠가 경찰진압으로 인해 버스에서 워낙 심하게 구타당하는 것을 봤던 게 트라우마가 되어버린 거지요. 다른 아이들이 다 같이 동물원에 소풍을 가도, 버스 계단에 발을 올리는 게 그리 어려워서 홀로 유치원에 남아 있어야 했던 그 아이의 가슴속에 들어 있을 무언가에 대해서 잠시 걸음을 멈추고 생각할 수 있는 그런 사람이, 85호 크레인에 올라가 있는 김진숙 씨가 전기가 끊겼던 밤에 얼마나 외롭고 무서웠을까를 생각할 수 있는 그런 사람이, 나이 60이 되어서도 꼭 되고 싶고 그게 가능한 삶으로 저를 끌고 가고 싶어요.

끝으로 이 책과 더불어 독서의 기쁨을 조금이라도 맛보았다면 좋겠다.

토론의 전사 9 − 문학 고전, 논제와 쟁점으로 깊이 읽기

초판 1쇄 2019년 5월 15일 발행

지은이 | 정한섭

기획 및 편집 | 다은기획, 유덕열

펴낸곳 | 한결하늘
펴낸이 | 유덕열
출판등록 | 제2015-000012호
전화 | (031) 8044-2869   팩스 | (031) 8084-2860
이메일 | ydyull@hanmail.net

ISBN | 979-11-88342-10-5 03370

이 도서의 국립중앙도서관 출판예정도서목록(CIP)은 서지정보유통지원시스템 홈페이지
(http://seoji.nl.go.kr)와 국가자료공동목록시스템(http://www.nl.go.kr/kolisnet)에서
이용하실 수 있습니다.(CIP제어번호: CIP2019019207)